企业管理者的
15项修炼
悟理论·谈故事·品案例

孟祥林 □ 编著

企业管理出版社

图书在版编目（CIP）数据

企业管理者的15项修炼：悟理论·谈故事·品案例 / 孟祥林编著 . —— 北京：企业管理出版社，2021.1

ISBN 978-7-5164-1853-6

Ⅰ . ①企… Ⅱ . ①孟… Ⅲ . ①企业领导学 Ⅳ . ① F272.91

中国版本图书馆 CIP 数据核字 (2018) 第 288851 号

书　　名	企业管理者的15项修炼：悟理论·谈故事·品案例
作　　者	孟祥林
责任编辑	宋可力
书　　号	ISBN 978-7-5164-1853-6
出版发行	企业管理出版社
地　　址	北京市海淀区紫竹院南路17号　邮编：100048
网　　址	http://www.emph.cn
电　　话	编辑部（010）68416775　发行部（010）68701816
电子信箱	qygl002@sina.com
印　　刷	中煤（北京）印务有限公司
经　　销	新华书店
规　　格	710mm×1000mm　1/16　34印张　368千字
版　　次	2021年1月第1版　2021年1月第1次印刷
定　　价	128.00元

版权所有　翻印必究·印装有误　负责调换

前　言

随着社会经济的发展，管理人才之间的较量逐渐成为企业管理过程中的重头戏，没有优秀的管理人才就意味着企业没有辉煌的未来。于是，学习管理学知识成为更多人的选择，人们要通过系统地学习管理理论为将来成为优秀的管理人才而提前充电，但干巴巴的管理理论让人们难以接受。鉴于此，我的目标在于打破传统的管理学书籍的编写方法，在简要阐述理论之后主要通过案例分析、读故事学管理等方式让枯燥理论阐述演变为读者的积极参与。读者学习管理学的目的不仅是要学会一种思维方式，还要学会一种技术，这就是管理学技术。

本书是在我多年开设"人力资源管理""管理学基础""管理学原理""战略管理""企业文化""企业形象设计""人力资源管理案例分析"及"管理学案例分析"等课程的基础上写就的。自开设如上这些课程以来，我常感觉没有一部比较称心如意的书籍辅助教学，所以在教学实践中就有意积累这方面的心得，开始致力于编写一部基于自己多年潜心研究管理学原理与案例的、适合大多数读者使用并切实能够让读者学到一些管理技术的专著。本书中的案例都源于实践，经过多年的认真揣摩，我针对每个案例都提出了可操作性的对策。我的目的在于，只要读者按照案例分析中提出的对策稍加变通就可以实践化。为了达到预期效果，我在写作过程中将精力放在了案例分析层面，而不是案例编写层面。

具体而言，本书的特点有5个。① 内容紧扣管理专业。本书的结构严格服从管理专业课程体系的需要，案例内容涉及管理学理论的各个层面。② 内容侧重实践。本书内容阐述贴近企业的实际管理工作，让读者能够切身体会到实用的管理方法。③ 注重对读者技能的培养。④ 内容务求精练。全书内容力求简洁、明了，力争做到案例分析与理论阐述不重复，案例简明、扼要，将重点放在案例分析层面，通过案例分析给予读者切实可行的解决问题的思路，而不是拘泥于理论层面的泛泛而谈。⑤ 虽然案例分析是针对具体问题进行探索，但问题的解决方法又不失一般性。

孟祥林

2018 年 12 月于华北电力大学

目　录

第一章　撇捺支撑写成"人"字——管理者与被管理者相互依存

第一节　石匠、铁匠和木匠 …………………………003
第二节　理论领悟 ……………………………………005
第三节　从一盆花中领悟"管理不能复制"…………015
第四节　管理者的包容心：油灯和蜡烛的对话………019
第五节　"蚯蚓钻泥土，知了站树梢"的启示 ………023
第六节　人力资源总监的"末位淘汰制"胎死腹中…026

第二章　管理思想是一个"时间老人"——管理思想发展历史

第一节　管理与管理学 ………………………………041
第二节　理论领悟 ……………………………………043
第三节　河边的苹果就是"一面镜子"………………055
第四节　一样的跳槽，不一样的命运 ………………058
第五节　"三脚猫"功夫不能扭转 A 厂的局面………062
第六节　S 公司由"人治"转向"法治"……………071

第三章　给管理拴上一根链子——管理学基本原理

第一节　风筝与风筝线 …………………………083

第二节　理论领悟 ………………………………085

第三节　留住优秀员工：种花草的管理感悟……093

第四节　蔷薇与狐狸对话的启示 ………………097

第五节　M公司选拔人才从"窝边草"开始 ……100

第六节　从零做起成就了麦当劳高层管理者 ……110

第四章　管理是科学与艺术的联袂——管理的典型方法

第一节　相声段子中的管理艺术 ………………121

第二节　理论领悟 ………………………………123

第三节　管理者要让下属张开嘴巴说话 ………130

第四节　孤独的老虎没有真正的朋友 …………133

第五节　员工说"不"，管理者应觉得荣耀 ……135

第六节　A部门以虚衔欺骗骨干员工 …………139

第七节　先让人才"吃饱"，后让人才"变宝" ……146

第五章 凡事预则立，不预则废——组织发展需计划先行

第一节 计划与变化 …………………………155

第二节 理论领悟 …………………………157

第三节 狐狸与鹤 …………………………168

第四节 《三打白骨精》的启示 …………………172

第五节 索尼内部神秘的"求人"计划 …………176

第六节 A公司的薪酬计划让员工犯愁 …………178

第六章 众人摇桨才能开大船——做好组织发展的掌舵人

第一节 管与理 …………………………189

第二节 理论领悟 …………………………191

第三节 劲朝一处使才是真正的合作 …………206

第四节 两头鸟同呼吸才能共命运 …………………209

第五节 员工管理是"放养"，不是"放羊" ………212

第六节 A公司用"情感管理"拴住了员工的心 …219

第七章　火车再快也不能出轨——规避风险，做好控制管理

  第一节　控制的逻辑 …………………………………… 229

  第二节　理论领悟 ……………………………………… 231

  第三节　管理制度，顺应还是改变 …………………… 241

  第四节　破木桶也能派上用场 ………………………… 244

  第五节　扁鹊论医展现分层控制思想 ………………… 247

  第六节　X 公司的评奖方法换汤不换药 ……………… 250

第八章　涂抹润滑剂，消除组织内耗——准确判断冲突，展示协调魅力

  第一节　协调的魅力 …………………………………… 261

  第二节　理论领悟 ……………………………………… 263

  第三节　刺猬都有势力范围 …………………………… 274

  第四节　缺乏沟通导致事倍功半 ……………………… 277

  第五节　"受气包"巧用招降服"身边虎" ………… 281

第九章　火车跑得快，全凭车头带——强化领导管理，为组织把脉

第一节　领导是一种精神，管理是一种责任 ……… 289

第二节　理论领悟 ……………………………… 291

第三节　领导有方方可操琴作乐 ………………… 297

第四节　大鸟不与猫头鹰争腐食 ………………… 301

第五节　一把手要敢于把"刀"架在自己脖子上 … 305

第六节　制定出的制度要让员工心服口服 ……… 315

第十章　响鼓还需重锤敲——用好激励管理，整合战斗团队

第一节　"画饼充饥"与"能摘到的桃子" ………… 327

第二节　理论领悟 ……………………………… 329

第三节　看录像前后的反差 ……………………… 334

第四节　小鹰在悬崖上的表现 …………………… 338

第五节　与其抱怨，不如改变 …………………… 342

第六节　"二次分配"打破"铁饭碗" ……………… 345

第七节　高薪酬并没有带来高绩效 ……………… 355

第十一章　家有千口，主事一人——正确的决策是组织的命根

第一节　齐桓公与吕布的启示 ················367

第二节　理论领悟 ················369

第三节　破釜沉舟瓦解秦军的围剿 ················378

第四节　正确抉择让"罢官"知府获升迁 ················381

第五节　贪婪让思想与躯壳一同蒸发 ················384

第六节　如何选择让公司业绩滑坡的"替罪羊" ················388

第十二章　句号只是对以前的总结——目标管理决定组织未来

第一节　目标的层次性和动态性 ················397

第二节　理论领悟 ················399

第三节　猴子的表现与目标难易有关 ················409

第四节　愿望不同，目标也有差异 ················411

第五节　"贪心"的隐瞒导致良种不良 ················414

第六节　JS公司的目标管理方案 ················418

第七节　让"艺术"与"科学"缔结连理 ················430

第十三章　人无远虑，必有近忧——科学预测为组织发展定向

第一节　从草船借箭谈及预测 …………………445

第二节　理论领悟 …………………………………447

第三节　裴行俭的识人术 …………………………454

第四节　骗子借面子让皇帝穿上"新装"…………457

第五节　公冶长与鹞鹰 ……………………………461

第六节　牛厂长匠心独运"占卜"企业未来 ………464

第七节　胡安判断失误的代价 ……………………474

第十四章　无限风光在险峰——用创新思维拓宽组织发展道路

第一节　创新是企业的生命 ………………………487

第二节　理论领悟 …………………………………489

第三节　掘井取水是突破常规的战略设计 ………492

第四节　扔掉石头捡起棍子是乞丐的新选择 ……495

第五节　通过制度创新让粥分得公平 ……………498

第六节　"终生交往"计划让X公司人走茶不凉……503

第十五章　人往高处走，水往低处流——管理理念与管理实践新发展

第一节　企业管理新理论 …………………………………511
第二节　理论领悟 …………………………………………513
第三节　眼睛所见并非就是事实 …………………………521
第四节　蒙牛倾情以"绿"文化张扬企业形象 ……524

后记

第一章
撇捺支撑写成"人"字——
管理者与被管理者相互依存

导读

第一节　石匠、铁匠和木匠
第二节　理论领悟
第三节　从一盆花中领悟"管理不能复制"
第四节　管理者的包容心：油灯和蜡烛的对话
第五节　"蚯蚓钻泥土，知了站树梢"的启示
第六节　人力资源总监的"末位淘汰制"胎死腹中

第一节　石匠、铁匠和木匠

在一个组织中，管理者与被管理者相互支撑，只有二者紧密合作才能够推动组织高效发展。世界上有两件事非常困难：其一是将别人腰包中的"银子"装到自己的口袋中，其二是将自己的思想装入别人的脑袋中。管理者的责任就是要做好第二件事，这就需要管理者在实践过程中发挥匠人精神。这里需要论及三种匠人：石匠、铁匠和木匠。三种匠人的工作方法和工作原则有很大差别：石匠在雕刻人像之前已经在自己脑海中有了人形，其责任在于将多余的石料凿掉，将石头雕刻成理想中的人形，这是一种给石头"做减法"的思维方式；铁匠是将铁块加热到一定温度，通过不断敲打将其打造成为理想中的样子，铁匠眼中的铁块是完整、不可分割的整体，但只有通过敲打才能将其变成预期的产品；木匠具有"处处皆宝"的思维方式，在工作过程中随时都可以捡起一个小木条放在合适的位置上，在他人眼中是废品的木条，在木匠眼中都有其恰到好处的归宿。三种匠人的工作方法对于一个组织而言就是"裁员""整合""重组"的思维方式，三种匠人虽然工作思路不同，但有异曲同工之妙。

三种匠人对石头、铁块和木材的作业方法与管理者在组织中对不同情况的组织成员的管理方法类似，只有了解员工并对员工实行恰到好处的管理方法的管理者，才能够达到著名管理学家泰勒论及的"第一流工人原理"的目标。因此，组织发展必须顺应管理规律，管理者与被管理者是合作关系而不是冤家对头。不同员工的需求不同，管理者需要辨证施治，只有与员工需求对称的激励才是有效的管理方法。

第二节　理论领悟

　　管理并不是从来就有的。人们发觉凭借单个人的力量无法实现目标时就需要团结合作，以期通过集体的力量实现目标。在这种情况下，人们就会有意识地结成团队，并且在一定的制度下约束自己的行为，于是产生了管理行为。管理是在人类社会发展到了一定阶段后，人们开始认识到有组织在一起共同行为的必要时产生的一种职能。原始蒙昧时期没有文字，更没有管理学，但几个原始人知道怎样在一定的地域空间内配置力量，以期能够在最短的时间内通过消耗最少的体力猎获一只梅花鹿来满足群体成员的基本生存需要。这说明，他们在猎获梅花鹿的过程中就已经具备了管理思想。这时虽然还没有清晰的语言，但原始人会通过一个简单的手势或者一个简单的发音来保障成员中任何一个个体的行为与其他成员的行为相配合，以便高效率地达到群体成员所要实现的最终目标。这就是最原始的管理思想。所以，管理学虽然产生较晚，但管理行为诞生很早，在没有专门的学问产生以前，人们已经有意识地通过管理学的理念指导群体成员完成一个单个个体不能完成的目标了。不仅如此，管理思想在近现代以来越来越为众多群体组织所认识，并且将其主动运用到管理实践中。管理思想无孔不入，可以在管理学教材中找到，也可以在文学作品中找到。在现代社会经济发展中，要想提高组织的运行效率是离不开管理的。管理就发生在人们身边，一个人在一个场景下是被管理者，而在另外一个场景下又是管理者。为了完成更加宏大的任务，人们就更加需要精诚合作。这时，管理制度的建设就显得颇为重要了。

一、管理着眼于提高效率

管理存在的意义就在于提高做事的效率。虽然各行各业的管理实践有差别，不同的管理者的管理风格不同，但管理实践的目的都是一样的，就是实现群体活动的高效率。只要由两个及其以上的人完成同一件事情的时候就需要有管理存在，管理是通过达到管与被管之间的信息对称而实现的。在人们做事的过程中，管理者与被管理者之间往往是信息不对称的。这就需要通过合适的信息沟通渠道让被管理者知道管理者需要做的事情，从而让被管理者按照自己的意志作为，通过一定的激励和约束机制让管理者与被管理者结合成为合作的团队。由于个体间的素质有差异，被管理者在理解管理者的思想的过程中可能会出现偏差，这就需要管理者将自己的思想非常详细地传达给被管理者，避免由于理解上的差异造成被管理者不能按照管理者意图行事的问题。如果管理者不能让被管理者清楚地了解自己的意图，被管理者的行为与管理者要求的行为之间就会出现偏差，管理就会无效率或者缺乏效率，这是管理所不需要的。所以，从一般的意义上讲，管理一般包括如下几层含义：管理是有意识的群体活动；管理是动态的协调过程；管理围绕一定的目标进行；管理的目的在于高效率地达到目标；管理的对象是组织的资源和组织活动。

二、管理含义的多重理解

管理的内涵非常丰富，根据管理的不同职能可以对管理进行不同层面的注解。就管理的一般含义而言，管理可以分为管和理两层意思，"管"即管辖、主管，意思是职务的隶属和权力结构、责任的界限；"理"即治理、处理、调理，旨在秩序井然、方法得当、效益明显。将管理单纯地理解为"管"就会使管理的职能停留在组织内部的层级关系，强调上下级之间的隶属关系。将管理单纯地停留在"理"就会使管理停留在"和稀泥"的水平上。管理既然包含着"管"和"理"两层意思，就需要对管理的含义进行全方位把握。管理不仅在于节约，更在于创造。管理就是将既有的组织资源通过高水平的运作，使之创造出更大的效益，这需要从管和理两方面对管理工作进行全方位地把握，才能够使得管理工作做到有条不紊。从管理理论和实践的发展历程来看，不同的人从不同角度出发对管理的含义有着不同的理解，关于管理的定义也是五花八门，下面列举几种具有代表性的定义。

① 适时完成计划。管理就是为了完成一定的计划而出现的将组织中的资源进行高效配置的行为。组织的存在需要有短期、中期乃至长期的计划，组织就是在不断完成各种计划中获得发展的。凡

事"预则立，不预则废"就充分说明了计划的重要性。计划就是为组织发展的未来进行的合理规划，在强有力的管理实践中不断地从短期计划到长期计划逐一完成。

② 高效配置资源。既然管理的目标是为了提高组织的运作效率，那么管理就需要着眼于高效地配置资源。所以，管理就是管理者使人、财、物及时间、信息等所有资源达到最大利用效率，为企业创造最大的物质回报的行为。为了达到高效配置资源的目标，管理者就需要使尽浑身解数，理顺组织中各种资源之间的关系。在组织的发展目标的问题上，管理者要分清轻重缓急，及时解决组织中存在的冲突，尤其注意协调好组织中人与人之间的关系。

③ 团队作业行为。既然管理是在管理者的支配下通过群体活动完成组织目标的行为，那么管理就是团队作业行为。很多时候，管理者不能依靠自身行为办好企业的事情，需要借助其他人的力量完成组织的目标。借助其他人的力量做事情，很好地组织其他人参与到自己的团队中作业，在做事的过程中可以表现出管理者的管理才能。团队是在一定的制度约束下的一群人，而不是杂乱无章的一群人，从这个层面对管理的含义进行把握就很好地解释了管理职能中认识人、使用人、调动人、组织人等的核心思想。在团队建设中，能够很好地体现出管理者处理组织内部事务的技巧，即通过他人的努力完成管理者目标的技巧。技巧的巧妙程度及实施机制可以体现管理者自身的水平。

④ 协调成员关系。一个组织中的个体会由于各种原因产生矛盾，管理者需要对组织中的这些矛盾进行及时处理，在有效地化解

各种矛盾的过程中使得组织中的各种资源融洽地相处，只有这样，分散的资源才能有效地整合在一起。但是，组织中个体之间基于利益之上的矛盾往往非常复杂，这就需要管理者充分展示管理技巧。管理者需要处理好包括由于信息不对称、人际关系等诸方面所造成的问题。所以，从这个角度讲，管理的作用就是协调，管理就是要认识、调节和处理好人与人、人与组织、部门与部门及局部目标与整体目标间的关系。通过协调使得组织中的人际关系得到缓冲并达到精诚合作的目的。

⑤ 优化决策方案。组织处于不断变化的环境中，这需要管理者面对变化的环境不断做出决策。决策水平的高低就是对管理者管理水平高低的最佳评价。所以，有事业抱负的管理者总是力求做出科学、合理的决策。所以，管理就是决策，西蒙坚持这种观点——组织在发展的各个历史阶段无时无刻不在面临决策，没有决策或者没有正确的决策就没有组织的发展。优秀的管理者总是在权衡各种因素的基础上做出科学的决策。现实中的管理者总是面临选择并进行决策，从目标的设定、方案的选择、人员的配备、组织的构建、资源的分配等方面都需要决策。决策是需要创新并冒险的，因为决策过程中的管理者需要权衡利弊并承担风险。

⑥ 统一组织目标。组织不但有总目标，而且有分目标。实现每一个分目标的过程就是在向总目标靠拢。管理就是管理者使所有人的活动趋向同一目标，管理者需要协同各方面的力量实现组织成长需要达到的目标。这个定义强调了目标在管理中的作用。一般而言，管理者和被管理者的目标总是有矛盾的，管理者关注的是整体

的、长远的目标，而被管理者关注的是局部的、眼前的目标。过分关注长远目标而忽略了短期目标，就会使被管理者失去奋斗的激情。管理者的责任就在于将企业发展中的短期目标与长远目标有机地结合在一起。这需要管理者凭借高超的管理技巧实现目标，有效地将组织目标与员工的个人目标相结合。

⑦ 合理进行控制。组织在发展中由于各种因素的存在可能会使发展方向偏离，这时就需要对组织的发展方向及时地控制，以保障组织能够沿着既定的方向发展。所以，合理地控制对于组织的发展而言是非常重要的，从这个角度讲，管理就是控制。控制是管理的最后一个职能，所以，一些学者认为管理的重要含义在于控制，管理就是及时纠正组织在发展过程中的各种偏差，保证组织顺利达到预期的目标。能够对组织的发展方向进行适时地控制，是管理者具有优秀素质的表现。管理者通过给组织把舵来保证组织不会迷失方向。

⑧ 整合、聚合、协同。组织中有很多资源，但这些资源最终发挥的作用不仅限于将各种资源简单相加，这些资源有机地组合在一起之后产生的效果较简单相加之后产生的效果要大。所以，管理的本质在于不仅将所有资源聚在一起，而且要有机地聚在一起，并且资源的运作要有效率，要发挥组织资源的整合、聚合及协同的优势，产生整体协同和规模放大的效果。所以，从这个角度讲，管理是促使系统整体产生放大效应进而实现整体优化的过程，管理职能要体现出整合、聚合及协同等功能。

三、管理具有双重属性

管理具有双重属性，即自然属性和社会属性。

人们在日常的生产、分配、交换、消费等各种关系中都存在管理行为，缺少了管理行为，社会的秩序就会发生混乱。根据前文对管理学概念的分析，只要社会活动发生于两个人以上，为了使各种资源得到协调一致地运行，就需要管理。管理是人类社会活动得以高效运转的客观需要。管理是人类社会发展过程中存在的一般职能。各行各业的具体情况虽然有所差异，但基本情况是一样的。随着科学技术的发展，管理者会借助科技更加高效地进行管理，但科技本身并不能取代管理。就上述意义而言，管理是不以人们的意志为转移的，管理行为虽然在不同的背景下会有不同的表现，但确实是客观存在的，这就是管理的自然属性。

管理除了具有自然属性外，还具有社会属性。管理是为一定的利益主体服务的，所以，管理具有目的性和方向性。在社会经济发展的不同阶段，管理也在发生着变化。管理是调节人与人之间的关系的行为，只有通过管理者与被管理者之间、管理者之间、被管理者之间的沟通才能够在信息对称的基础上实现高效管理，所以，管理是通过创造一定的机制实现组织资源高效运作的行为。管理本身是一种社会行为，所以具有社会属性。

四、管理的多元化职能

管理具有多方面的职能，其中主要包括计划、组织、指挥、控制、协调、决策、激励、人事等职能。

计划是对组织发展的各项事宜做出的事先安排。管理者根据组织发展的内外部环境条件，权衡主观以及客观等诸方面的可能而从长远及短期等多方面对组织的发展进行事先安排。计划职能将组织发展的短期目标与长期目标紧密结合了起来。

组织即通过一定的结构形式将组织资源进行架构并高效组织资源运行的行为。不同状况的组织具有不同的结构，为了适合企业发展的需要，企业需要选择合适的组织结构，合适的组织结构对于高效配置组织资源具有非常重要的意义。企业规模从小到大可以选择直线制、职能制、直线职能制、事业部制、矩阵制、多维立体模式、总分公司制、母子公司制等多种组织形式。

指挥职能是管理者对下属分派任务，让下属按照管理者的意图完成某些事情的行为。指挥职能的高效发挥需要管理者具备较高的素质，否则就会违背管理的一般原则，使组织付出较大的代价。

控制职能在于保障组织运行不偏离轨道，及时发现组织运转中出现的问题，并通过一定的方式解决这些问题，保证组织始终沿着正确的轨道前进。

协调的目标在于处理好组织中存在的矛盾。组织中各成员之间不免会由于利益等各种原因产生矛盾，如果对这些矛盾不进行合理解决，就会影响组织的发展。及时协调好各方面的关系并处理好各种矛盾是管理者义不容辞的责任。

决策是管理的重要职能之一，决策的正确与否决定了组织的发展方向。管理者应在充分掌握信息的基础上为企业发展做出合理的抉择，从而在企业的发展方向、轨迹及运行成本方面进行综合考虑，这时候，管理者的决策在很大程度上就决定了企业的命运。

管理的激励职能即通过各种方式激发员工的热情，使得员工不是通过外在强制的力量而努力工作，而是发自内心地愿意为组织的发展做贡献。在恰当的激励措施下，员工的工作就会由"要我做"变为"我要做"，员工工作的积极性会更强。激励不是靠管理者的心血来潮式的随兴做到的，而是需要通过制度的方式在整个组织中有序进行。

人事职能是管理者通过恰到好处的用人制度将合适的人安排在合适的岗位上，使得人适其岗、岗得其人，保障人岗匹配。人事职能需要管理者从员工招聘开始就要悉心描画，然后进行甄选、培训、考核等。人事管理不仅涉及人，而且涉及与人相关的诸多利益关系。只要能够将各种利益关系处理好，管理的人事职能就达到了目的。

五、进一步理解管理的内涵

就像管理的概念一样，从不同的层面理解管理的内涵可以有不同的结果，但其都是围绕"效率"这个核心展开的。离开了"效率"这个核心谈管理就会使得管理抽象、空洞。所以，以上关于管理的各个层面的理解都是从某一个侧面对管理的职能进行了强调。对于管理者而言，由于组织的运行环境有差异，管理者面对的问题也有所不同，则强调的管理侧面也会不同，于是，人们对于管理概念的定义也就稍微有差异。但是，无论怎样对管理这个概念进行论述，管理思想中都包含了效率这一点，提高效率是管理的根本宗旨，虽然各个层面的管理思想关于这个核心内容的表述有所不同，但理解管理的含义应该把握如下几个要点。

① 管理工作主要是调节人与人之间的关系。管理的主体是人，客体也是以人为主的。所以，管理的全过程都是在人的参与下完成的。管理需要人的参与，管理是在人的参与下管理人的行为，离开了人的参与就无所谓管理，管理学研究的核心对象就是组织中与组织效率有关的人。

② 管理是为达到一定的组织目标而存在的。离开了组织的目标，管理就没有了存在的必要。在管理行为发生之前，组织的目标就已经存在了，管理就是着眼于将这个目标由抽象变为现实。目标应该产生于管理行为发生之前，先有目标，然后为完成这样的目标将组织内部的人员按照一定的秩序组织起来。

③ 管理是一个持续不断的活动过程。管理具有计划、组织、指挥、控制、协调、领导、激励等多种职能，缺少了任何一项职能，管理行为都会缺乏效率。特别强调管理的某一职能，只不过是在某一时期管理职能有所侧重而已。但是，管理过程需要持续不断地进行，否则，缺乏了管理后组织就会如同一盘散沙，组织一时一刻也无法离开管理。

④ 管理致力于创造新的管理方法。管理者需要在不断变化的环境中创造新的管理方法，以使管理方法能够更好地适应管理实践。管理者是组织发展的掌舵人，在把握组织发展方向的过程中，不断创造新的管理方法以更高的效率引领组织发展。管理具有过程性或者动态性，在此过程中，管理者为高效率地达成既定目标需要不断变换其工作方法。

第三节　从一盆花中领悟"管理不能复制"

朋友送给我一盆非常好看的花，经过我多年的精心护理，其长势甚好，绿绿的叶子和繁茂的花朵加上沁人心脾的幽香经常使我陶醉其间，也给我的日常生活添色不少。花并非名贵品种，但已经成为我生活的一部分。

有一段时间我非常忙碌，无暇照看这盆花，于是将照看这盆花的任务交给了我的妻子。妻子不会养花，平常对花的照看几乎成了我一个人的事。在这期间，家里正好要将一些杂七杂八的东西卖掉，其中有一小瓶食用油没有用完，但时间已经非常久远了，扔掉又觉得很可惜。于是，妻子开始在这瓶油上打主意。她想：油的营养比水要多得多，如果将一些油倒进花盆里肯定会对这盆花的生长有好处。妻子之前通过电视节目也了解到一些情况，有些农家为了提高农产品的质量就将一些豆饼等有机的东西作为肥料撒到田间，结果农作物的长势更好了。想到这些，妻子在没有经过我同意的情况下将一小瓶食用油全部倒进了花盆里。本以为会出现好的结果，但没过多长时间，整盆花慢慢枯死了……

妻子不会养花，我却要将照看花的权力赋予她，于是发生了上面的故事。花枯萎了不能说完全是妻子的过错，我也要承担部分责任。妻子本以为将食用油放进花盆可以达到比单纯浇水更好的效果，没承想事与愿违。妻子做出这样的事情完全是在效仿他人施用有机肥的行为，认为食用油与有机肥应该是一样的。其实，豆饼与食用油虽然都是有机物，但不能算作有机肥，盲目地效仿不合理的行为将会导致并非预期的结果出现。养花不能只从表面上效仿他人的行为，而需要立足根本。看似非常简单的事情其背后也有玄机。

如果将养花者和护花者理解为管理者，而花就是管理者管理的对象。在企业的发展中，如果管理者不能根据实际的情况对下属辨证施治，而是盲目地效仿别人的企业曾经采取的成功的管理方法，照搬照抄地进行复制，在本企业能够取得成效完全就是偶然，不能取得成效才符合事物发展的规律。每个企业都有自身的特点，成员的结构、企业文化特点、管理者的风格、企业的成长阶段、企业所处的周围环境等都会影响企业的发展轨迹以及管理者的决策。所以，完全地复制其他企业的管理方法虽然会使管理者省去很多思考管理方法的周折，但这是管理者的渎职。

在企业发展中盲目地效仿其他企业的经营经验而导致经营失败的案例比比皆是。例如，在企业的品牌经营过程中，很多企业希望通过品牌延伸达到一个品牌带动多个产品的功效。美国的美能公司曾经推出了洗发精和润发乳二合一的产品，即"蛋白21"，以此迅速打开市场并使其成为美国的知名品牌。美能公司在考虑到其他公司品牌延伸的成功经验后，于是接连用这一品牌推出了"蛋白

21"浓缩洗发精等产品,但品牌过多延伸的效果并没有按照他们预期的情况发展,由于消费者淡化了对这个品牌的亲和度而导致"蛋白21"也不像先前那样销售火爆了。再如,舒洁牌卫生纸本来是美国卫生纸市场的头号品牌,但随着舒洁餐巾纸的推出,舒洁这个品牌在消费者心里的形象开始发生变化。由此可见,盲目地效仿和刻板地复制他人或其他企业成功的管理方法就会出现形而上学的错误,从而导致曾经辉煌一时的品牌迅速走下历史的舞台。

管理者管理员工与经营某个品牌的道理是一样的,也需要认真分析每个员工的具体情况,从而达到对员工的管理与其实际需要相符合的目的。如果管理者不分青红皂白,只是机械地将管理某个下属的成功经验复制到其他下属的身上,有时候不但不能达到预期的功效,反而会适得其反。当企业发展已经达到了一定的水平时,在管理上也一定要在本企业特色的基础上体现出一定的水平。如果管理者对有一定知名度的企业的文化和管理方式不加任何转化而是全盘照搬照抄,其结果不仅无法实现企业管理的预期,还会让本来运营良好的企业变成一团糟。

不同企业由于自身所处的环境条件和特点不同,某个企业的成功管理经验不能盲目地复制到另外的企业身上,否则,就会水土不服,不但不会给企业的发展带来福音,反而会造成不必要的损失。管理者在盲目复制其他企业的经验时往往看到的是企业的成功侧面,而成功企业在取得良好业绩的过程中所付出的努力往往得不到重视,以致学习过程完全变成盲目地效仿。不同企业的成功经验不同,企业的成长轨迹也有很大的差别,所以,企业达到高效运营的具体措施也会有很大的不同。在效仿成功企业经验的时候，应该看重企业的奋斗精神而不是具体的方法、措施。企业的发展轨迹实际上是管理者的领导风格、组织成员的整体素质、企业所处的环境及发展机遇等诸多因素的综合体现，单纯地将成功企业的发展经验复制过来，如果适合本企业，纯属歪打正着。管理者盲目效仿别人的行为实际上就是不加考虑地将别人的鞋子拿来穿在自己的脚上，舒服不舒服只有自己才知道。

第四节　管理者的包容心：油灯和蜡烛的对话

一天，整个小区由于线路故障原因全部停电，主人只好拿出蜡烛和油灯点燃。蜡烛与油灯相隔不远。红色的蜡烛亭亭玉立，被主人放在非常精致的烛台上，放射出漂亮的光环。主人将油灯放在了一个古老的灯台上，灯台安放在屋子的一个角落里，油灯蹲在灯台上放射出悠远、深邃的光芒，似乎在向人们诉说其悠远的历史。蜡烛根本看不上油灯，说："看你那古怪的样子，腆着一个大肚子，样子没有我好看，而且光芒也没有我的亮，在我的面前难道你就没有丝毫的内疚吗？"听了蜡烛的话后，油灯一点也没有生气，说："虽然你的样子很好看，但燃烧完之后你就会随着光芒而消失。而我不同，我的肚子很大，有着一颗包容的心，任何能燃烧的东西都可以放到我的肚子中实现其燃烧的理想，我只是帮助别人实现愿望的媒介而已。我燃烧的不是自己，而你虽然样子好看，但每次燃烧的都是你自己，你是在实现自己放射出光芒的愿望，别人无法借助你实现自己放射光芒的愿望。所以，你虽然比我亮，但终究属于孤芳自赏，因此永远也不会得到别人的帮助，你燃尽的时候，你也将会随着光芒的消失而销声匿迹。"油灯的话使得蜡烛很不耐烦，蜡烛于是更加高傲地站在烛台上放射出比先前更加耀眼的光芒。但是，随着时间的推移，蜡烛需要面对残酷的现实：蜡烛变得越来越矮，而油灯还是没有任何变化。蜡烛终于燃尽了，随着最后一滴"眼泪"掉落，其光芒也消失了。在灯油快要燃尽的时候，主人马上为油灯加满了油，油灯于是继续将那悠远、深邃的光芒照射在屋子的各个角落。

上面故事中蜡烛与油灯之间的对话非常发人深省。在油灯面前，蜡烛表现出了自己的高傲，由于自己的外形美观、光亮更强而使其产生了胜过油灯的骄傲。但是，蜡烛没有看到自己的不足，这些不足是通过油灯之口讲述出来的。油灯具有帮助他人实现其光芒四射的愿望的品质，但蜡烛只知道放射自己的光芒。蜡烛会因为逐渐燃烧而变矮，最终逐渐消亡；油灯却不会发生这样的情况，它会随着悠悠岁月而慢慢将自己刻上时代的印痕。油灯不但不会随着时间的流逝而消亡，而且还会因为自己是历史的见证而身价倍增。当蜡烛被燃烧掉之后主人会用一支新蜡烛取而代之；而灯油燃烧完之后，主人会为油灯加满灯油，让其继续放出耀眼四射的光芒。正像油灯所说，蜡烛由于只会实现自己放射光芒的愿望，所以，蜡烛消亡后也不会有人记起它，从这个角度而言，油灯认为蜡烛是自私的。与蜡烛相比，油灯认为自己的包容之心才是君子所为。油灯利用自己丑陋的外表容纳所有能够燃烧的东西并让它们在自己为之创造的平台上光芒四射。正是由于油灯具有这样的品质，才会使得主人时刻关注着油灯的状况，每当灯油快要用尽的时候，主人就会将灯油及时填满，以保障油灯能够继续发光。

油灯的话很有道理，虽然它的样子丑陋，但它能够给别人做很多事情，而这些事情正是别人所需要的。油灯的助人为乐行为值得赞扬，相反，蜡烛的自私行为就应该遏制了。油灯和蜡烛事实上代表了企业发展中两类不同的成员。在一个企业中，组织成员之间会因为地位、利益、名誉等多方面的原因产生竞争，管理者在这期间应调解好他们之间的矛盾。管理者具有制定制度的权力，将制度设计得有利于哪些企业成员是管理者需要考虑的。在好的制度下，所有的企业成员（包括制定制度的管理者本人）都需要为点亮自己这盏灯而忙碌。

如果管理者将一切发展机会都据为己有，从而剥夺了其他组织成员的发展机会，在管理者与被管理者之间就会形成情感隔阂。管理者的"今朝有酒今朝醉和'有权不使，过期作废'"的思想，会使企业经营行为短期化。组织成员会因为有这样的管理者而不幸，没有任何组织成员希望这样的管理者能够连任。当管理者从企业的权力的宝座上退下时自己也就会变得暗淡无光，就像故事中燃尽的蜡烛一样。"油灯式"的管理者就不然了，他们可以在企业的发展中为所有优秀的成员创造相对宽松的平台，每个成员只要有自己的一技之长，就会在企业中有发光的机会。这种企业中的管理者具有海纳百川的心胸，能够牺牲自己的利益为组织成员的发展搭建起很好的平台。在成员的才能都能得到很好的发挥的时候，管理者自身的价值也得到了升华。

就像故事中的油灯一样，油灯本身传承了历史，主人在看到油灯时就看到了自己的过去，虽然随着时间的流逝，油灯会逐渐淡化其往日的光辉，但由于其对主人的价值犹在，所以主人就会不断地关注灯油并不断地将灯油注满。油灯虽然逐渐变老，但因为其有着足够的燃油，所以会将自己的光芒持续下去。企业中像蜡烛一样的管理者由于缺乏群众基础，虽然在其燃尽的时候会掉落下最后一滴"眼泪"，但这并不能引起他人的同情，因为正是由于蜡烛只顾放射出自己的光芒的自私，导致后人不能对之进行怀念。所以，管理者一定要为组织成员的发展创造条件，并将其以制度的形式确定下来，管理者的奉献精神不仅会在组织成员中间树立旗帜，关键是在其管理下可以为企业及其成员的发展创造好的条件，让所有的成员都能够有展示自己的平台。灯油可以烧完，但油灯会继续传承下去，表示了企业文化可以继续传承下去，"油灯"可以得到来自各方面的支持，这样的企业的竞争力将会很强。

第五节 "蚯蚓钻泥土,知了站树梢"的启示

蚯蚓一般生活在阴暗、潮湿的土壤中,不能长时间暴露在阳光之下,以烂树叶或者腐殖质为食物。蚯蚓穿梭在土壤中间,在不断爬动的过程中松动了土壤;它在爬行中还会不时地碰到树木的根,树木感觉到痒,无形中刺激了树木的"血液循环",使树木长势更好了。许多小树在蚯蚓的帮助下成长为参天大树,树木的叶子更加繁茂了,在地面上形成了更多的树荫,这为蚯蚓的生活提供了更多的保障。蚯蚓与树木形成了很好的共生关系。

这天,蚯蚓在土壤中爬行的时候不小心碰到了蝉蛹,蝉蛹正蜷缩在洞穴中睡大觉,蚯蚓与被吵醒的蝉蛹攀谈起来。蝉蛹说:"别看咱们吃的是一样的东西,并且现在过的是一样的生活,但我将来会一鸣惊人的。"蚯蚓不相信:"你怎么能够一鸣惊人呢?"蝉蛹非常自豪地说:"等到我们钻出地面后,就会将现在的这身皮蜕掉,转而穿上一身华丽的外衣,我将会长出美丽的翅膀,并且会有清脆的歌喉。到那个时候,我就能够放声歌唱了。"蚯蚓并没有将蝉蛹

的话放在心上，还是像原来一样默默无闻地工作着，蚯蚓认定自己的工作就是让土壤变得更加松散。

一天，刚下过大雨，蚯蚓钻出地面准备透一口气，突然听到树上有个动物在跟自己打招呼："嘿，朋友，还认识我吗？"蚯蚓感到莫名其妙，自己从来都是独来独往，没有什么朋友呀？树上的朋友开始自我介绍了："你忘记我了吧，我就是前些日子你在地下碰到的蝉蛹呀，我现在已经蜕去了原来那身土气的皮，你看我现在多好看，我现在就唱歌给你听。"蝉说着说着就放开歌喉吟唱了起来。蚯蚓感到非常奇怪，当初那样一个不起眼的蝉蛹居然能够唱出这样好听的歌曲。嘹亮的歌声马上引来了人们的围观，人们纷纷指着树上的蝉赞美不已。几个男孩子跑了过来想要抓住这只蝉，但蝉展开翅膀飞到了树梢的顶部。

这一切都被蚯蚓看在眼中，蝉能唱能飞，在地下生活了那么长的时间，终于能够扬眉吐气了；反观自己，自己的生活并没有什么变化。虽然自己的工作对所有植物的生长都是非常有好处的，但由于自己长期躲在阴暗的角落中默默无闻地工作，所以，并不能引起人们的注意。

一个男孩子看见蝉飞走了，很是扫兴，看了看地上正在爬行的蚯蚓，说："这是什么？好吓人哟。"说着，他顺手捡起一根树枝，将蚯蚓挑起来扔到了草丛中。

于是，蚯蚓再次钻入了泥土中。

蝉在树梢上唱歌容易得到人们的赏识；蚯蚓在泥土中默默地工

作却不能得到人们的关注，但人们都在直接或者间接地享受着蚯蚓带来的益处。在企业中，管理者往往会对那些说漂亮话的人比较看重，那些只会默默无闻地做事的人很难引起管理者的重视，这对于那些专心做事而不能得到公正待遇的人是非常不公平的。管理者应该对蚯蚓似的默默无闻者关注。企业在发展中既需要"会说话的人"，也需要"会做事的人"，只有这两种人都存在且被合理地加以使用，才能让企业不断繁荣。光会说漂亮话而做不出漂亮事，企业就没有旺盛的成长力；光会做漂亮事而不会说漂亮话，就不能将自己的功劳很好地讲出来。上文故事中的蚯蚓就是单纯会做漂亮事的人，整天在泥土中钻来钻去，但生活在地面上的人们并不知道蚯蚓的辛劳，以致小孩子见到了爬出地面的蚯蚓后还用木棍将其挑起扔掉。一味地埋头苦干的蚯蚓并没有得到好的回报，享受着蚯蚓劳动成果的人们甚至对蚯蚓连一丝感恩之情都没有。蚯蚓就生活在人们的脚下，与人们隔着一层地皮。但是，人们习惯于向上看，而不习惯于看脚下。如果管理者也习惯于这样做，自己的企业中像蚯蚓这样的员工就会变得越来越少，更多的员工会在树梢上唱高调。但是，如果企业中所有的人都唱高调，企业发展中的掺水成分就会越来越多，让大树得以生长的土壤就不会再有"蚯蚓"来松土，大树没有了肥沃的土壤，"蝉"也就没有了唱歌的地方。所以，管理者要公正对待企业中的"蚯蚓"，不能等到"蚯蚓"罢工的时候才认识到其重要作用。作为管理者，不仅要向上看，还要向下看，有时候向下看显得更为重要。正是自己脚下的"蚯蚓"托着自己，才能够让管理者走出的每一步都坚实无比。

第六节　人力资源总监的"末位淘汰制"胎死腹中

一、案例简介

某软件公司有员工200人。最近，该公司挖来了A君担任人力资源总监。据了解，A君是卓有成效的人力资源管理专家，此前也曾经在很多家公司做过人力资源总监，并且做出了辉煌的业绩。

A君在上任之后就果断地推出了一系列改革办法，其中最有亮点的就是在该公司内部实行"末位淘汰制"。A君在新措施中规定，年终考核的时候将把公司中最差的10%的人淘汰掉。A君的新措施需要得到公司总经理签署认可后才能付诸执行。

总经理对"末位淘汰制"犹疑不定，打算召集中层以上的干部开会讨论，他觉得这关乎所有员工的利益，实行"末位淘汰制"肯定会让所有员工都紧张起来。在讨论中，很多中层干部认为，很难评出10%的最差者，这种做法过于生硬，实际上，大家都做得很不错，每个人都在努力做自己应该做的工作。大家在工作中的表现都非常接近，不能将这些本来表现很不错的员工硬性地区分出个三六九等，并且还拉出10%淘汰掉。A君向总经理解释说，这种方法曾经在自己先前任职的公司采用过，效果很好。有一些中层干部认为，"末位淘汰制"在A君原来的公司运用的效果好，并不意味着在本公司也能够得到很好的运用。在管理实践中没有放之四海而皆准的灵丹妙药，在某个企业非常奏效的做法，在另外一个企业并非非常奏效。管理大师的成功经验也只能是在某种情况下才能起作用，不分实际情况地乱用管理方法，不但不能将事情做好，反而会将事情做砸。

张谷是一个年龄稍大的中层干部，他觉得"末位淘汰制"实施的前提是员工的素质和工作业绩符合统计学中的正态分布：大多数人表现为中等，只有极少数人表现非常好或者非常坏。这时候，实行"末位淘汰制"具有一定的可行性。如果不符合正态分布规律，实行"末位淘汰制"就显得有些生搬硬套。硬性地将其中10%的员工淘汰掉之后，对于很多表现比较出众的员工是非常不公平的。淘汰10%的员工就意味着将一些优秀员工淘汰掉。

李颖是一个年轻的中层干部，她在会上阐述自己的看法时说，"末位淘汰制"淘汰掉一些员工后，就意味着还要按照被淘汰掉的员工数量增补新人，但增补的这些新人用起来一般很难顺手，甚至还不如淘汰下去的员工表现突出，这实际上就是没事找事。李颖觉得本公司与其他公司不同，优秀的软件人才很难物色到，随随便便就将一些人才淘汰掉，很难再找到新人填补空缺。李颖对"末位淘汰制"持坚决反对态度。

赵高在会上说，按照"末位淘汰制"淘汰掉的10%的员工，实际上是人为想象出来的，这些人并不一定表现最差。如果这种方法果真被采用，淘汰员工过程中的人为因素可能会很大，在此过程中，人际关系的因素会非常大，该种方法应用后会在本公司内部刮起不正之风。

梁良对"末位淘汰制"的态度是：即使有表现比较差的员工存在，这也可能是公司制度存在问题，所以，不要将任何问题都归咎于员工，公司本身的问题也应该妥善考虑。乌鸦落在猪背上的时候，总是看到猪是黑色的，这是不行的，需要看到自己是黑色的，才能认识到自己的缺陷。公司制度上的缺陷也是存在的，所以出现了比较差的员工，公司应该负有一定的责任。公司应该增加培训开发项目，让员工有"起死回生"的机会，让员工在这样的"缓冲"时间内通过实际行动证明自己的才能。

在会议上，还有一些干部认为"末位淘汰制"最重要的影响是增加了员工的不安全感，员工之间会因为该种方法的采用而关系紧张，优秀的员工会想到尽快跳槽的途径。

最后，大家的讨论结果是：本公司在管理中确实存在一些问题，但"末位淘汰制"并非是解决这些问题的妙招，既然这种方法引发的次生问题迭出，就不能在本公司实施这种方法。

二、案例分析

（一）"末位淘汰制"会打击员工的工作热情

从上述案例中的情况看，"末位淘汰制"表面上似乎是一个创新的方法，但实际上存在很多问题。这些问题或者是由于该种方法本身衍生出来的，或者是由于企业现行制度造成的。这种方法过于生硬，在企业不具备实行末位淘汰管理方法的情况下硬性地使用，员工实际上就被卷入了火坑中。本来，这样的软件公司很难实行"末位淘汰制"，很多软件在制作过程中都是不同部门的员工协作完成的，每个人都做了很多的工作，就像案例中有的中层干部谈及的，这种情况下员工的表现不符合正态分布原则。"末位淘汰制"在这样的公司实施，无异于硬性地对一块非常均匀的豆腐分出三六九等一样，最终的结果只能是从中强制性地分割出 10%，看似解决了问题，实际上将问题弄得更糟了。因为这 10% 与"豆腐"中的其他部分在品质上其实没有很大差别，"厄运"却单单降临在了这 10% 的员工的身上，对于这些员工自然是非常不公平的。

管理的方法并不在于强制，而在于顺理成章。"末位淘汰制"这种不符合客观规律的做法就会让大家非常担忧，"厄运"这次降临在这 10% 的员工头上，下次说不定就会降临在另外 10% 的员工的身上，这种不符合规范的硬性强制性措施最终会使所有员工人心惶惶。"末位淘汰制"表面上淘汰的是 10% 的员工，但实际上扰乱了所有员工的心情，打击了员工的工作热情，企业将会因此陷入低迷状态。

（二）"末位淘汰制"最终淘汰的是企业本身

"末位淘汰制"从逻辑上讲是很难自圆其说的，因为每个年度内都会有"末位"员工，这样有始无终地轮番淘汰下去，每个员工都有被淘汰出局的可能。淘汰了员工之后就要招募新员工，新员工肯定是员工群体中的弱者，那么，下一年度他们就可能成为被淘汰的对象。长此以往，企业就很难再招募到新员工了。在这种情况下，大多数新员工和极少数老员工将会一起面对"末位淘汰制"，除了新员工成为被淘汰的对象外，一些老员工也成了被淘汰的对象，久而久之，很多优秀的老员工也逐渐会被淘汰掉。按照这种思维，当企业已经淘汰掉大部分员工后，企业就没有办法正常运转了。如图 1-1 中所示的"'末位淘汰制'的迭代运算"，在员工惶惶不可终日的氛围中，企业的空缺岗位会越来越多，很多老员工也纷纷被淘汰出局。长期这样进行下去，员工们就会认为该企业不适合自己的发展。部分老员工都陷入被淘汰的厄运，新进企业的员工就更难自保了。所以，"末位淘汰制"从短期内看也许还能够淘汰一些"末位"；但从长期看就是一种形而上学的做法，专门为了淘汰"末位"而淘汰"末位"，至于被淘汰的人是不是末位就不得而知了。

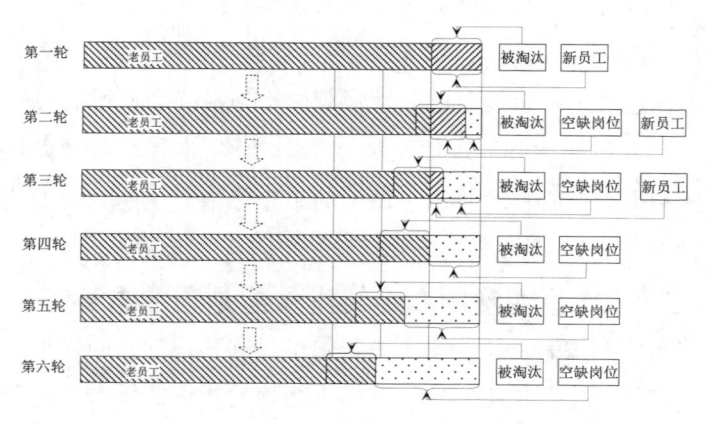

图 1-1 "末位淘汰制"的迭代运算

"末位淘汰制"表面上看淘汰的是员工，本质上淘汰的是企业本身，这会让企业走上一条不归之路。

（三）"末位淘汰制"与"以人为本"相悖

在上述案例中，很多中层干部的意见表明："末位淘汰制"实际上是一种生搬硬套的做法。A 君在其他企业中实践该方法也许取得过很大的成效，但不同企业有不同的情况，A 君不应该不加思考地将在其他场合的成功做法运用到该公司中。就像案例中提及的，放之四海而皆准的管理方法是很难找到的，"末位淘汰制"无论在形式上还是在内容上都有很多值得商榷的地方。如果说 A 君是一个"拍脑门"型的管理者有些过分，但这样的管理思路实际上是将企业中的员工作为"治"的对象而不是"管"的对象，管理思路仍然退回到古典管理的老路上去了。这种脱离了"以人为本"的管理思路，受到员工的抵触是很正常的。用不变的眼光考察已经变化了的企业、变化了的工作内容和变化了的企业成员，注定要犯错误。

（四）"末位淘汰制"会破坏团队精神

"末位淘汰制"如果实施的话，就像一颗重磅炸弹炸在了每位员工的心里。就像案例中提及的，企业中除了管理层外没有不人心惶惶的。在"末位淘汰制"这种管理方式下，管理者与被管理者就站在了对立面，管理者管人，员工被管，管理者高高在上没有任何风险，员工丝毫没有安全感。另外，在"末位淘汰制"下，员工为了自保都不愿意与别人合作，当别人在工作中出现问题的时候自己就会幸灾乐祸，因为别人表现差就意味着自己的安全系数大了一些。在没有实行"末位淘汰制"这种方法前，员工之间有深厚的情感，组织成员之间团结互助；实行这种方法后，每个人的自我保护的心理非常重，人人都希望关起门来过自己的小日子，只盼着其他人比自己坏，不盼着其他人比自己好，甚至其他人与自己同样好也会感到不舒服。

从总体上看，"末位淘汰制"是一种离心离德的工作方法，会让企业逐渐失去凝聚力，会让管理者为组建团队所做的各种努力泡汤。由于管理者的思路与企业的其他成员的个人利益之间出现了矛盾，管理者就成了只会唱高调的人，管理者即使喊叫得再凶，企业的其他成员也会无动于衷。企业的其他成员如果按照管理者的思路做事情，无异于自毁前程。所以，如果实行"末位淘汰制"的话，没有人再将注意力放在工作上了，团队精神也将不复存在。

（五）未考虑公司的问题

"末位淘汰制"将矛头全部指向了员工，管理者并没有意识到公司在管理中存在的问题。管理者在管理实践中经常出现的错误就是：喜欢将自己摆在审查别人的角度认识事物。从上述案例的情况看，该软件公司本身在管理中也许就存在问题。管理者很容易发现别人身上的错误，不容易发现自己身上的错误。

俗话说：没有无用的人，只有不会用人的人。管理者需要充分发挥用人的智慧，使企业内的所有员工能够人尽其才、智尽其用。岗得其人、人岗匹配、适才适所、人事相宜，这就是著名管理学家泰勒所谈的"第一流工人原理"，这个原理强调的"第一流工人"并不是说管理者身边所用的是天下最优秀的人，其核心思想是"让合适的人做合适的事""让合适的人在合适的岗位上工作"。一个公司中不免会存在工作业绩较差的员工，但这并不一定就意味着员工自身的素质不高，在管理制度不完善的情况下，员工在做事的时候就摸不清方向。某些岗位上的员工很可能不知道怎样做事和做什么样的事。某些情况下，管理者会认为设计出来的制度很合理，但与员工要求的还是相差很远。管理者在对员工的行为进行审查的时候，首先需要对自己进行审查。只有将公司的各个方面理顺了，员工做事才会顺心顺气，公司中也就不会存在所谓的"末位"了，每个人都是积极向上的。

三、案例启示

（一）完善培训机制

"末位淘汰制"将对员工的惩罚性管理做到了极致，正如前文分析的，这种刚性的管理办法实际上就是将员工一棒子打死，不仅打死了表现差的员工，表现不错的员工也可能被打死。这种置员工于死地的做法不仅让员工失去了"浪子回头"的机会，而且不能让企业达到"人丁兴旺"的效果。既然"末位淘汰制"不是好的选择，就需要另辟蹊径，培训就是正确选择之一。"末位淘汰制"是对员工不管不顾的做法，而培训则是帮助员工成长的做法。好的企业和聪明的管理者不但会使用员工，而且要帮助员工成长，让员工在工作中不断完善自己和感觉到自己有进步。培训的内容非常丰富，不但包括了工作技能的培训，还包括了做人道理的培训，也包括了兴趣爱好方面的培训。通过全方位的培训让员工感觉到工作的乐趣，实现自身的价值，将工作、乐趣与个人追求紧密联系在一起。企业应该成立专门的培训机构，将培训作为企业的一项长期工作持续进行下去。在整个企业内要对所有的成员进行分层次培训，经过一段时间后就要进行新一轮培训。在师资选择上要力求多样化，企业内部的技术能人或者企业外部的资深专家都可以成为企业的培训师，让员工互帮互学，了解别人的长处，认识自己的短处，开阔员工的眼界，不断提升自己的能力。

（二）改淘汰为考核

淘汰并不是好办法，根据前文所述，实行这种方法，企业就会面临山穷水尽的局面，员工在淘汰的过程中只有前仆没有后继。为了让员工在企业中有更多的发展机会，让员工在企业中工作不感到害怕，最好的方法是将"淘汰制"改为"考核制"。将"淘汰制"改为"考核制"后，可以让表现稍差的员工通过考核了解自己的不足，在以后的发展中逐渐弥补自己的不足。原先在考核结束之后实行"末位淘汰制"，现在则是在考核之后不断改进工作方法。考核结果与员工的职称晋升、薪酬水平等紧密联系在一起，让员工心中有担心，但这种担心不是被淘汰的担心，而是待遇降低且努力提高自己的担心。员工要想在企业中有前途、得到相对较好的待遇，就需要通过不断学习提高自己，让自己在考核中不断有新的进步。所以，考核是具有激励性质的、建设性质的做法，而淘汰则是具有毁灭性质的做法。果断废除"末位淘汰制"，在企业中马上就会形成一种以人为本的工作环境，人们不会花费更大的精力为未来的事情担忧，但又具有紧张感。当然，为了让员工认真履行考核制度，管理者还需要在很多细微方面进行设计，不让考核流于形式。

(三）不能生搬硬套

俗话说：到什么山唱什么歌。管理也是这样，在一个企业中非常奏效的管理方法，在另外的企业中运行就不一定很奏效。案例中的 A 君在运用"末位淘汰制"的时候就犯了"生搬硬套"的错误。不同企业的业务内容、员工特点、岗位设计、协作程度等都是有很大差异的。将别的企业的成功做法复制到另一个企业去，大多数情况下就会水土不服。只有因地制宜，让成功的管理经验本土化，才能够让这种管理方法在新的环境下获得新生。"橘生淮南则为橘，生于淮北则为枳。"同样的管理方法在不同的环境下会导致不同的结果，移花接木并不是任何情况下都可以进行的。企业应该从高层管理者做起，对企业的情况进行认真分析，不但要征求中层干部的意见，而且要深入基层员工中间进行深入讨论。同一个问题从管理者的视角思考和从员工的视角思考，关注点会有很大的差别。管理者在出台某项制度的时候，不能单纯从"管人"的角度思考，还要从"被管"的角度思考，这样就能够体察管与被管之间的矛盾，通过微调的方式让制度逐渐贴近实践，让管理者的"言"与被管理者的"行"之间实现无缝对接。

(四）培养员工的忠诚度

员工对企业忠诚就能够让管理者与被管理者心贴心，但让员工忠诚于企业并不是靠一些制度就能够做到的。管理者应该主动为员工创造条件，让员工愿意且能够对企业忠诚。管理者只有受员工尊敬，才能够旗之所指，员工行之所向。为了培养员工对企业的忠诚度，企业需要做很多事情。首先，管理制度要刚中带柔。"末位淘汰制"单纯强化了制度的刚性，让员工看不到企业的人情味，员工是不愿意在这样的企业中久留的。改变考核制度，让制度刚中带柔，就能够让员工的心贴近企业，员工踏进企业门口的时候不会感觉到企业是冷冰冰的，而是会感觉到企业具有十足的人情味。紧密团结远远不是一团和气，这是建立在心灵沟通基础上的行为互动，组织成员能够将感情融在制度中，让制度在柔情之间体现出严厉。这样，员工既感觉不到制度的可怕，又能够认真、自觉地遵守制度。员工从内心深处愿意留在企业中工作，并且有与他人合作的愿望。员工对企业的忠诚度得以提高，员工做事的积极性、主动性也会提高，真正地由"要我做"变为"我要做"，员工在做事情的时候没有给他人做事的感觉，都觉得是在为自己做事情。同事之间多了一些和气和宽容，少了一些钩心斗角和相互排挤。

（五）完善相关制度

企业的制度不完善也是造成效率问题的重要原因之一。只有认识到自身的缺陷，才能够从根本上解决问题。企业发展需要依托很多相关制度，包括考核制度、薪酬制度、培训制度、晋升制度等，各种制度之间有千丝万缕的关系，任何一个不当设计都会影响其他制度的正常运行。所以，在设计制度的时候，不仅要保障每个制度都合理、高效，还要保证各个制度之间要相得益彰，各种制度之间不能出现矛盾。"末位淘汰制"表面上看是一种制度，但实际上很不容易操作，不容易操作的制度就会流于形式。"末位淘汰制"虽然是对考核制度的一次尝试，但并不是成功的尝试。既然该种方法注定要流产，就需要用新的、更加有效的方法对之进行替代。要想将考核制度做实，就需要从各种基础制度做起。岗位设计就是考核制度的基础，只有岗位职责明确，才能够用具体的岗位标准对员工进行衡量，这就是管理实践中的"有法可依"。规章制度完善和科学了，再委以合适的人做考核事宜，这样才能做到"执法必严"。"末位淘汰制"是从把握结果这个环节做事，于是就将考核变成了惩罚。完善包括岗位职责等相关制度后，企业的考核方式就由"控制结果"演变为"控制过程"了。员工就会将眼睛盯住日常表现，而不是期末结果。在这样的管理思路下，企业发展前景就会越来越好。

第 二 章

管理思想是一个"时间老人"——管理思想发展历史

导读

第一节　管理与管理学
第二节　理论领悟
第三节　河边的苹果就是"一面镜子"
第四节　一样的跳槽，不一样的命运
第五节　"三脚猫"功夫不能扭转Ａ厂的局面
第六节　Ｓ公司由"人治"转向"法治"

第一节　管理与管理学

组织中存在两个以上的成员时就需要有管理，管理通过完成计划、组织、指挥、控制、协调、激励、领导、创新等多种职能保证组织高效运转。

原始社会中，人类为了猎获一头梅花鹿需要管理。人们通过合理分工，在不同方位上布局合适的人，从而可以保证用较低的成本高效地猎获梅花鹿。在此过程中，需要一个最富有智慧的人对参与猎获梅花鹿的人力资源进行合理分配，确保能够以既有人力猎获目标，在猎取梅花鹿的行为发生之前就需要尽量想到各种可能发生的事情，以尽量降低狩猎成本。这虽然只是一个简单的行为，但其中少不了组织管理，在这个管理行为中需要强调目标、协作、控制、沟通、效率、效果、配置、指挥等基本要素。虽然那时候并没有管理学理论，但管理实实在在地发生着，因此，管理比管理学的历史更加悠久。原始人在管理的过程中也许并没有清晰的语言，为了达到管理目标，彼此之间只需要一个眼神或者一个动作就能够心领神会，这就是管理的魅力。

管理学是从管理实践中产生的，但为了更好地进行管理，首先就需要将前人留下来的宝贵管理经验继承下来，这些经验都收集在管理学理论中。因此，管理是有组织、有目标、有效率、有计划地完成一件事而将所有成员有机整合在一起的过程，管理者和被管理者在此过程中都扮演着非常重要的角色。管理以效率为目标，但达成该目标的过程是有差异的。从起初的经验管理到后来的科学管理，再到后来将行为科学纳入到管理学理论，使得管理学不断丰富和发展。

管理学是一门科学，但更是一门艺术，同样一件事情运用不同的处理方式有时会得到完全不同的效果。

第二节　理论领悟

一、我国古代的管理思想

春秋战国时期，我国出现了"百家争鸣"的文化现象，这是中华文明繁荣发展的辉煌时期，"百家"文化中不乏优秀的管理思想。"百家"中最为著名的是墨家、儒家、道家、法家、农家、名家、兵家、纵横家、阴阳家等九个派别，它们从不同的侧面对推进中华文化的发展做出了巨大的贡献。

儒家思想强调管理者要加强自身的品格修养，强调"修身、齐家、治国、平天下"的"修、齐、治、平"思想。在这四个方面中，儒家强调修身是基础，没有良好的个人素质是不能成就大事的，这与管理学的思想相一致。管理学认为，管理者需要从德、识、体、能等四个方面在组织群体中起到表率作用，在这四个方面中德被放在了第一位。儒家思想以"仁"为核心，强调以"礼"治国，强调"信"，主张"民为本、君为轻"，并在"义"和"利"的关系上强调"义"。只有这样才能出台以民为本的政策和措施，国家才能够稳定与繁荣。

　　道家思想强调"天下无无用之人"，这与管理学强调的"人人是人才"的思想是完全一致的。管理学认为，"只有不会用人的人，没有不是人才的人"。会用人的人可以让自己的下属以一当十，不会用人的人会让下属怨声载道。老子强调"信"以及"退让求和"的思想，主张以德报怨，这些思想与管理学中强调的协调职能是非常一致的。老子强调，美言可以市尊，美行可以加人。意思是说，会说话可以赢得别人的尊重，好的行为可以影响自己身边的人。这说明管理者具有良好的言行是非常重要的。管理者的良好言行可以影响自己身边的人。组织中的成员的言行相对于管理者而言不会影响很大，但管理者会通过自身的言行影响整个组织的成员，这就是身教胜于言教的道理。

　　兵家在阐述用兵的道理时，特别强调"智、信、仁、勇、严"五个层面，这五个层面分别指代智慧、诚信、仁义、勇敢和威严。兵家认为用兵之道一定要强调如上这五个层面，在用兵的过程中这五个方面是缺一不可的。兵家在强调如上五个方面的过程中特别强调君对臣委以重任就需要授权，下属只有在被赋予了相应权力的时候才能够履行相应的职责；主张受命于君的大将需要为君负责，但在为君负责的过程中并不一定要唯命是从，大将可以在自己权限范围内有充分的自主权。兵家的这些思想与管理学中所讲的授权、集权、分权等理论是一致的。管理学认为，授权就是上级对下级赋予处理某些事项的权力，下级在自己的权限范围内具有全权处理事务的自由。授权的结果就是分权。分权就是权力在下属成员那里有一定程度的分散,集权就是权力在高层管理者那里有一定程度的集中。

　　墨家的成员大多来自社会的底层,注重实践。墨家都能够吃苦耐劳,能够做到严于律己,墨家将维护公理看作是自己的神圣责任。墨家的主要思想与管理相关的内容主要包括兼爱、尚贤、尚同、天志、非命、非乐、节用等。兼爱是完全的博爱,不仅要对自己的至亲以诚相待,付出全身心的爱,而且要将这种爱推及陌生人身上,墨家认为这是大爱。在墨家眼中,这种爱在所有人之间是没有差别的。墨家主张尚贤,意思是唯才是举,这种思想与管理学注重人才的管理方法是非常一致的。人才是撑起组织发展的顶梁柱,注重优秀人才的利用就是为组织的未来着想。墨家主张尚同,意思是上下一心为人民服务。这是对管理者的期望,也是要求,只有这样才能够使得各个部门认真履行自己的职责,并且将大家的利益与组织的利益紧密地结合在一起。对于一个企业而言,管理者与组织成员之间也是需要上下同心的,只有这样,才能够使得管理者与被管理者形成紧密合作的团队。墨家的天志思想就是告诫人们在做事的过程中要遵循自然规律。墨家的非命思想就是提醒人们在做事的过程中要经过自己的奋斗掌握命运,而不能够听天由命,墨家的这种创业思想与现代企业管理中所要求的管理者应该具备的奋发图强的品质是一致的。墨家的非乐和节用思想就是反对奢侈、浪费,这与现代管理学思想中强调的管理者克己奉公思想是一致的。

　　法家在诸子百家中是最为注重法律的一派,其在伦理道德、风俗习惯等诸多方面都有系统的思想。法家认为人们都具有"好利恶害"的本性,所以,施以顺乎民意的法律法规对人们的行为进行约束是非常有必要的。法家认为不能因循守旧,而应该锐意改革,只有这样,才能够在不断创新中谋取发展。这些思想对于企业而言,都是具有实际意义的。企业管理中应该遵循人的本性对组织成员进行辨证施治,只有这样才能够围绕管理者形成以管理者为核心的团队。这个团队不能够墨守成规,只有通过变革不断适应变化了的社会环境,才能够使得企业在发展中掌握充分的主动权。

农家将关注点放在了农业生产方面,所以,主张发展农业生产,认为农业是社会经济发展的根本,主张贤者应"与民并耕而食"。

名家主要以逻辑原理分析事物,所论辩的内容没有实质的意义,所以,人们一直认为名家主要是在诡辩。

纵横家中的"纵"指"合纵","横"指"连横"。"合纵"即联合抗秦,"连横"即与秦国结盟。"纵横"是当时齐、楚、燕、韩、赵、魏等六国与秦国之间关系的策略。纵横家所崇尚的是权谋策略及言谈辩论技巧,以此调节各国之间的关系。

阴阳家在《周易》经传的阴阳观念上提出了宇宙演化论,并在《尚书》的"九州划分"基础上提出"大九州"的思想和"五德终始"的思想。"五德"即金德、木德、水德、火德、土德,认为人世变迁和王朝更替都是"五德转移"的结果。"土德"即"仁",强调仁慈、仁厚;"木德"即礼仪,强调自然秩序,万物都有生老病死的过程,做任何事情都要遵循自然规律;"金德"即"信",强调诚信,为人处世应当强调以诚待人;"火德"即"义",强调"大义",强调为国家的事业而赴汤蹈火,为了亲情、友情而忠贞不渝;"水德"即"智",强调智慧,智慧可以改变世界。这种"五德"思想与现代企业的管理思想是非常一致的，"仁""义""礼""智""信"是传统的中华文化特别强调的，同时也是管理学中所尊崇的。只有"五德"兼备的管理者才能够称得上是出色的管理者。管理者只有具备"五德"才能够将企业的发展视为自己的生命，企业才会因此保持强劲的竞争力。

二、西方的古典管理理论

人类社会在漫长的发展过程中逐渐积累了丰富的管理学思想，这些管理学思想从最初的只言片语到形成比较系统的管理学理论经历了很长的阶段。伴随社会实践的发展，人们开始对管理学理论进行了系统研究。西方对管理进行系统地研究则是始于20世纪初，其中典型的理论包括美国的泰勒创立的科学管理原理、法国的法约尔创立的经营管理理论、德国的韦伯创立的行政组织体系理论，这些理论使得管理思想进一步深化和系统化，为现代管理学理论体系起到了重要的奠基作用。这些管理思想直到现在仍然具有非常重要的影响。对前人取得的这些宝贵管理经验进行归纳、分析、学习并应用于现代管理实践中，不但可以培养出更多的优秀管理人才，而且可以使人们在管理实践中少走很多弯路。纵观管理学的发展历程，大致可以分为以下三个阶段：从19世纪末到20世纪初为第一阶段，即古典管理理论阶段；从20世纪初到20世纪中叶为第二阶段，即科学管理阶段；从20世纪中叶到现在为第三阶段，即现代管理理论阶段。从19世纪末到20世纪初形成的古典管理理论，典型的理论包括泰勒的科学管理原理、法约尔的经营管理理论和韦伯的行政组织体系理论等。

（一）泰勒的科学管理原理

弗雷德里克·温斯洛·泰勒出生于美国宾夕法尼亚州的律师家庭，曾经在美国的哈佛大学学习。19岁的时候，他进入工厂当学徒。泰勒在工厂工作期间的表现非常优秀，因此，逐渐被提拔为工长，并很快成为工厂的总工程师。泰勒在长期的工作中积累了丰富的实践经验，他非常注重如何提高员工的劳动效率。勤于思考的品格不仅使泰勒在管理方面有重大的贡献，而且在生产技术方面也有过很多发明和创新，在金属的高速切削和精密切削方面做出的贡献尤为突出。泰勒于1911年出版了其代表作《科学管理原理》。在这部对管理学具有重要奠基作用的著作中，泰勒强调了劳动生产率的重要性。在泰勒看来，工人还有很大的潜力提高劳动生产率。因为在长期的观察中泰勒认识到，工人由于对资本家的不满而普遍采取"磨洋工"的方式，以此消磨时间并降低劳动生产率。工人与工厂主之间的这种不合作态度严重影响了劳动生产率，致使工人的巨大潜力没有被激发出来。泰勒认为这是不合理的管理制度造成的，他强调应合理评价工人的工作业绩，从而让工人能够得到公平的待遇，这是让工人发挥巨大劳动生产效率的基础。为此，泰勒致力于创造一种方法，力求通过这种方法让员工对企业的贡献得到公正的评价并从企业中得到应该得到的物质待遇。泰勒的方法是选择合适的工人承担合理的工作量，给工人合理的待遇以便激发其劳动热情。泰勒在管理学上的突出贡献是通过一系列的调查研究创立了被后人称为"泰勒制"的管理学理论，在其理论中有很多对管理学的发展产生重要影响的论述。泰勒被后人尊称为"科学管理之父"。

（二）法约尔的经营管理理论

亨利·法约尔出身于法国的一个小资产阶级家庭。法约尔从一名普通的采矿工程师一直升任到采矿公司的总经理，这中间实现了自己从普通的工程技术人员到专业的管理人员的职业生涯的转变，对企业管理过程中的问题深有感触。法约尔将自己的管理心得写成著作《工业管理和一般管理》。他在企业中担任高层领导职务达30年，具有管理大企业的丰富经验。他的管理理论主要以大企业为研究对象，被誉为"经营管理之父"，与被誉为"科学管理之父"的泰勒齐名。法约尔的理论应用广泛，不仅对工业企业具有应用价值，而且对于政府、教会、军事组织以及其他各种团体和机构都有很好的指导作用。法约尔在进行研究的过程中主要从经营角度阐述管理学的内涵，认为经营和管理是两个不同的概念，对经营的意义进行了深度解释。经营的意思是指导或引导一个组织趋向于一个目标，包括六项活动，即技术、商业、财务、安全、会计、管理。相对于其他管理学者，法约尔第一次对管理的一般职能做了明确的区分，并对管理的基本要素进行了分析，这对于推进管理理论的发展是具有重要意义的。法约尔在企业工作秩序的管理原则方面做出了杰出的贡献，结合自己长期的工作实践，提炼出了十四项管理原则，这十四项管理原则成了管理实践者应该恪守的信条：分工、责任与权力、纪律、统一指挥、统一领导、个人利益服从集体利益、人员报酬、集中、等级链、秩序、公平、人员稳定、首创精神、集体精神等。法约尔认为，如上的十四项管理原则不是一成不变的，可以作为一个参考性的指南引领企业的日常管理工作。

（三）韦伯的行政组织体系理论

马克斯·韦伯出生于德国，家境非常富裕。韦伯在管理思想上的主要贡献是提出了理想的行政组织体系，有多部著作闻名于世，其中人们熟知的著作包括《经济史》《社会相经济组织理论》等。韦伯提出了理想的行政组织理论体系理论，由于他对管理学做出了重要贡献而被誉为"组织理论之父"。韦伯分析了权威在维持和支配组织中发挥的作用，他认为任何一个组织都是以某种形式的权威的存在为基础的，管理者应该是权力与权威的统一，只有权力而没有权威的管理者就会成为"孤家寡人"，组织成员表面上对管理者绝对服从，实际上却会以各种方式背离管理者的初衷。韦伯认为权威的作用在于合理的秩序和避免混乱，并且认为权威和权力存在着很大差别，权力以强制为特征，无视人们的反对并强制人们服从；而权威的特征在于人们接受管理是出于自愿。发自内心的服从和表面上的服从的差异，就会使得员工在做事的效率方面产生天壤之别。为了维持组织的高效发展，管理者就需要处理好权力与权威之间的关系，权力与权威统一的组织是最为完善的组织，权力与权威完美组合才能够使得组织运转达到最佳状态。只有权力没有权威的组织就会混乱，只有权威没有权力的非正式组织则不能高效地完成既定目标。在权威之下，下级会把上级的命令看作是合法的，从而使上级的命令在下级那里得到很好的执行。韦伯对权力的类型进行了划分，认为有三种形式的权力：超凡权力、传统权力和理性—合法权力。

三、西方的行为科学理论

古典管理理论使得管理行为超越了经验，使得管理实践由经验管理变成了科学管理，并推动了管理理论有了巨大进步。古典管理理论对于管理实践起到了非常巨大的作用，但其局限性还是很明显的。原因就在于这些理论都是建立在亚当·斯密的古典经济学基础之上，在研究中把人当成经济人，以至将人视为机器的附属品，这种"物本管理思想"的结果是：在实践中，好像不是人在使用机器而是机器在使用人。在"人是不是经济人"这一问题上还是值得考虑的。在研究中过多地关注了经济层面的因素而忽视了非经济层面的因素，这样的研究成果自然不能全面反映组织成员的情况，管理效率往往也会大打折扣。与此同时，一些管理学家和心理学家也开始注意生产社会化的巨大发展需要管理学理论做出相应的发展。专家们开始从生理学、社会学和心理学等方面多角度地展开研究，行为科学便应运而生。

行为科学的产生使得专家、学者对组织成员的了解更加深入和全面，人们开始从非经济层面的因素审视组织成员，从而在挖掘人的激励因素方面开始了新的篇章。

从时间段上讲，行为科学产生于20世纪二三十年代的霍桑实验，以此为开端进行研究的专家们将管理学的研究方向做了变化，即将对人的看法由"经济人"转向"社会人"。

乔治·埃尔顿·梅奥出生于澳大利亚，后移居美国，其重要贡献是对古典管理理论进行了完善和发展，通过大量的实验在非经济层面对人性问题进行了全面研究。他一生有很多著作，为人熟知的有《工业文明的人类问题》《工业文明的社会问题》等不朽名著。梅奥与他的同事在美国西方电器公司完成了著名的霍桑实验。这个实验是将行为科学与管理密切结合的一次尝试。由于其实验是在西方电器公司的霍桑工厂进行的，所以被称为"霍桑实验"。霍桑实验可以分为照明实验、福利实验、访谈实验、群体实验等四个阶段。梅奥的霍桑试验对管理学做出了巨大贡献，研究结论表明影响人们在组织中的表现的因素并非局限于物质层面，非物质层面的因素发挥的作用也是非常大的，这使得人们的研究视野开始放宽。梅奥在霍桑实验的基础上创立了人际关系学说。

四、西方的现代管理理论

第二次世界大战以后，随着全球范围内经济的迅速发展，第二产业和第三产业迅速发展，客观上需要管理学理论进一步发展。在这样的背景下，管理学思想也迅速繁荣起来，管理学思想的迅速发展使得更多的管理学派出现，下面分别对这些管理流派的主要思想进行介绍。

1. 决策理论学派。西蒙是决策理论学派的主要代表人物。"管理就是决策，决策贯穿管理过程的始终"，这是著名管理学家西蒙的观点。西蒙发展了巴纳德的社会系统学派提出的诸多观点，并提出了独具特点的决策理论，其理论体系中特别强调了决策在管理中的重要作用。

2. 社会合作学派。社会合作学派主张个人目标与组织目标之间关系的协调，主张组织发展的子目标与总目标之间关系的协调，这种观点与系统论的主张是一致的。巴纳德是这一学派的创始人，其著作《经理的职能》对该学派有很大的影响。

3. 管理过程学派。管理过程学派的主要观点是：管理就是在组织中让别人按照管理者的意志行事或管理者与被管理者一起完成工作的过程。管理过程学派又称管理职能学派，其创始人是法约尔，该理论是在法约尔的一般管理理论的基础上发展而来。除了法约尔外，该流派的代表人物还有美国加利福尼亚大学的教授孔茨和奥唐奈。

4. 数量学派。管理科学学派又称作管理中的数量学派，他们用数量化的东西描述管理实践，主张用数学方式完成管理过程。在这样的管理思路下，将控制论、决策论以及运筹学等方法逐渐引入到管理过程中，这使得管理更加严谨而科学。泰勒最先把劳动定额方法运用于管理实践，这实际上就是比较早期的数量管理方法。

5. 社会系统学派。社会系统学派认为组织是由个人组成的协作系统。在组织中，人与人之间相互作用，形成功能互补的体系。组织中的个体结合在一起能够产生较单个个体简单加在一起更大的作用。组织中个体之间相互作用的过程中既会产生协同作用，也会产生内耗。这就需要管理者通过巧妙的管理艺术对组织成员之间的关系进行协调，以使组织发展能够进入到最佳状态。最早应用系统观点研究管理的人物是美国著名的管理学家巴纳德。

6. 权变理论。权变理论的核心观点就是随机应变，主要代表人物是弗雷德·卢桑斯。事物所处的环境条件是不断变化的，这就需要管理者用变化的观点考虑企业的发展。因地制宜、随机应变应该成为管理者具备的基本素质之一。权变理论认为，没有什么一成不变、普遍适用的"最好的"管理理论和方法。

7. 管理理论丛林学派。现代管理学派可概括分为行为学派和管理理论丛林学派。管理理论丛林学派是在对诸多学派的核心观点进行分析、归纳的基础上形成的。1961年12月，美国著名管理学家孔茨在《管理杂志》上发表了《管理理论的丛林》一文，把当时的各种管理理论划分为6个主要学派，对诸家学派的观点进行了分析和归纳。在此基础上，孔茨于1980年又发表文章《再论管理理论的丛林》，将管理学流派在6个的基础上发展到10个。

8. 案例分析流派。案例分析流派认为：管理者成功运转组织需要具备丰富的管理经验，但这些经验并不一定要深入到一线管理实践中进行学习，通过各种方式学习间接经验从而丰富其管理技巧才是行之有效的。美国的德鲁克、戴尔、纽曼、斯隆等最早主张通过分析企业运行中取得的经验（通常是一些案例）来研究管理学问题。

9. 行为科学。行为科学的研究成果应用于管理实践，对于管理学的发展是一个巨大的促进。行为科学的研究可以分为两个时期：20世纪30年代到20世纪中叶为行为科学理论的提出时期，这时期进行了非常著名的霍桑实验；1953年以后，行为科学正式诞生。行为科学有广义和狭义两个层次的不同解释。狭义的行为科学是从人的个体角度考虑问题，指研究个人行为和群体行为的科学。广义的行为科学是从社会群体角度考察问题，指运用实验和观察方法对社会环境中的人进行研究的科学。

第三节　河边的苹果就是"一面镜子"

　　寺庙里需要备下一些做饭烧水用的干柴，为此和尚们要经常到山上拾些柴备用。

　　一天雨后，老和尚又吩咐小和尚们到山的对面砍柴。小和尚们准备好镰刀斧头出发了，但要到对面的山上砍柴就需要先从寺庙所在的山上下去，经过一道山谷后才能到达对面的山上。小和尚们到了山下发现，雨后的山谷洪水肆虐，根本没有办法到河对面的山上砍柴。寺庙所在的山上没什么树木，而对面的山上乔木、灌木非常多，没有办法到对面的山上砍柴只能空手而归了。很多和尚顿时垂头丧气了，空手而归肯定要挨老和尚数落了。只有一个小和尚仍然很坦然，他看看雨后的山景和肆虐的洪水，认为这是不可多得的美景。他还发现一棵苹果树上还有一个苹果掩藏在树叶中间，小和尚顺手将其摘下准备敬献给寺庙中的老和尚。当大多数的小和尚灰头土脸地回到了寺庙中的时候，只有刚才摘苹果的那个小和尚还是开朗、活泼的样子。老和尚刚要批评摘苹果的小和尚的时候，只见他从兜中拿出了刚才摘下的那个苹果并将其递给老和尚，接着，他向老和尚诉说了刚才看到的情景。老和尚见小和尚处事泰然，遇到意外事件的时候心态沉稳、不浮躁，于是对他另眼相看。

老和尚体力不支的时候，将寺庙的衣钵传给了摘苹果的小和尚。

在上面的故事中，摘苹果的小和尚处事泰然，这是其与其他和尚不一样的地方。老和尚将衣钵传给了摘苹果的小和尚，也是出于这方面的考虑。

宠辱不惊是管理者应该具备的基本素质。管理者的思路就是企业的发展方向，管理者为企业发展把舵，不但要勇于创新，还要能够正视和承认现实。人们对管理者的品质进行评价的时候，往往都会将"德"放在第一位，能力虽然也很重要，但被列在了"德"的后面。管理者的"德"会在很大程度上影响企业的氛围，这里的"德"不单指道德、品行，也包括志向等。故事中的老和尚在选拔接班人的过程中紧紧抓住了"德"这个准绳，为寺庙未来的发展找到了一个合适的顶门立户的人。也许人们会觉得通过一个苹果就能够影响老和尚传授衣钵的决定，也许过于武断些。但是，如果我们仔细分析下来就会发现，简单故事的背后告诉了我们一个真理：内在素质是一个人胜任管理职位非常重要的前提条件之一。

故事中摘苹果的小和尚能够沉稳应对洪水造成的不能砍柴问题，并不意味着他就是逆来顺受。很多突如其来的事情是人没有办法改变的，在这样的问题面前只能面对现实、承受压力，但在承受压力的同时也要保持良好的心态。只有这样，才会发现更多的"风光"。就像故事中摘苹果的小和尚一样，虽然在洪水面前遭遇了挫

第二章 管理思想是一个"时间老人"——管理思想发展历史

折,但这并不意味着世界末日。将自己的目光转移一下,就会发现眼前风光无限。虽然洪水的阻隔让他没有砍到柴,但他摘到了苹果。别人在困难面前一筹莫展,摘苹果的小和尚却能够寻找到另外的风景。砍柴的任务虽然没有完成,但摘苹果的小和尚的心情并没有被破坏。只要心情不被破坏,就会保持旺盛的奋斗精神,这让摘苹果的小和尚从众人中凸显出来。遇到问题时想办法解决才是管理者需要做的,垂头丧气并不能解决问题。

摘苹果的小和尚泰然处事,也反映了他不急功近利的品质。管理者在利益面前能够做到心平气和,就能够坦然面对各种诱惑而不至于乱了方寸,摘苹果的小和尚的做派能够体现其这方面的素质。管理者在领导岗位上,在很多方面在相同的情况下比下属具有更强的"竞争力",如果将各种机会都据为己有,下属就只能望洋兴叹了。这样,管理者就没有办法在企业中创造公平的竞争氛围,管理者就不能凝聚整个团队的智慧做大事,"庙"也就不能得到长足发展了。老和尚从小和尚的身上看到了寺庙的未来,摘苹果的小和尚首当其冲就成了继承他的衣钵的最佳候选人。老和尚通过这种传递接力棒的方式让接班人延续了自己的管理思想。老和尚表面上是通过一个苹果选人,实际上老和尚是看到了苹果背后的很多东西,苹果在期间担当了一面镜子的角色。通过这面镜子,老和尚看见了摘苹果的小和尚的潜能。

第四节　一样的跳槽，不一样的命运

《三国演义》里的刘备和吕布是两个"跳槽专家"，这两个人一生都在不断地跳槽，但跳槽的结果大相径庭：刘备在跳槽过程中越跳越火，以致成了一国之君；而吕布在跳槽过程中的道路越走越窄，以致最后丢掉了身家性命。

应该说，吕布是《三国演义》中最厉害的武将，他武功超群，无人能敌，这一身武功不但没有被吕布很好地运用，反而成了吕布不适当跳槽的依据。

吕布第一次跳槽是从丁原那里转投董卓，跳槽的理由是一匹马和一袋金银珠宝，在这些小恩小惠的驱使下，吕布将作为自己领导的义父丁原杀掉了。到了董卓那里后，吕布又因为与董卓争抢貂蝉而争风吃醋，最后又将董卓杀掉。这两次杀掉的人不仅是吕布的领导，而且都是吕布的义父。吕布的眼中只有美色和钱财，吕布虽然武功高强，但在人们心中形成了小人的印象。按照这样的逻辑，人们就会产生这样的推理：吕布在谁的身边做事都不会与身边的人很好地打交道，谁是吕布的领导，最后就有可能招致杀身之祸。吕布被曹操抓住之后，又有为曹操打工的打算。但是，曹操对吕布投降一事拿捏不准。曹操抓住吕布的时候刘备也在场，曹操问刘备应该如何处置吕布，刘备只是说了一句话，语言虽然简短，但正是这一句话让曹操断然下了杀吕布的命令，这句话就是：君不见丁原、董卓之事乎？意思是：您难道不清楚丁原和董卓的下场吗？这句话暗示曹操，吕布这个人不可信，连自己的领导都会杀。吕布，一个曾经叱咤风云的人物就这样做了刀下鬼。

刘备也是《三国演义》中喜欢跳槽的人，说刘备喜欢跳槽实际上并不是很准确，因为刘备最初的时候没有自己的一块地盘，所以，在没有"根据地"的情况下他只能东躲西藏、寄人篱下。但是，刘备在四处漂泊的日子中并没有泯灭做大事的愿望。

刘备先后在公孙瓒、陶谦、曹操、袁绍和刘表门下"打工"，每到一处都会留下美名，当刘备要离开的时候往往还会得到领导的挽留。在刘备的这些领导中最著名的就是曹操了。曹操非常看重刘备，他早就看出刘备有宏图大志，但刘备非常谦虚，在曹操面前深藏不露。

《三国演义》中的"煮酒论英雄"是该书中最著名的片段之一。曹操认为"刘备久历四方，必知当世英雄"，让刘备阐述一下自己的见解。刘备说："淮南袁术，兵粮足备，可谓英雄。"但曹操说："冢中枯骨尔，我早晚必擒之。"刘备又说："河北袁绍，四世三公，今虎踞冀州之地，部下能事者极多，可为英雄。"但曹操的回答是："袁绍色厉胆小，好谋无断，干大事而惜身，见小利而忘命，非英雄也。"刘备感到非常奇怪，这些在当时都是雄踞一方的人物都不能算作英雄,别人自然就更不能算作英雄了。刘备随后又列举刘表、孙策、刘璋、张绣、张鲁、韩遂,这些人都被曹操一一否定。曹操最后说:"夫英雄者,胸怀大志,腹有良策,有包藏宇宙之机,吞吐天地之志也。今天下英雄,唯使君与操耳。"在曹操眼中,刘备虽然暂时寄居在自己的门下,但由于胸怀大略,将来必将会成就一番大事业。曹操这话出口后,将刘备吓坏了,刘备被吓得手中的筷子掉在了地上。刚好当时打雷,刘备以此为借口巧妙地遮掩了过去。

相同的跳槽却有不一样的命运。刘备人见人爱,而吕布人见人恨。所以,下属掌握与管理者打交道的技巧非常重要。

吕布见异思迁、见利忘义、朝三暮四,让人们认为这个人不可捉摸。对自己的上司每每都会起杀心,这是让人们最为忌讳的事情,任何一个领导都不希望在自己的身边安插一个对自己虎视眈眈的人。人们宁愿将吕布想象成为可能产生更大危害的人,吕布没有好人缘也就注定没有好的未来。

刘备恰恰相反,"人过留名,雁过留声",每到一处,刘备都给他人留下了好的印象,虽然他是在跳槽,但与原来的"东家"结下了情谊。另外,刘备待人诚恳,注重感情培养,能够较好地把握与领导处事的分寸。

在现代社会中,有能力的下属是管理者非常看重的,"人往高处走,水往低处流",这就为优秀的员工提供了选择的机会,他们往往通过跳槽实现自己的更高追求。跳槽的过程实质上就是寻找"东家"的过程,下属要寻找一个与自己情投意合的"东家"。虽然是跳槽，也要与老"东家"处好关系，以便能够借助老"东家"攀到新"东家"，让原先的"东家"自愿成为自己跳槽的引荐人。在上面的故事中，刘备不一定喜欢曹操，但能够赢得曹操的信任，并在曹营中做到与曹操推杯换盏，这说明刘备具有超人的交际能力。管理学中有句名言：下属一定要学会与自己不喜欢的领导打交道。刘备将这一点做到了极致。在领导面前善于将自己伪装，让自己暂时成为一个才不外露的人，坐观时机、蓄势待发，在一定程度上有利于自己的成长。跳槽的目的是为了不跳槽，在与管理者相处的过程中，应该多一些刘备式的"狡黠"，少一些吕布式的"彪悍"，要胸襟宽广而不能鼠目寸光，这样就会让自己逐渐从一个被管的角色变成一个管人的角色。在跳槽过程中要从战略角度考虑让自己的发展道路越跳越宽，而不能像吕布那样越跳槽发展道路越窄。

第五节 "三脚猫"功夫不能扭转 A 厂的局面

一、案例简介

杨青被提拔为 A 厂的第二车间主任以后,打算通过除旧布新使得第二车间有一个新面貌。杨青的愿望非常好,但在刚刚迈出第一步的时候就受到了打击,一些人站出来当面向杨青说风凉话。杨青的改革计划是经过缜密论证的,本来觉得是无懈可击的完美计划,但在一些人的质疑下自己也不得不开始认真思考起来。杨青开始针对几个问题展开思考:用新工艺还是老工艺,要不要照顾大多数人的面子,应该不应该坚持传统。

在一片质疑声中,杨青的改革方案得到了厂领导的关注,厂领导经过讨论,都表示支持杨青的改革方案,认为即使有阻力也应该坚持下去。

有人提醒杨青:"你有闯劲是很好的,但先前也有过改革的尝试,碰到的钉子还是很多,你一定要慎重,不是凭'三脚猫'的功夫就能够成功的。"

50多岁的老班长杨新对杨青说："主任，您很有闯劲，这个我很佩服。但是，您做事总是有些莽撞，这样会增加工作阻力。我们车间目前要解决的主要问题是人手问题而不是工艺问题，一定要多增加些熟练工。新工艺如果马上采用，就需要各个工作环节紧密配合，很多上了年纪的班组长根本不懂您这一套，这样就需要换一批基层干部，这会影响到人们'打粮食'的。您采用的这些新玩意儿反正我是很难适应的。"杨新的这番话简直就是在向杨青挑衅，弦外之音就是：如果杨青硬要上马新工艺，杨新就撂挑子。如果要将大部分班组长都换掉，这还真是个大问题。

在人们的印象中，杨青做事雷厉风行，凡是传统的东西就要改掉。一些人向杨青反映："很多老师傅在厂里干了几十年，已经都是多面手了，工艺改革之后，老师傅们的手艺都用不上了。这些师傅由于专业技术精湛，过去在厂里说话很有分量，但现在经过技术改造之后，这些老师傅的优势就荡然无存了。你的这个革新会让很多老顶梁柱伤透心。"

一些元老级员工为了让杨青的计划泡汤，就开始向上级部门奔走呼号。

杨青逐渐感受到了问题的复杂性。看来采取技术革新单靠自己的一厢情愿是不行的，只有既能让工厂得到发展，又不损害个人的利益，才能够达到"众人拾柴火焰高"的效果。现在的情况是：大家不但不给自己的工作添柴煽火，还要给自己釜底抽薪，真是急不得也恼不得。如此看来，这项技术革新短时间内不能付诸实施，需要在处理好各方面关系的基础上从长计议。

二、案例分析

（一）没有照顾不同年龄的员工的感受

不同员工对杨青的技术革新的态度是有差异的，案例中的老员工比较担心在技术革新的情况下被淘汰。这与年轻人的想法有很大不同，年轻人风华正茂，有足够的精力，喜欢面对挑战，对变动不安的环境不会有畏难情绪。上了年纪的人接受新事物比较慢，应对风险的能力较弱，喜欢有相对稳定的生存环境，当然就会成为杨青想要变革的阻力。这些上了年纪的人害怕工作环境变化给自己带来的挑战，怕自己跟不上时代变化，也怕在竞争中败下阵来，这不单是个面子问题，也是个经济问题。生存环境变化之后很可能会让自己处于不利的环境中，从而给自己的经济收入带来负面影响。采用新技术之后，传统技术也将会被束之高阁，那些元老级的"英雄"人物在长期工作中练就的"绝招"也就没有了用武之地，这也是元老们最为关心的。当然，随着新技术的采用，元老们在工作岗位上的显赫地位也会逐渐褪色，长期以来赢得的同事的尊重会成为历史，这也是"英雄"们非常担心的。种种因素导致年长的员工更加反对革新。杨青在改革之始考虑的问题太过简单了。只是凭借自己的一腔热血，想干什么就干什么，但实际情况并不像想象的那样简单。只有在改革中顾及所有人的感情，才能赢得企业内所有成员的支持。杨青需要成为员工"肚子中的蛔虫"，想每个员工所想的事情，才不会让自己的改革措施搁浅。

（二）员工未明确表述自己的观点

上述案例表明：除了一些老员工之外，大多数员工对杨青的改革并没有明确表述自己的看法，但这并不表明员工没有看法，只是碍于面子不好直接表达想法而已。杨青的改革措施一定要赢得车间所有成员的认同，才能够很好地实施。杨青应该在车间内部创造一种相对完善的机制，让组织成员完整地表达自己的观点。杨青需要在沟通方式方面做出新的选择。

（三）完全抛弃传统工艺是错误的

采用新工艺不应该是一朝一夕的事情，需要经过认真论证。新工艺是一种未知的新事物，人们对这种事物有一个适应过程。即使采用新工艺，也不应该在一夜之间全面铺开。要在车间内部先行试点，逐渐积累经验，让车间的员工逐渐认识这种新工艺，打消人们心中的顾虑。在采用新工艺的过程中，必须有一个与传统技术共融的时期，这样做有助于稳定员工的思想。

人们不愿意生活和工作在动荡的环境中，"求稳""求安"是普通人的一般思维方式。在老员工看来，完全抛弃传统工艺就意味着将他们忘记，这是领导干部的"喜新厌旧"。老员工对工厂的发展做出了贡献，并赢得了同行的认可。一般情况下，"人走茶凉"，但老员工现在还没有走"茶就凉了"。也许，杨青在心中并不是这样打算的，但在表面上确实给老员工形成了这样的印象。杨青没有充分考虑好"传统工艺"与"现代工艺"之间的关系。虽然从道理上讲这只是一个技术方法的问题，但采用新技术方法的过程中触及到了人们的利益，杨青需要在这方面考虑得更周到些。

（四）没有考虑元老们的感情归宿

元老们原来是工厂进步的推动者，现在却成了工厂进步的障碍，这是昔日的"英雄"们很难接受的现实。杨青如果不能很好地顾全到功臣们的感情，很可能会造成工厂发展过程中的"人才断层"。作为管理者，在工作中不但要善于让年轻人闯在前面，而且要善于让年长者为自己出谋划策，让年长者帮助自己为企业这艘大船把好舵，在长幼之间处理好情感传承问题。杨青需要让那些功臣们重新找到失落了的感情，在工作上才能得到更多人的支持。

（五）"孤胆英雄"是不会成功的

案例中的情况表明：杨青实际上已经成了"孤胆英雄"，他的技术革新计划实际上已经将自己变成了"孤家寡人"。老员工具有丰富的经验，在同事中的威望较高。所以，将这些元老甩在一边，他们自然就不能成为杨青推行技术革新计划的"帮手"，杨青推行技术革新计划只能是"雷声大，雨点小"。管理者需要通过下属将自己的思想转化为实际行动，单凭自己向前闯，不会有很大作为。

三、案例启示

（一）完善上下沟通机制

案例中的杨青本想通过技术革新推动企业快速发展，没承想招致了如此大的阻力。杨青实际上是站在棉花团上打拳击，脚跟不稳，出拳也没有力气。杨青的改革受阻的关键原因就是没有建立良好的上下级之间沟通的渠道。为了让员工畅所欲言，就需要为员工们设计说话的环境。例如，杨青可以在车间内设计一个意见箱，让人们将自己需要表达的意见以书面方式投入意见箱。人们以不记名的方式呈上自己的意见，由专门人员负责对意见的收集、整理。这种通过"匿名投票"的方式表达意见的方法，既让双方都保全了面子，又能够较好地达到预定的目标：员工能够表达自己真实的想法，杨青能够得到不掺水的信息。为了进一步让员工畅所欲言，可以让员工在表达想法的同时顺便提出自己的建议。不要小看这样一个意见箱，因为员工们借助它表达了自己的真实想法，意见箱实际上成了连接管理者与被管理者情感的桥梁。

（二）对员工进行分层管理

一个企业中，不同年龄、不同性别、不同能力的员工的想法有很大差异。所以，案例中的杨青在技术革新问题上实行整齐划一的方式就很难让所有人都能够接受。为此，杨青在技术革新这一问题上，需要对员工进行分层管理。

既然企业内的成员有着不同的愿望，就要针对不同的员工设计不同的目标。对员工进行分层管理，实际上就是对马斯洛需求层次理论的具体应用。如图 2-1 所示，对不同层次的员工特点进行详细区分，发现其具体需求，然后设计相应的激励措施。图 2-1 中将员工分为三个层次，老年员工、中年员工和青年员工都有不同的特点和需求。对应每类员工，图中画了一个椭圆，椭圆上面有一个箭头。椭圆面积的大小表明了员工自身的发展基础，椭圆面积越大则表明员工发展基础越雄厚。箭头的高低表明了员工继续向上发展的愿望，箭头越高则表明员工的发展愿望越强、承担风险的愿望越高。对员工分层，然后进行分类激励，每类员工都能够找到自己的奋斗目标。

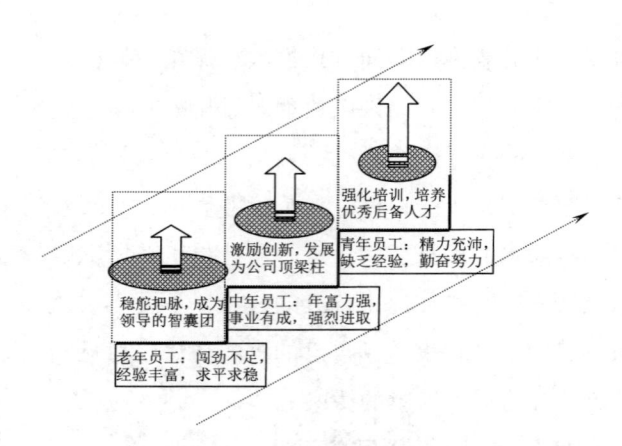

图 2-1 不同层次的员工情况对比

（三）思想工作应先做好

案例中杨青的工作进展不顺利，没有做好员工的思想工作也是重要原因之一。杨青想在车间中搞技术革新，必须事先赢得员工的认可和支持。杨青想做什么和怎么做等都要让员工清楚，并且要对员工进行动员，让他们在工作中没有顾虑。

越来越多的企业管理者逐渐重视员工的思想工作。做好员工的思想工作，使年轻员工感到更加有盼头、壮年员工感到有施展才华的地方、老年员工感到自己并没有被遗弃，改革才有可能成功。思想工作做好能够让员工没有后顾之忧，从而主动配合管理者开展工作。案例中的杨青省去了前面的思想工作，后面就需要面对更多的麻烦。只有砍柴之前将刀磨得非常锋利，砍柴的时候才能有效率，磨刀不误砍柴工。

(四)处理好新旧文化的对接

案例中的杨青的改革措施如果能落地实施的话，实际上就是在改变车间的文化。但是，文化的改变不是一朝一夕的事情，需要从微观到宏观等层面不断进行改变。旧文化向新文化的过渡需要让员工有心理准备。每个员工实际上都是文化的贡献者，管理者需要通过巧妙的方式，激发企业中所有成员的积极性，让大家都热情地投入到新文化建设的浪潮当中来。

文化是通过人们的实际行动表现出来的，所以，文化实际上不是虚无缥缈的东西。虽然很难用几句话将一个企业的文化表述得很清楚，但员工在日常工作中确实能够感受得到。无论是新文化还是旧文化，企业中的所有成员都是文化的践行者。但是，人们往往倾向于留恋已经熟悉了的并且与自己的生活相适应的文化氛围，正如案例中描述的一样，年长的员工更不愿意冒风险。在变化的环境中，这些老员工对变化会非常敏感。所以，在新旧文化的变迁中，要将新文化融合到旧文化当中去。新文化既要体现对旧文化的继承，也要体现对旧文化的突破，在一破一立的过程中推动企业向前发展。这样一来，员工会对企业的未来发展有明确的估计，将个人发展与组织发展很好地衔接在一起。

(五)让员工对未来无担忧

企业变革往往变革的是普通员工而不是高层管理者，虽然很多员工将自己比喻成"案板上的肉"并不确切，但也有一定的合理成分。变动不安的环境让企业的成员没有安定的感觉，不知道自己未来的奋斗方向。企业是个人发展的"托盘"，"托盘"不牢固自然会影响到个人的生存，员工关心"托盘"的发展，也关心自己的未来。在二者出现矛盾的时候，就会出现人心涣散的问题，员工对自己的未来有担忧，就意味着管理者的领导方式出了问题。企业改革的目的不是要给员工添堵，而是通过合理的方式让员工树立起更远大的目标。虽然每个人因为能力不同而有不同的发展状态，但都能够在既定基础上有一定程度的进步；在能力上有所提高的同时，个人在物质财富方面也有提高，这样的企业变革才会产生激励的作用。

第六节　S公司由"人治"转向"法治"

一、案例简介

S公司是一家生产经营交通设备设施的民营企业，经过十多年的发展，已由二十多人扩充到五百多人，资产规模也逐渐有十多亿元。近两年以来，S公司经营业绩始终处于徘徊状态，发展遭遇了瓶颈，这个瓶颈如果不马上突破，S公司就会在激烈的竞争中被淘汰出局。在这样的情况下，S公司开始频繁召集中层干部以上的会议，并且让专业的咨询公司出谋划策。咨询公司对S公司深入调研，找出了S公司"生病"的原因，如下所述。

①S公司实行的是"人治"管理。S公司中的各项规章制度不健全，岗位职责不清晰，职能部门之间经常会出现相互扯皮的问题。另外，S公司没有合理的方式对管理者的权力进行很好的监督。大大小小的管理者在自己的岗位上呼风唤雨，说向东就不能向西。

②"元老"员工成为特权阶层。S公司是在家族企业的基础上慢慢成长起来的。早期创业的几个"元老"文化素质都不高，早期

的时候公司规模小，几个"元老"都占据着重要位置，这种状况一直持续到现在。"元老"们经常会出现"瞎指挥"的问题，S公司缺乏较好的用人环境，即使有时候能够引进"高人"，没有多长时间就走掉了。

③营销策略不能跟上时代的发展。虽然S公司的规模在扩大，但营销产品的时候还是老一套，在原来的人际关系网中打圈圈。但是，市场环境在变化，S公司的老一套方法显得有些过时了。

④研发部的开发力度不够。S公司的规模扩大了，但主打产品还是多年前开发出来的，实际上是在吃老本。多年来，S公司没有形成一支富有创造力的产品开发队伍。市场上同类产品花样翻新，S公司的老产品在竞争激烈的市场中越来越显得力不从心了。

⑤管理者对员工承诺"空头支票"。很多年富力强的员工都希望领导给自己一个良好的发展环境。员工向管理者提出合理的工作诉求，管理者当时往往都会满口应承。过了很长时间以后，管理者就不再提起自己的承诺，员工也不好再次提起。于是，员工的合理工作诉求就算泡汤了。咨询公司在调查中发现S公司很多年轻的员工都反映了这一情况。员工没有诉苦的渠道，只能将怨气吞到肚子中。

针对以上林林总总的问题，咨询公司开出了"药方"：S公司在管理思路上应该尽快由"人治"转向"法治"；建立相对完善的留人、育人、养人、用人措施；改变管理思路，更新营销方式；不断强化技术创新力度，开发新产品；领导的承诺应该兑现。

咨询公司提出的以上建议实际上就是要让S公司在管理上进行

脱胎换骨的改变，"元老"们对咨询公司提出的这些措施都有抵触情绪……在给咨询公司支付了协议规定的费用后，调研报告就被S公司束之高阁了。

二、案例分析

（一）缺乏权力制约机制

S公司虽然是一个家族企业，但在十几年之内从一个小作坊发展成为具有十几亿元资产的大公司，这说明S公司很有发展前景。但是，任何企业都美中不足，缺乏权力监督机制已经成为S公司发展的隐患。"元老们"有资历、有威望，但文化水平不高已经成为S公司发展的严重障碍。在科层管理方式下，各层管理者之间存在着信息不对称，上情不能下达或者下情不能上达的问题都是存在的。公司的高层管理者是"元老"，这些"元老"就会按照自己的选人标准任用下属。在这种科层管理方式下，每个下级管理者只对上级管理者负责，管理者对上"笑着脸"，对下"绷着脸"的问题就会时有发生。管理者的权力是上级赋予的而不是基层选举的，普通员工的声音又没有机会让上级听见。所以，在缺乏权力监督的前提下，上级眼中的优秀管理人员在下属眼中并不一定是优秀的。对权力没有了有效的监督机制，管理者就会由着自己的性子来，在组织中就会形成"人治"的局面。从案例中提到的S公司的"岗位职责不清晰""职能部门间相互扯皮"等问题，就已经能够看到该公司管理者的责任心了。

(二)"小矮人"统治"大高个"

"小矮人"即少德缺才的人,"大高个"即德才兼备的人。S公司中的管理层既有"小矮人"也有"大高个"。如果没有"大高个",公司也不会在短时间内发展成这样一个较大的公司,但核心领导是"大高个"并不意味着其下属都是"大高个"。案例中咨询公司的调研报告表明,S公司中存在着相当比例的"小矮人"管理者。在这些"小矮人"的管理下,公司中优秀的普通员工没有展示才能的机会,这实际上是高层管理者在用人方面的失误。

选择企业管理者首先看德,其次看才,无德无才的人是不能占据管理岗位的。虽然S公司已经有了巨大发展,但"小矮人"治理公司的局面并没有得到改变。家族管理模式下的企业,规模小的时候靠熟人管理,但在企业的规模扩大后,这种熟人式的管理方法就显得很落后了。案例中的情况表明,虽然S公司在不断发展,但并没有按照扩大了的规模更新管理思想,这同时也就禁锢了S公司的进一步发展。

(三)营销方式缺乏创新

S公司的市场占有率不断扩大,但营销方法并没有变化。S公司传统意义上的营销方式就是拉关系,但在市场迅速发展的情况下,单凭人际关系拓展市场是不行的。产品要在更大范围内扩展影响,就需要通过现代化手段、用现代化营销思路扩大产品的影响力。营销不到位的根本原因在于管理层思路不到位,管理层没有意识到应该建立起一支富有现代化理念的营销队伍。

在激烈竞争的市场上,很多企业都在别出心裁地做营销。营销创新的前提是管理思路创新，管理者需要有突破现状、不断用新观念思考问题的意识。管理者没有创新意识，则整个企业的员工的创新力都不足。

（四）产品没有推陈出新

在激励竞争的市场上，同类产品的种类越来越丰富，S公司仅仅停留在原来的水平就会逐渐失去更多的客户。单调的产品已经成为S公司发展的瓶颈。S公司在发展之初是快速跑，后来逐渐发展为慢步跑，现在的状况几乎是止步不前。企业的发展是相对的，在同行迅速发展的过程中，S公司很快就会处于相对落后的状态。产品不创新，S公司就会成为"老古董"，终将被客户遗忘。

（五）领导没有兑现承诺

领导说话一定要算数，这是领导的基本素质，出尔反尔、言不由衷、自食其言等都是领导自毁形象的做法。案例中S公司的管理者经常对下属承诺"空头支票"，这样的领导是没有人信任的。企业管理者的诺言即使不是针对全体成员而是针对某个人的，一旦食言也会在组织内部造成坏的示范效应。

企业管理者与被管理者之间实质上是一种合作关系，管理者食言实际上就已经暴露了管理者不合作的态度。在这样的情况下，即使被管理者有诚意合作，也不可能有理想的结果。不兑现承诺，被管理者心中就有怨气，但鉴于双方地位不对等，被管理者只能将怨气埋在肚中。这样的怨气积累越多，管理者的工作就会越发难以开展，被管理者对管理者的任何一个承诺都要再三思考。管理者对被管理者的承诺往往是口头承诺，而被管理者对管理者的承诺往往是通过行动实现的。管理者的承诺掺水后，被管理者就会通过无声的反抗方式来消极怠工。这时候，管理者就在一定程度上失去了号召力，就成了"孤独的大王"。

三、案例启示

（一）由"人治"转向"法治"

在制度不规范的情况下，企业管理者可以凭感觉做事情。案例中的 S 公司在企业规模逐渐变大的过程中，企业中的陌生面孔肯定会越来越多，凭感情管理、凭感觉做事就会越来越不靠谱。"人治"会让员工感觉到企业运行不规范，组织中的所有成员都必须跟着感觉走，但由于管理者的感觉是飘忽不定的，员工就会很迷茫。

"人治"的管理情景下，管理者会按照与员工的远近厚薄关系处理问题，员工由于没有制度可以遵循，都要围着管理者团团转，员工做事情就会很累。所以，在企业的规模逐渐扩大的过程中，由"人治"走向"法治"是管理者的理性选择。在"法治"管理情景下，管理者会发现围在自己身边转悠的人越来越少，但员工的工作效率会更高。在这样的情况下，员工会感觉到企业管理更加规范。"人治"的权力全部掌握在高层管理者手中，一切都是高层管理者说了算。"法治"则是通过在企业内部设计、实施规范的管理制度，并且在不同层级的管理层级间"合理分权、充分授权、有效控权"，使每个层级的管理者都有自己主权范围内的权力，高层（核心）管理者就会从烦琐的日常事务中脱身，思考一些企业发展中更加重大的事项。

（二）留、养、用、育相结合

案例中的情况表明 S 公司没有形成合理的用人环境，S 公司中到处存在着"英雄无用武之地"的问题。S 公司在招人、用人、养人、育人、留人等方面还没有形成完善的制度。为了企业的长远发展，S 公司一定要形成"留、养、用、育"相结合的人力资源管理制度，即通过完善的管理制度让优秀的人才能够留下来，让员工感觉到这里不但是自己得以养家糊口的地方，而且是自己做事业从而实现人生价值的地方。管理者必须尽快转变用人理念，从而构建全新的用人环境。将人力资源管理与人力资源开发有效地结合在一起，营造"公正、公平、公开"的氛围，管理者与被管理者都能够将做事与做人很好地结合在一起。同时，逐渐完善定岗定编、全面测评、素质考核等制度，在公司内形成严格的竞争用人制度，让优秀的人才脱颖而出，让员工都喜欢自己的工作和岗位。

（三）丰富营销策略

营销是企业发展的第二生命，企业不但要生产好的产品，而且要能够将这些产品卖出去，只有这样，才能够使企业得到永续发展。同样的产品以不同的方式呈现给消费者，消费者对产品的认可程度和接纳程度会有很大的差别。既然 S 公司在营销方面存在问题，就要尽快实现营销策略的转型。S 公司的产品在多年的发展中已经有了一定的知名度，要依托产品的既有优势逐渐转向品牌营销，在产品逐渐向系列化发展的同时，营造名牌产品氛围。为了更好地开展营销工作，S 公司一定要成立专门的营销策划中心，专门负责营销事宜。让营销策划中心的管理者专门负责营销中心的运转，制定相应的测评制度。与此同时，还要成立专门的产品研发中心，将产品研发中心与营销策划中心的工作紧密协调，将营销理念很好地贯彻到产品研发当中去。S公司还要在渠道营销方面不断发展，做好产品是根本，渠道建设就是做好产品营销的神经网，投资是营销网络建设的营养。三个方面都做好了，品牌营销策划就能够达到一个较高的水平。如图2-2所示，S公司要按照品牌营销树的思路构建起产品的营销框架。同时，要在投资、开发、控制、理财等方面做好充分工作。让企业合理"补充营养""充分保健""适时医疗""完善预警"，让企业逐渐从传统的作坊式的管理理念中走出来，用现代化的管理思路发展营销，使企业走上发展的快车道。

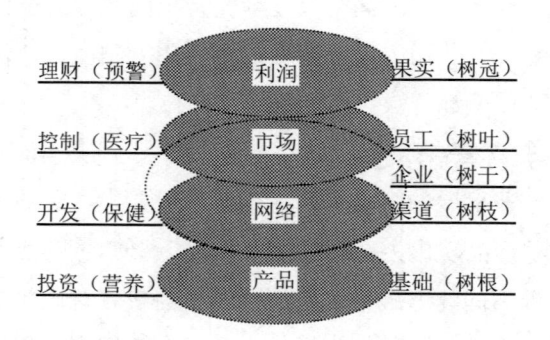

图 2-2　S公司的品牌营销树

（四）加大技术创新的力度

没有技术创新，产品就没有突破，这样的产品自然就不会有更好的前景。产品总是在旧有的框子中打转转，在同类产品迅速发展的情况下，本产品注定要穷途末路。

技术创新是增强企业持续成长力的关键，但这并非一朝一夕就能够做到的，需要高层管理者运筹帷幄、从长计议。S公司应该鼓励优秀的技术人才脱颖而出。首先在公司内部物色优秀技术人才，对其加大支持力度，让其个人特长得到彰显。在充分利用内部既有人才的同时也要慎重引进高层次人才，以内外人才合璧为基础在公司内成立专家组，共同研发新产品。新产品要围绕既有产品进行，让既有产品不断升级换代。S公司每年要留出足够的资金进行产品研发，在此基础上为研发人员设计相应的奖惩措施，让研发人员得到丰厚的物质待遇的同时也能够感受到压力，使得研发人员时刻保持学习状态，将日常生活中的灵感投入到研发工作当中去，将公司打造成学习型组织。

（五）领导一诺千金

领导说话不算数会让员工泄气。虽然领导在有些事情上只是口头承诺，但这些口头承诺不能头脑一发热就随便说出来。考虑不成熟的事情做出了决定后又将话收回去，会让管理者的形象大打折扣。

让企业管理者做到言而有信，就需要设计相应的规章制度，通过制度对管理者的行为进行约束。按照这样的方式做事情，管理者就不会再有"拍脑门"的行为了。出台相应的制度，本质上就是对管理者的一种约束。让管理者在头脑中绷紧一根弦：说话一定算数。领导一诺千金，就能够在最大程度上降低员工与其沟通的成本。

第三章
给管理拴上一根链子——
管理学基本原理

导读

第一节　风筝与风筝线
第二节　理论领悟
第三节　留住优秀员工：种花草的管理感悟
第四节　蔷薇与狐狸对话的启示
第五节　M公司选拔人才从"窝边草"开始
第六节　从零做起成就了麦当劳高层管理者

第一节　风筝与风筝线

管理实践为管理理论的产生提供了丰富的营养，管理理论又在不同侧面指导着管理实践。管理理论与管理实践在这种互动过程中相互影响而不断得到提升。在长期的实践中，一些管理思想逐渐成为管理者的信条，这就是管理实践需要遵循的一些基本定律。违背这些定律，管理实践就会在不同程度上受阻。从某种程度上讲，这些定律也是给管理者拴上的一根链子，人本管理原理、职能管理原理、科学管理原理、权变管理原理、系统管理原理、能位匹配原理、互补增值原理、效率在先原理等都是这些定律中非常经典的成分。管理就是一根链子，管理者通过牵动链子，保证被管理者能够按照组织的预期发展目标去完成任务。这根链子既能保证组织的发展方向，也能够对被管理者的行为适时进行控制。管理也是一根风筝线，被管理者就是天空中飞舞的风筝，风筝的舞姿由管理者手中的线控制着，管理者可以控制风筝的高度，也可以通过放风筝的艺术控制风筝的姿态，并处理好由于气流扰动对风筝舞姿的影响，来自气流的影响就相当于组织在发展过程中可能遇到的各种偶发因素。管理者只有具备丰富的管理经验和多样化的管理艺术，才能够应付组织发展过程中来自"气流"的影响。

　　管理学的基本原理为管理者提升管理素养带来了丰富的滋养，为了在实践中能够创新管理方法，首先需要将这些管理学定律继承下来，在管理实践中降低犯重复性错误的概率，从而尽量降低管理成本。管理学是开放的理论，不同时代、不同组织处于不同的环境中，管理方法也会迥然不同。

第二节 理论领悟

一、人本管理原理

人本管理原理强调管理要以人为本,认为应该通过巧妙的激励方式让人们自愿地实现预定目标。人本管理产生于17—19世纪,主要代表人物是费尔巴哈、斯宾诺莎等。以人为本的本质实际上就是物质与精神的统一,基本思想就是依靠众人办企业。在管理过程中要顺乎人性,通过激发人的内在动因,让人们积极、主动地做事情,不断激发企业活力。很多管理者在实践中从软环境以及硬环境等多方面改善企业环境,创造以人为本的工作环境。人本管理思想已经与企业文化建设紧密地联系在一起了。

总而言之,以人为本就是要充分调动人的积极性、主动性和创造性,从而促进企业不断发展。人们正是从这个角度出发提出了3P思想,即由人构成、依靠人民和为了人民。3P的核心就是人,所以,一定要团结人、激励人、选择人、培育人、开发人、留住人,让人们在企业中工作的时候感觉到有激情、有趣味、有盼头、有面子，人们愿意将自己融入一个团队中工作，成为团队中的一员。人是企业发展中最可宝贵的资源，有了优秀的人才就有了一切。为了做到这一点，管理者首先就要做到尊重员工，同时，还需要灵活运用管理艺术。

二、职能管理原理

经营管理之父法约尔在其1918年出版的《工业管理和一般管理》一书中将管理的职能分为六项活动，即技术、商业、财务、安全、会计、管理。这其中，技术活动主要涉及生产、加工等，商业活动主要涉及采购、销售等，财务活动主要涉及资金的运转与控制等，安全活动主要涉及对企业人员以及商品的保护，会计活动主要是指成本的核算等，管理活动包括计划、组织、指挥、控制、协调和控制等活动。法约尔在此之前提出过管理的五项职能论，即计划、组织、指挥、控制、协调。几乎与法约尔同时，很多人对管理的职能也进行了探索，戴维斯等人认为，管理应该具有计划、组织、指挥、控制等几项职能，而且这些职能中间都应该具备协调的含义，协调职能并不是单独划分出来的一项职能。古利克也对管理的职能进行了探索，认为管理应该包括计划、组织、人事、协调、沟通、智慧、控制等七项职能。随后，在管理学不断发展的过程中，很多学派诞生，各家学派对管理的职能也在不断丰富和完善。西蒙认为决策职能很重要，并认为决策贯穿管理过程的始终，从而将决策职能从诸多职能中分离出来。当然，在社会发展中，人们对管理的认识还在不断发展，先哲们的思想并没有囊括所有的管理学。管理职能是从实践中总结出来的，也必将随着实践的发展而不断发展。

三、科学管理原理

科学管理的概念最初是由泰勒提出的，在泰勒之后很多人对科学管理理论的形成做出了重要贡献，其中的代表人物包括巴贝奇、甘特、法约尔、韦伯等，这些人都从不同侧面对科学管理原理进行了丰富和发展。

科学管理的实质就是提高劳动生产率，从"提高劳动生产率"角度出发，提出和建立各种管理方法。泰勒率先提出了制度管理的问题，认为只有通过制度化管理，才能够让人们各司其职、按部就班地工作。要想提高劳动生产率，不能希望将优秀的员工都纳入到自己的门下来达到目的，而要通过严格的、科学的管理制度对人们的行为进行约束和激励来达到目的。泰勒认为，只有通过"雇主与工人之间的精神变革"才能够将双方的关注点从利润分配方面转移到利润创造方面。泰勒提到的这个"精神变革"实际上就是"合作"，雇主与工人之间应该建立友好的合作关系，才能够推动组织的高效发展，雇主与工人在这个过程中都会受益。

科学管理原理从多方面对管理进行了规划，包括合理的工作定额、将计划职能与管理职能分开、创造"第一流"工人、管理过程标准化、富有激励的报酬制度、雇主与工人之间的精诚合作、实行职能工长制度、坚持例外原则。这些合理的规划都使得管理过程更加科学化，彻底打破了经验管理的框框，让制度成了管理的核心。

四、权变管理原理

"权变"就是因地制宜、随机应变。权变管理原理认为没有一成不变的、放之四海而皆准的管理方法。组织的内外环境都在不断发生变化，管理者也要针对变化了的情况对管理方法做出适时调整，所以，权变管理就应该成为管理的一个重要主题。

权变管理是管理实践新变化的需要，第二次世界大战后国际贸易不断发展，企业规模也在不断扩大，企业之间的竞争也越发激烈，这对传统的企业管理理念逐渐提出了挑战，客观上要求传统的管理方法向多样化方向发展，企业组织形式也要发生改变。研究者开始从经营环境角度审视企业管理，很多人认为环境与管理之间存在一种函数关系，管理就是各种环境因素的一个函数，在自变量变化的时候，因变量就要相应发生变化。自变量越多，变化的可能性就会越大，所以，用不变化的管理方式应对变化了的环境，肯定不能奏效。管理需要面临的外部环境来自社会、经济、政治、法律等诸多方面，这些方面都会对企业的发展产生直接和间接的影响。外部环境的各个方面还会相互影响，这样就更增加了外部环境的复杂性，这就要求管理者要擦亮眼睛，用变化的方法对付变化的环境。内部环境包括组织制度、企业文化、人员构成、技术水平、产品状况等诸多方面。企业就像一个充满气的气球，在受到外力的时候，球内的气体为了应付外力就要发生相应变化。内部环境的变化要求管理者也要随机应变，用科学、合理的管理方式迎接企业的未来。内部环境虽然处于管理者的掌控中，但也有例外情况。

五、系统管理原理

系统管理原理是建立在系统理论基础上的。20世纪40年代，奥地利的科学家贝塔朗菲提出了一般的系统论，随后很多科学家也从多方面对系统问题进行了研究并提出了相关的理论，这包括维纳的控制论、哈肯的协同论、普利高津的耗散论以及申农提出的信息论等。这些理论都认为，一个系统是由若干相互联系的部分组成并且在特定的环境下能够发挥特定作用的有机整体。系统按照规模可以分为大系统、中系统、小系统，随着环境的变化，系统也在不断变化。任何一个组织都是由相互联系的单元所组成的系统，系统具有动态性。系统要随着周围环境的变化而不断对自身做出调整。由于系统的复杂程度不同，人们对其认识程度也是有差别的。人们只有对系统的运作机制搞清楚了，才能够对事情进行把握。根据系统的一般内涵，无论什么样的系统，都应该包括以下几个方面的特点：整体性，系统必须是一个由多种要素构成的有机整体；联系性，构成系统的各种要素之间必须是相互联系的，不能一盘散沙、各自为政；动态性，组织要随时间、地点的变化而不断变化，没有一成不变的系统；任务性，所有的系统都有其存在的道理，必须为完成一定的任务而存在；条件性，系统的存在需要一定的前提条件，条件不存在了，系统也就会随之消失。企业就是一个系统，必须按照系统理论运作企业，才能够让企业正常运转。

六、能位匹配原理

特定的岗位要安排特定的人,"岗得其人、适才适所",这是对管理的基本要求,也只有这样管理才能够有效率。管理者要让合适的人做合适的事,能力低的人不能做成大事,将能力低的人安排在较为重要的工作岗位上,管理者就会"失街亭";将能力强的人安排在不重要的岗位上,就会大材小用,发生杀鸡用牛刀的事情。一个企业经过招聘、甄选、培训、上岗等诸多环节,每一个岗位上都有了相应的工作人员。"一个萝卜一个坑"的目标是做到了,但在相应岗位上是不是由合适的人做事,这就需要用严格的考核制度进行衡量,做到用制度评价人、用制度考核人、用制度选择人,这样才能够将好钢用在刀刃上。"能"就是能力,不但包含员工"所能为者",也包含员工"可能为者",管理者要学会用动态的眼光认识员工。组织不但是一个用人的环境,也是一个培养人的环境。员工的个人成长与组织成长是紧密联系在一起的。管理者在动态认识人的过程中,要让每一个岗位上的人都保持较强的战斗力。"能位匹配"要求管理者在企业中具有较强的排兵布阵能力,即使是个小卒子也要让其发挥最大的威力。

七、互补增值原理

企业中并不是所有的成员都是"将军"才好,只有"将军"和"士兵"都有且能够很好地搭配的组织才是较好的组织。就像一个家庭一样,如果夫妻两个人都是火爆脾气,这样就很难融洽相处。两个人必须在性格上相投才行,一个是急脾气,另外一个就要稍微温和些，而且两个人都要互相谦让些，这样就不会发生更多的冲突。在一个企业中，成员要相互在性格、能力等各个方面互补，这样就能够取长补短。互补增值能够让组织成员取长补短，各自发挥自己的优势，而不会产生更多的冲突。在互补增值原则下，企业中的成员更能达成高效率的合作。管理者能够在互补增值原则下构建团队，不但会减少自己的工作成本，而且会让团队更加稳定。互补增值可以体现在很多方面，包括个性互补、知识互补、年龄互补、性别互补、能力互补等。不同的组织在不同层面会有所侧重，但互补越全面，就越能够建立一个高水平的团队。能否达到高水平的互补增值效果，关键在于管理者的能力和愿望。如果管理者在构建团队的过程中有这方面的意识，就会从员工招聘之始就着手在这方面做文章。

八、效率在先原理

组织的存在以效率为前提，没有效率的组织就没有长久存在的可能。效率、激励、公平等始终是联系在一起的。组织首先要有相对公平的制度，这是组织成员借以展示自己的平台。公平包括员工要有公平地表现自己才能的机会以及享受公平分配的机会，保证能者多劳、能者愿劳、能者多得。在制度设计上一定要体现奖勤罚懒，这样才能够张扬正义。在惩罚懒惰的同时也要为后进者创造进步的通道，让后进者有条件通过努力成为先进者。将组织打造成为一个学习型组织，员工的工作热情就会较高。所有组织成员在相同的规则下做事，管理者对所有的成员一视同仁。管理者要创造一个相对透明的管理制度。人们在做事的过程中不会相互猜疑，整个组织就是一个"透明的金鱼缸"。人们只有在心中感觉是公平的，才能够全身心地投入到工作当中去，进而取得成就。

除了如上谈及的实现高效率所需要具备的软条件之外，管理者还需要为员工创造硬条件。较好的办公条件、温馨的办公环境等也能够让员工的工作更为高效，员工在这样的平台里工作就会感觉非常轻松。

第三节　留住优秀员工：种花草的管理感悟

某家企业的总经理是农民出身，平常就喜欢摆弄些花草。厂区有块空地，闲暇之余，总经理就将自己从天南海北收集来的花草种子种到了地里，亲自浇水、施肥，就像一个老农民种庄稼一样。

总经理种下的花草第一年呈现出这样的景象：各种花草布局没有章法，种类也比较繁杂，有的有花朵，有的无花朵，有的叶大，有的叶小，整个区域的花草高的高、低的低，远处望去杂乱无章。员工们认为总经理非常没有品位，但表面上也不说什么。总经理似乎也能看出员工们好像看不上自己的这些没有情调的嗜好，但并没有表现出什么不满意，只是召集下属帮忙管理田间的花草并有选择地将那些病怏怏的花草除掉了，留下来的都是健壮、出色的花草。

第二年春暖花开，员工们发现野地里的花草刚刚伸出嫩芽的时候，总经理的花园里已经春意盎然了。而且，花园中的各种花草看上去错落有致，整齐、美观。员工们对总经理的嗜好改变了看法，认为总经理是一个有心人。

原来，总经理在精心护理花草的过程中已经有意将最优秀的花草留了下来，并有选择地将那些不满意的花草除掉，为这些优秀的花草腾出了更多的生长空间，这些留下来的花草能够得到更多的养分并更好地发展。

一天，有一个朋友来拜访总经理，他对自己经营多年的企业业绩不佳表示非常苦恼，打算向总经理取一些生意经。总经理并没有对自己的朋友讲很多企业管理的大道理，而是将他领到自己的花园中，大讲一番自己种植花草的心得。总经理说："我在这块空地上种了不同种类的花草，但我并没有对名贵的花草进行特别的照顾，而是让它们自由生长。最后，我发现有些名贵的花草反而长得不是很好，你看这些不名贵的花草不是也能够将花园装扮得很漂亮吗？这些花草不完全是我自己种的，我的员工一同与我种植，员工在种植花草中就能够体会我的管理思想。"总经理在朋友明白了自己的用意后又说："我在种植花草中的责任就是为所有的花草提供相同的成长平台，包括施肥、浇水等。经过一段时间以后，我发现这些花草的长势有很大的不同，这不是我的原因，而是花草本身的原因导致的。"

总经理的种花草哲学非常有道理。种花草实际上与人力资源管理有很大的相通之处。

总经理在种花草过程中对所有的花草一视同仁，为所有的花草提供相同的成长平台，并不对任何花草有任何程度的偏袒，不会因为有些花草名贵而过多照料，也不会因为某些花草十分普通而不去

第三章　给管理拴上一根链子——管理学基本原理

打理。在总经理的眼中，自己亲手种下的花草都饱含了自己的心血，自己都希望其成为自己的花园中的一朵奇葩，但在同样的平台上由于每棵花草的状况不同，有的可能会长势较差，有的可能很快夭亡，只有那些能够长期存活并健康成长的花草才能够真正对花园做出贡献，这当然是总经理最希望看到的情景。

总经理在刚刚种下花草时并不知道哪些是自己理想中的奇葩，能够对所有的花草做到一视同仁是总经理的优点。总经理的这种作风也昭示了其对待下属的品格。作为一个管理者，能够做到对下属一视同仁非常难能可贵，虽然在管理过程中也会存在"感情纠缠"，但能够不被感情左右是非常了不起的行为。

每个人的成长经历不同，对总经理提供的成长环境的适应能力也有很大差异。员工不能期望总经理适应员工，而是要适应总经理，适应总经理的管理风格、管理思路等，以便能够使得自己在众多的员工中脱颖而出。总经理在种花草的过程中也让下属与自己一起种，这表现了总经理的民主管理思想。表面上看员工是在种花草，实际上总经理是让员工体会管理者的思想，当员工对总经理的管理思想能够充分理解时，就能够很好地配合总经理的日常管理工作了。

管理者的品格是决定能否留住优秀员工的核心因素。优秀员工并不是一开始就非常优秀，这需要管理者为其提供较好的成长平台，就像故事中的总经理一样为所有的花草施肥、浇水、翻地等，如果管理者不能做到这一点，就意味着管理者失职了。施肥、浇水、翻地等实际上就是组织内部的制度建设、薪酬发放和动态改革等，管理者一定要会用动态的眼光看待自己的下属，当下属取得了成绩之后要用一定的方式让其清楚自己已经看到了其所取得的成绩。为此，管理者需要付出更多心血去鉴别优秀成员，并且还要建立较为完善的监督机制，让所有的组织成员都参与到组织发展的建设中间来，实现管理者与被管理者共建企业的目标。

第四节　蔷薇与狐狸对话的启示

狐狸为了偷农家的鸡，半夜三更的时候悄悄地翻过篱笆墙爬到院子中。在翻越篱笆墙的时候，狐狸滑了一下，差一点就栽了一个大跟头，它随手赶紧抓住了篱笆墙上的一株蔷薇才算没有滑倒。由于蔷薇上长满了小刺，扎得狐狸流了很多血。不过，在翻越篱笆墙的时候狐狸并没有在乎这些，它情急之中赶紧向鸡窝奔去……

事情过后，狐狸向蔷薇埋怨："你实在太不应该了，我当时本来是向你求救，你怎么会加害我呢？"蔷薇对狐狸的埋怨感到不满，说："狐狸你错了，你本来就知道我生来就是带刺的，是你在情急之中不小心才被扎出了血的，怎么能说是我加害你呢？当初是我救了你，你不感激我反倒说我不对，你的良心坏了！"狐狸看到蔷薇的这个态度，更加强横起来："分明是你用刺扎了我，怎么说这不是你的错呢？在我向你求助的时候，你应该告诉我哪个地方有刺，哪个地方没有刺，以便我不会受到伤害，这才是助人为乐呀！"蔷薇感到非常委屈，用愤怒的眼睛紧紧地盯住狐狸："你天生就是个坏家伙，怪不得别人都对你没有好的评价。告诉你，你以后无论遇到什么样的困难，我都不会帮助你的！"

上面的寓言故事中，蔷薇帮助了狐狸，狐狸不知道感恩，反而迁怒蔷薇刺伤了自己，使自己完全失去了以后来自蔷薇的任何形式的帮助。狐狸代表了不知感恩的一类人，组织中经常会出现这样的人，受到了他人的帮助不但不知道感恩，反而对对方有苛求，东郭先生和狼、农夫和蛇等故事也是说明了这样的道理。组织中的管理者和被管理者以及各成员之间为了借助组织这个平台达到发展组织和发展自己的目的，都需要相互帮助。为了使组织的发展更有效率，组织会建立各种各样的制度使组织成员之间保持组织发展所需要的关系。例如，组织会委派老的技术工人担负起培养新员工的责任，老员工由于在从业生涯中具备了丰富的工作经验，他们将这些经验毫无保留地传授给年轻员工就会使得这些新员工在其职业生涯中少走弯路。老员工怀着对新员工的责任和为组织的后续发展培养优秀接班人的心情传授自己的宝贵经验，新员工应该怀着对老员工的感激之情接受这些宝贵经验。如果老员工对组织的贡献丝毫不能得到组织的认可，并且组织还会以老员工在传授其宝贵经验的过程中"懈怠"或者以新员工在工作中出现了失误为由对老员工进行责难，就会使老员工感到非常伤心和失望，就像上文故事中的蔷薇对狐狸的失望一样。

老员工并非完人，就像故事中的蔷薇生来就带有刺一样。管理者不能对自己的下属有苛求，应该认识到他们努力工作实际上是对自己的工作的巨大支持。下属在完成自己的工作的过程中，由于各种偶然因素的存在也许会出现差池。如果管理者对其工作中的失误进行责罚，这种做法不但会影响到该下属的工作积极性，而且还会直接影响组织中其他成员的工作积极性。下属支持管理者的工作，虽然是在制度层面上完成了自己的本职工作，但高质量地完成本职工作则体现了下属的责任心，管理者应该对下属表示感谢，不应该将注意力完全集中在下属的工作失误上。

在对待员工的时候，有的管理者希望员工为自己奉献很多，在没有给员工较多相应奖赏的情况下想让员工为组织有更多的贡献。由于收益与付出不对等，会让员工对管理者失望，成员之间包括管理者与被管理者之间更多的是不合作，就像故事中的蔷薇很难再对狐狸友好一样。本来，蔷薇对狐狸的帮助并不是分内之事，好心的蔷薇对狐狸进行了帮助，狐狸却认为蔷薇的帮助是理所当然的。当得到救助的人的心态偏移之后，就会将施救者的好心帮助看作是理所应当的，这就很难使被施救者的心态平衡。管理者如果总是一味地对组织成员施加自己的权威，以致对被管理者期望过高，被管理者就会由于各方面因素的影响使自己在工作中表现出对管理者的"抗争"，消极怠工或者工作质量缩水等情况都会出现，被管理者在这种情况下就会像带刺的蔷薇一样扎管理者的手。

第五节　M公司选拔人才从"窝边草"开始

一、案例简介

在一次管理学研讨会上，M公司的总裁李英成了会上的焦点，因为李英的卓越管理才能和历次会议上的独到见解都让同行们眼前一亮，大家都迫切地等待着李英精彩的发言。在会上，李英阐述了自己一直坚持"不懂什么是高层管理"的观点。李英说，M公司没有刻意进行"高层管理"和"低层管理"的区分。他不会花很多时间区分"大头头"或者"小头头"，而是费时间思考将具有企业精神的人安排到各层级管理岗位上，企业发展需要做实事，不是要做一些虚头巴脑的事情。M公司虽然也构建了严格的组织结构图，但从没有对其加以渲染。

与会的都是同行中的精英，杨万、张千和孟达也顺着李英的观点表达了自己的想法。杨万认为"尊重"是管理中最为重要的问题，高层管理者应该发挥自己的聪明才智，从身边的员工中发掘出有潜力的人;"鼓励创新"是管理者的责任,应该激发员工去创新,但创新不能单纯只是为了创新,只有将创新转化为盈利的手段,创新的动力才会更足。张千觉得,人才并不是温室中的花朵,人才在某种程度上如同野草一样,很多情况下是在最不起眼的地方冒出来并在非常恶劣的环境下能够健康成长起来,只要条件稍微有所改善,这样的人才就能够开枝散叶。企业管理者应该主动为这些"杂草"提供生长的空间,这就是对员工最大的尊重。企业管理者对员工的尊重可以表现为很多种形式,包括为员工提供工作机会、给予员工合理报酬、容忍员工的失败、为员工明确发展方向。在这4个方面中,机会是最重要的,机会是前提,有了机会才能够谈薪酬、失败和发展等问题。孟达赞同张千的观点,认为机会来自很多方面,要确保员工能够拥有部分自主时间,保证员工在这样的时间内做自己的创新计划。孟达在管理实践中非常在意员工每一个好的想法,看到员工有好的创意的时候就给予支持。这种支持是有形的,即在财力等方面给予支持,而不是空嘴说白话。

  李英说,只有将知识、技术、财力等多方面的因素加在一起才能算得上一个真实的机会。否则,机会就是空中楼阁。机会能够促进创新,李英会在非常关键的时候给创新者一定的奖励。很多具有创新思想的年轻人都有共同的愿望,即宁可要自由而放弃暂时的财富,认为有了自由能够创造更多的财富。充满创新智慧的年轻人,将自己的创新思想变成财富,远比圈在办公室中要好得多。李英通过列举大量的调查案例说好多年轻人对于管理职位完全没有兴趣。虽然如此,李英并没有亏待这些创新者,通过各种方法让其拥有相当于经理层级等职位的薪水。员工感受到了尊重，在工作中的干劲就更高了。李英会根据创新者的成果带来的成效实施奖励。创新不一定都能成功，所以，允许创新者失败就是企业管理者的一种素质。如果不能容忍创新者失败，任何一个创新者都不会做一些有风险的事情。李英最大的特点就是能够容忍员工失败，他认为"犯错误的团队往往会有更多的机会赢得胜利"，"一个人不犯错误就不会有进步"。

最后，李英补充：机会、酬劳和容忍失败对于形成一个相对完美的组织环境而言还不够。还有非常重要的一点就是，要为员工的发展明确方向。

二、案例分析

（一）发掘身边的能人

发掘而不是压制身边有才能的员工，这是企业管理者的素质，也是企业发展的希望。只有让有才能的下属不断站在风口浪尖上，才能够让企业保持十足的成长力。M公司的李英的很多论述都是鞭辟入里的。李英说的"不懂什么是高层管理"的话并不意味着他不懂得管理，而在于不刻意区分高层管理或基层管理，高层管理者应该履行自己的职责并尽义务，并不是要在他人面前展示权力。高层管理者身边并不缺乏有能力的管理人才，只有有意培养有才能的下属从幕后走向前台，才是在任管理者与继任管理者之间的精诚合作。任何一个企业都是"铁打的营盘，流水的兵"，每个管理者都是相应管理职位的匆匆过客，用权是为了完成工作而不是为了展示权威，这样的管理者才是称职的。有的管理者害怕身边的下属超过自己，认为这样会对自己形成威胁。帮助下属成长并将其培养成为自己的接班人，甚至超越自己，这需要管理者有很大的胸襟。按照李英的思路，当上司的工作出现问题的时候，下属可以对上司的行为进行矫正，只要是对公司发展有益的做法，李英都表示支持。公司没有花费更多的时间讨论谁是"大头头"或"小头头"，无论什么样的"头头"，职位高低并不重要，做事才是最重要的。在M公司中，不同层级的领导都很在意发掘身边的人才。正因为这样，M公司才能成为同行中的佼佼者。

（二）人才像杂草

"野火烧不尽，春风吹又生"的古诗再现了野草顽强生命力的场景。在上文的案例中，张千的比喻是非常到位的，优秀的人才之间是有竞争的。按照常理，相对于园丁精心培养的花卉而言，杂草是园丁所不喜欢的。杂草在花卉身边逐渐成长起来，也会妨碍花卉的成长。这里的"杂草"就相当于企业中自发成长起来的优秀后备人才，而"花卉"就相当于在位的管理者。"花卉"不希望这些"杂草"对自己的成长形成阻碍，但"杂草"具有很强的生命力，"杂草"的生长是不会以"花卉"的意志为转移的。优秀人才就是具有顽强生命力的"杂草"。案例中提及，"杂草"自己创造生长空间是需要付出巨大努力的，所以，公司为了鼓励优秀人才脱颖而出，就需要主动为这些后来者创造环境。管理者一定要表现出对人才的尊重，但尊重人才并不单纯体现在为其发放奖金方面，也不单纯表现在将其提拔为管理干部方面。正如案例中所言，很多优秀人才并不希望自己成为管理者，而是需要管理者给自己一个相对宽松的自由发展空间。一定要主动为员工创造发展机会，让员工能够在组织中实现自己的人生价值。员工受到了尊重，就会展现出巨大的创造力，组织成长的后劲自然会很足。

（三）为员工指明方向

员工，尤其是年轻的员工，就像一个步履蹒跚的小孩子，在前行的过程中不免会跌跌撞撞。如果在小孩行走的过程中有一个领路人，磕磕绊绊的情况就会很少发生。管理者就是要肩负起为员工指路的责任。案例中强调，管理者一定要为员工指明发展的方向，员工在这样的组织中就能尽量避免莽撞行事。管理者对于其下属而言扮演着多种角色：发号施令者，庇护者，资源利用者和开发者，领航者。管理者就是企业这条大船的舵手，聪明的管理者可以让大船安全地航行，将所有"船员"安全地带到目的地。管理者一般比普通员工有更多的阅历，在指挥大船航行的过程中，能够老练地避开前进过程中可能遇到的问题。管理者主动为员工指明方向，就能够让员工省下更多的精力做有价值的事情。管理者在主动为员工领航的过程中，个人的威望也就得以在员工之间树立起来。企业中后起之秀也会按照同样的做法为后人充当灯塔的作用。"为后人指路"就会逐渐成为企业文化，并且在管理者中间逐渐传承下去。"前人栽树，后人乘凉"是企业管理者的美德之一，为了让自己的后人能够乘凉，管理者自己就要多栽树。

（四）容忍员工的失败

员工为了企业的发展而不断创新，在此过程中要经历风险，探索未知的事情注定要经历失败。就像案例中谈及的，经历过失败的团队才会有更多的成功机会。人们都是在失败中总结经验的。不能单纯在口头上给优秀员工以鼓励，"知识+技术+财力=机会"才是一个相对完美的公式，管理者的责任就在于不断完善这个公式。不能一开始就对员工求全责备，管理者要在用人、育人、留人、容人等各个方面训练自己。允许员工失败，员工就可以冒险尝试着做一些从未涉猎的事情。在探索未知的过程中即使失败了，员工也隐隐感觉到有相应的酬劳在等着自己。否则，任何一个员工都会放弃做冒险的事情，转而做那些注定成功并有丰厚回报的事情。这样一来，企业中就不会有人为了探索未知而冲锋陷阵了。

（五）激励员工应对挑战

激励员工应对挑战，并且为员工应对挑战提供充分的条件，企业才能够乘风破浪、勇往直前。正如案例中所言，管理者要通过实际行动给员工以支持、尊重，通过这种方式为员工"助燃"，员工在冲锋陷阵的路上才会跑得快、跑得稳。每一名员工都是"运动员"，运动员在赛场上表现出色，需要很多支撑，包括营养合理、锻炼科学、心情畅快、意识强化等，这些方面都是赛场上看不见的。运动员在赛场上的表现只是长期以来各种综合能力短时间爆发的一种现象，为了这个暂时的辉煌就需要平时多积累，运动员和教练员都需要在平时积累中下功夫。管理者在引领企业发展中就扮演着教练员的角色，将员工打造成敢于和善于迎战的"运动员"的过程中，管理者这个教练员发挥着至关重要的作用。

三、案例启示

（一）情愿做垫脚石

优秀的管理者不但是"把舵者""冲锋者"，而且是后起之秀的"垫脚石""铺路石"。上文案例中的李英、张千、杨万、孟达等人都阐述了一个共同的观点：善于、敢于发现和启用身边的人才。在李英的眼中，虽然组织中有完善的结构体系，但不要总是在"大头头"或"小头头"这个问题上纠结。没有才能的管理者就会从"大头头"变为"小头头"，有才能的管理者就会从"小头头"变为"大头头"，没有人永远是"头头"。李英的管理思路就在于让所有的员工瞄准企业发展这个目标，鼓励后来者居上。任何人在"头头"这个位置上都要尽全力让组织成员发挥最大的潜力和热情。管理者扮演着伯乐的角色，"发掘人才"也应该是管理者的分内之事，要让德才兼备的后继者逐渐走上管理岗位，继承自己的衣钵，将企业的优秀文化传承下去。要根据员工的兴趣爱好因势利导，达到人尽其才、才尽其用的目的。管理者在这中间要做很多细致入微的工作。只要将这些优秀的员工推上去，企业就会更上一层楼。"垫脚石"作为企业发展中的文化之一，本质上就是一种奉献精神的体现。这种奉献精神张扬的是"给予"而不是创造，人们都甘愿奉献而不是谋求索取，企业中的人际关系就会更加融洽，"垫脚石文化"就会在企业内得以不断传承。

（二）培养创新意识

创新精神是企业活力的源泉，没有了创新，企业就会一直在原地打转转。管理者是企业发展的领头羊,管理者要培养员工的创新意识。

(三)管理者自己也是员工

管理者在管理位置上首先需要意识到自己的责任和义务,这样才能够促进企业的发展。管理者自己也是一名员工,并且应该是员工中的佼佼者,要能够从整体上把握企业的发展方向。管理者是员工的"服务员",重要的是为员工打造出好的工作环境。上文案例中的几个管理者在这个层面都有共识,这说明这些人都将自己放在了员工的位置上思考问题了。管理者只有将自己的心态放平,走到普通员工中间去,才能够了解员工需要什么,认识到自己在工作中的不足,从而能够尽快改变工作方法。管理者一般很难直接听到下属的声音,管理者与被管理者之间存在严重的信息不对称,管理者所做与被管理者所求之间就有偏差。管理者只有将自己放在员工的位置上,才能与员工进行顺畅沟通,员工才能够帮助管理者矫正工作中存在的问题。管理者"耳聪目明"了,在管理工作中才能做到有的放矢、对症下药。

(四)成功需要成本

就像上文案例中谈及的,管理者需要容忍员工的失败。任何人在尝试做未知的事情的时候,都没有十足的成功的把握。所以,管理者应该给员工足够的时间和空间,让其在一个相对宽松的环境中尝试。经历多次失败的团队就会有更多成功的希望。具有失败可能性的项目对于企业发展的拉动作用是非常大的。相反,那些具有很大成功把握的项目,应该是相对比较成熟的,做这样的项目不会有风险，但也不会让企业有更大的突破。员工的成功就是管理者的成功，也是企业的成功，企业为了走向成功。就需要在多方面付出成本，包括财政支持、制度设计、硬件建设、心情培养、情感沟通、明确分工等，管理者不能凭借自己一声令下就能够做到"空手套白狼"。只要将探索未知的行为建立在充分论证的基础上，并且认为在很大程度上可行，就要勇敢尝试。每一次创新都是向未知领域的迈进，在企业能力、市场前景、员工士气等各方面都是未知，但只有尝试后才能知道企业的选择是否可行。善于冒险是企业管理者的基本素质之一，为了让冒险有更多的胜算，就需要在冒险之前做好充分准备，需要垫付成本。

（五）人心齐，泰山移

企业管理者的责任就在于集中组织内所有成员的智慧办大事，要将人们的思想和行为拢在一起。上文案例中的李英在尊重员工方面已经取得了"人心齐，泰山移"的效果。如果管理者在德、能、勤、绩等方面做出表率，员工就会心服口服，人心重于泰山。如果管理者能够很好地将人心拢在一起，就能够集众家之长做大事，从而能够撼动人心这座"泰山"，管理者需要做"愚钝"的愚公而不能做"聪明"的智叟。上文案例中的M公司将对员工的尊重做到了实处而不是单纯停留在口头上。管理者尊重员工，就需要在实际行动上表现出来。所以，尊重是相互的，尊重是做事情的前提。李英将对员工的尊重落实到了制度上和行动上。员工做事情的想法得到了管理者的支持，员工就会觉得有依靠，做事情的过程中就会充满激情，就会劲朝一处使、心朝一处想。管理学家提出的"斜坡球体理论"表明了"做企业如逆水行舟——不进则退"的道理，企业就是处于斜坡上的球体，为了让这个球体逆着斜坡的方向向上行进，就需要有强大的推力，这种推力就是管理者创造出来的。管理者需要通过自己的魅力，将员工的心凝聚在一起，那样，天大的困难也就不再是困难了。

第六节　从零做起成就了麦当劳高层管理者

一、案例简介

麦当劳作为全球知名的餐饮公司之一，其惊人的成长速度在很大程度上得益于其独特的管理思路。麦当劳里的员工真正毕业于饮食服务学校的只占到总人数的30%左右，有40%的员工来自于商业学校，除此之外还有各种专业背景的人。所以，麦当劳的员工构成很复杂。但是，麦当劳的责任就在于将这些具有不同专业背景的人士培养成餐饮行业的行家里手。在麦当劳获得成功的人都有一个共同的经验：从零开始。进入麦当劳一定要做4～6个月的实习助理（三级助理），期间学会做清洁和最佳服务的方法。麦当劳的管理人员都是从零开始的，炸土豆条、做汉堡包等都是麦当劳的员工的拿手好戏。麦当劳的管理人员必须掌握扎实的基本功，只有这些基本功过硬了，才能以管理者的身份管理其他员工。在麦当劳工作，人们会体会到严谨而又活泼的工作氛围。麦当劳是一个工作平台，

第三章 给管理拴上一根链子——管理学基本原理

大家只有很好地相互协作，才能够高效地完成各种工作。消费者对麦当劳的印象，不仅来源于直接为其提供服务的服务员，而且店中其他服务员的态度、店内的整体情况等都会对消费者产生影响。所以，只有精诚合作才能够打造出让消费者满意的麦当劳产品。麦当劳在招聘员工的时候，将"不想当将军的士兵不是好士兵"这一条摆在最为显著的位置。麦当劳的晋升机会是公平、合理的，没有什么额外的特殊规定，每个人都是自己的命运的主宰者，自己的命运不掌握在他人手中。为了做一个合格的管理者，管理者需要认真做好二级助理工作，在这个岗位上，员工需要学会订货、排班、统计等很多方面的工作技能，这些都是管理者的必备技能。员工在进入麦当劳一年以后大多能做到一级助理，这个岗位直接服务于核心管理者，在工作中已经能够独当一面了。做了一级助理之后，下一个晋升目标就是经理。成为经理之后，麦当劳仍然为员工提供了广阔的发展空间……

麦当劳坚持"君子爱财，取之有道"的原则，员工的收入状态会频繁变动，工作岗位的变动都会牵动收入的变化。例如在法国，一名麦当劳的经理每年可以得到18万法郎的收入；如果能够成为一名监督员，则可以拿到25万法郎的收入。得到提升的员工除了领到不菲的工资报酬外，还有其他方面的物质好处。但是，麦当劳有一条铁的规定：如果某人没有培养出自己的接替者，那么此人将不会被列入升迁对象。有人将麦当劳的这种运行方式比喻为齿轮，即每个人都必须保证培养其继承人，只有尽心尽力为他人服务，自己才能够从公司中得到声誉和前途。麦当劳虽然是以赚钱为最终目的，但也是培养人才的大课堂。麦当劳培养人才的方式不是靠感情，而是靠制度。

二、案例分析

（一）从零做起

麦当劳是全球知名的餐饮公司，但任何一名管理者都是从最底层的员工逐渐成长起来的。上文案例中提及，任何一名员工都做过收银、炸土豆条、做汉堡等最基本的工作。在做这些工作的过程中，员工可以学会相互协作，知道如何才能做正确的事情，进而为将来走上管理岗位做准备。只有自己知道了怎样做正确的事情，才能够知道如何纠正别人做事的错误。"先当学生，后当先生"是麦当劳的一个做事准则。没有当"学生"的经历，就没有资格做教育别人的"先生"。从零做起是麦当劳管理文化的一个重要组成部分，没有人能够在这个制度范围内通过"跳级"的方式进入管理层。从零做起，能让管理者具有扎实的基本功。从零做起不仅是让员工得到锻炼的过程，也是让员工帮助管理者逐渐修正管理制度的过程，这体现了麦当劳求真务实的做事风格。从零做起的制度保证从普通员工到高层经理，每一名麦当劳员工都能够脚踏实地地、一步一个脚印地做事情。

（二）相互协作

员工在一起工作，相互协作是最为重要的。消费者到麦当劳店中消费，享受的并不是某个员工的服务，而是综合的服务，每个员工的行为都可能影响消费者的心情。"协作"实际上是一种文化，员工在刚刚进入麦当劳的时候是"一张白纸",公司环境对其施加何种影响,员工就会成为什么样的人。麦当劳浓烈的协作文化会让新加入的员工全身"浸透",从工作的第一天就在大脑中就绷紧了一根"协作"的弦,只有有意识地与他人协作,才能够做好自己的事情的同时帮助他人顺利完成工作。所以,协作就意味着发展和成绩,也意味着收入的增加和能力的提高。在麦当劳中,不仅有普通员工之间的协作,也有不同层级的管理者之间的协作。正是这些恰到好处的协作让麦当劳文化突破了时间和空间的限制,让麦当劳成了享誉全球的知名品牌。

(三)鼓励竞争

麦当劳鼓励竞争,从员工入职的第一天起就让员工将"不想当将军的士兵不是好士兵"这句话作为其人生信条。人们到麦当劳工作就是为了实现人生价值,通过不断进取,从普通员工逐渐晋升到管理者。竞争是摆在明面上的,在竞争的后面没有潜规则。在这样的环境中,人们就会甩开膀子做事情,将全身心放在工作上。这样的竞争就会鼓励人们进取。员工之间的竞争是合作基础上的竞争,员工为了晋升到更高层级的职位就需要培养好自己的接班人。这件事情如果没有做好,就不能为自己争取到更好的发展机会。所以,这使得麦当劳的"管理金字塔"基部十分稳固,这样的管理文化、竞争文化会让麦当劳迅速成长。每一个管理者都会成为精心培养下属成长的志愿者。于是,麦当劳的优秀管理人才就会层出不穷。

(四)快速晋升

根据上文案例中的描述,在麦当劳就职,一般一年半以后就会成为独当一面的部门经理，这是非常令人羡慕的。这种快速晋升的制度让年轻有为的员工看到了希望，只要自己肯努力、肯付出，就能够在较短时间内实现自己的理想。麦当劳的快速晋升制度强调的是"贡献"，有付出就会有收获，这在麦当劳是一条定律。这与某些运作不规范的企业形成了鲜明对比，对于这些不规范的企业而言，多付出不一定意味着多回报，少付出不一定意味着少回报，所以，努力的程度就会弱化。麦当劳的管理氛围实际上就是把每一位有意愿充分发展自己的员工都培养成为管理者，熟悉麦当劳的各项事务，当麦当劳需要的时候，"士兵"马上就能够胜任"将军"的角色。麦当劳让有能力的员工树立"管理者"意识，为公司的发展建立了人才蓄水池；员工的快速晋升也让麦当劳得到了快速发展。

（五）"三级助理"跃迁方式

麦当劳的快速晋升是需要稳步前进的，这种"三级助理"的跃迁方式就是麦当劳员工走向成功的"红地毯"。"三级助理"的意义在于：麦当劳任何一个出色的领导都是通过"稳扎稳打，步步为营"的方式拼出来的，每一名管理者当初都擦过地板、炸过土豆条、端过饮料、做过汉堡。"三级助理"的成长过程从这个角度看也是一个训练过程，这是成功者自身的成长过程，也是对将要走向成功的后继者的教育过程。

三、案例启示

（一）永无止境

麦当劳的工作环境为每一名员工提供了成长机会，只要员工有足够的能力并愿意付出，在激烈的竞争中就能够脱颖而出。从普通员工经过"三级跳"成为高层管理者，员工付出了很多，但得到的也很多。麦当劳给人们的理念是"活到老，学到老"。任何企业都有成长、衰老、死亡的过程，管理者希望看到的是企业的成长，不愿意看到企业的衰老和死亡。为此，管理者就需要时刻为企业注入活力，不让企业衰老。企业也需要不断更新思想，不断发现让企业能更好、更快成长的元素，管理者的思维方式在这中间发挥着非常重要的作用。"永无止境"是麦当劳的核心文化之一，在麦当劳，从普通员工到高层管理者都在为追求更高目标而不断奋斗着。

（二）动态收入

在麦当劳，员工的收入不是固定的，而是随着岗位的变化而发生变化。动态变化的收入能够很好地再现员工对公司的贡献，能够将员工的收入与公司的发展状况紧密融合在一起。动态收入是对员工的激励，也是对员工的约束，激励的意思是让员工尽情展现自己的聪明才智，约束的意思是让员工朝着企业需要的方面完善自己。动态收入分配方式完全避免了平均主义的弊端。在平均主义的分配方式下，将劳动生产率高的劳动者的部分劳动成果无偿转移给了劳动生产率低的人享用，劳动生产率高的人吃了亏，劳动生产率低的人占了便宜，其导致的直接结果是：劳动生产率高的人不再愿意多劳动，劳动生产率低的人整天想着"守株待兔"。于是，没有人愿意努力劳动，企业会一直徘徊在低效率下运营。动态收入实际上是一种制度的创新，从根本上避免了"吃大锅饭"的问题。

（三）文化渲染

在麦当劳工作，无形中就受到了麦当劳的企业文化的影响。每个人都是麦当劳文化的建设者，也都是麦当劳文化的共享者，大家都从这种文化中受益。麦当劳的文化内涵包括很多层面，除了制度文化、用人文化、薪酬文化之外就是快餐文化。麦当劳用制度留人，让优秀的人才不仅愿意留在公司中，而且发自内心地愿意为公司做贡献。麦当劳独特的用人文化，让有才能的人都成了后起之秀的"垫脚石"，这块"垫脚石"在为他人服务的同时也使自己得到了升华。"好人一定有好报"在麦当劳不是神话，也将麦当劳的薪酬文化包括在内了。麦当劳独具特色的快餐文化在聚人和聚财方面都发挥了非常重要的作用。

（四）利己利人

在管理学的发展历史中，对人的本性的认识虽然经历了从经济人到社会人的转变，但为利益而战的经济人本性是不能被抛弃的。人们努力工作主观上是为了自己，客观上是为了他人，即主观上是为了达到自己的直接目的，而客观上则为他人提供了服务。所以，经济人做事需要符合"我好，你也好"的原则。麦当劳的优秀员工都希望自己很快就能够得到升迁，为了让自己得到升迁，就需要培养出能够接替自己职位的优秀接班人。这种"先利他，后利己"的行为方式作为麦当劳传承的文化，使得麦当劳的优秀人才不断涌现。"利己利人"是一对双胞胎，单纯给予而没有索取的行为或单纯索取而没有给予的行为都是不可持续的，麦当劳在给予与索取之间通过合理的制度设计平衡了二者。让"给予""索取"两者之间形成一个封闭式的循环。麦当劳通过"互利"的行为方式使员工的行为受到制约，每个人都是受益者，同时也都是贡献者。

（五）用制度育人

科学、合理的制度是企业发展的基础。制度在先，行为在后，员工的行为才有制度可以遵循。麦当劳不仅是一个盈利组织，还是一所大学校，人们在这里逐渐掌握做事的技巧和做人的原则。在麦当劳中，员工只管在既定的制度中尽心尽力地做事，任何人都是在制度规定的范围内做事。这个"大学校"无形中也给员工灌输了"安安分分做事，规规矩矩做人"的道理。麦当劳的制度设计虽然已经很好，但还在不断完善中，尽量让制度没有"缝隙"。企业制度能够折射出管理者的思维方式，进而折射出管理者的水平。管理者的思想最终要转化为被管理者的行为。在制度设计科学、合理的情况下，不但员工做起事来顺心顺气，而且管理者也能够达到"子贱操琴"的效果了。制度是管理者思想的再现，科学、合理的制度对员工就是一种无形的教育。员工在科学、合理的制度的熏陶下都会成为按照制度做事的典范，并且会通过自己的行为影响他人。

第四章
管理是科学与艺术的联袂——管理的典型方法

导读

第一节　相声段子中的管理艺术
第二节　理论领悟
第三节　管理者要让下属张开嘴巴说话
第四节　孤独的老虎没有真正的朋友
第五节　员工说"不"，管理者应觉得荣耀
第六节　A部门以虚衔欺骗骨干员工
第七节　先让人才"吃饱"，后让人才"变宝"

第一节　相声段子中的管理艺术

管理既强调效率，也强调效果。有效率而缺乏效果的管理是由于过分强调速度所致，有效果而缺乏效率的管理则是由于缺乏速度所致。因此，管理需要讲求科学方法，360度考核法、平衡记分卡考核法及KPI考核法等都是在管理实践中积累起来的切实有效的管理方法。洞悉管理方法的奥秘对于提升管理水平从而达到"效率高+效果强"的状态，进而推进企业高效发展具有非常重要的意义。

某著名相声表演艺术家在一段相声中讲了这样一件事。说的是一名男士的自行车压在了一名女士的脚上，女士不依不饶，最后决定到派出所解决问题。到了派出所后，警察并没有马上解决二人的问题，而是将二人安排在一个房间内等，说处理问题的领导正在忙，过一段时间再给二人处理问题。两个人在房间中等了很长时间也不见警察给处理问题，变得有些不耐烦了，又争吵起来。这次争吵得不厉害，因为在等候处理问题的过程中，二人都浪费了时间，很多应该办的事情都被耽搁了。过了两个多小时后，警察还没有处理问题的迹象，二人变得更加不耐烦，于是开始讨论"要不咱们自己解决吧"。二人自己解决的结果是：双方互相谦让，女士也不需要男士赔偿了，二人最终成了好朋友，女士还再三要求男士到家中做客呢！

上面的相声段子就说明了冷处理艺术的重要性。管理需要依托严格的制度，但艺术也是管理实践中的重要参数。在上面的相声段子中，冷处理比警察介入的处理结果更令人满意。两人刚到派出所时，火气都很旺，警察怎么处理都不会取得良好效果。冷处理表面上看似没有作为，但妥善解决了纷争，这就是艺术性管理方法的魅力。

第二节　理论领悟

一、一般方法

（一）360 度考核法

360 度考核法又称为全方位考核法，最早被英特尔公司提出并加以实施运用。该方法是通过员工自己、上司、同事、下属、顾客等不同主体来了解员工的工作绩效，通过综合考虑各方面的意见了解员工的长处和短处，以达到提高员工的能力和水平的目的。360 度考核法分别由被考核员工的上级、同级、下级、服务的客户这 4 组人士对被考核员工进行评价，每组至少选择 6 个人。然后，公司通过外部的顾问公司来做分析、出报告交给被考核人。被考核人如果发现在任一点上有的组比其他组给的评价低很多，可以找到这个组的几个人进行沟通，大家敞开心扉交换意见。360 度考核法的设计思想是为了避免在考核中出现人为因素的影响。

360 度考核法的优点：突破了传统考核制度下单纯由上级考核下属的制度，可以有效地避免考核中出现的"光环效应""居中趋势""偏紧或偏松""个人偏见"和"考核盲点"等现象；考核过程更加全面，以使管理层获得更准确的信息；不同考核者对于同一被考核者的不同看法可以清楚地得到展现；有效防止被考核者急功近利；比较全面的反馈信息可为被考核者在其他方面的发展提供依据。

360度考核法的不足之处：考核成本高，时间耗费久；如果考核过程把握不好会使得考核过程成为某些员工发泄私愤的工具，以至失去考核的作用；考核培训工作难度大。

由于360度考核法在实际应用中的局限性，在实践中应该注意以下事项：是否采用360度考核法要依据企业发展所处的阶段而定；要全面考虑360度考核法实施的外部环境是否合理；要合理圈定考核者和被考核者的范围，以便使考核结论更加客观；考核内容不能一概而论，应该根据实际需要确定考核要素；考核不能过于频繁，要设定合适的考核周期。

（二）平衡计分卡考核法

平衡计分卡考核法是由美国著名的管理大师罗伯特·卡普兰和复兴方案国际咨询企业总裁戴维·诺顿提出的战略管理业绩评价工具。平衡计分卡思想要求在确定企业战略发展指标时综合考虑企业发展过程中的财务指标和一系列非财务指标的平衡，不能只关注企业的财务指标。平衡计分卡考核法的"平衡"体现在几个方面：短期与长期的平衡、财务与非财务的平衡、指标间的平衡。平衡计分卡考核法打破了传统的只注重财务指标的业绩管理方法，认为企业应从4个角度审视自身业绩：客户、业务流程、学习与成长、财务。

通过这个框架能帮助企业分析出企业使命的关键因素和成功因素等指标。

平衡计分卡考核法的优点：将要考核的指标进行量化，并且认为只有量化的指标才可考核；组织愿景要达成的指标是多方面的，既包括财务的要素，也包括客户、业务流程、学习与成长等方面的要素；克服了财务评估方法的短期行为，使整个企业的行动一致；有效地将组织战略转化为组织各层级的行动；有助于各级员工间的沟通和理解；利于组织核心能力的培养，并实现组织的长远发展。

平衡计分卡考核法的不足之处：平衡计分卡考核法试图使考核过程"自动化"，而这一点是很难实现的；保持平衡计分卡随时更新需要耗费大量的投入，而这是一般企业很难承受的；平衡记分卡考核法在实践中很难执行。

（三）KPI 考核法

所谓 KPI（Key Performance Indicator）是指影响员工绩效表现的关键绩效指标。KPI 的导入使管理者对员工绩效表现的关注从眉毛、胡子一把抓，转移到只关注对员工绩效表现有较大影响的几个关键性指标。所以，KPI 考核法的目的在于解决用什么样的指标或者标准对员工进行客观考核的问题。KPI 考核法对于战略指导具有重要意义：它是激励员工的一种全新的考核机制，对企业的发展起着战略导向的作用；可以很好地将员工的个人行为与企业发展的战略目标紧密地结合起来，在一定程度上实现了组织目标与个人目标的一致；对传统管理理念下以控制为中心的管理方法是有效的补充。

选择关键绩效指标应该坚持如下几条原则：要从企业的整体考

虑，不能"一叶障目，不见森林"；要有利于提升企业发展的品质；要方便具体操作人员客观把握；各指标不能孤立，而要与其他指标建立联系。

KPI 考核法在实践中表现出如下特点：能够很好地体现团队的工作业绩；能够突出员工的工作效率；能够很好地跟踪员工个人的业绩进展。该方法在实践中也逐渐暴露出一些缺陷：如何找到 KPI；KPI 之间的比重和权重关系如何确定；KPI 确定后如何执行。这三方面都是现实中需要解决的难题。

（四）SWOT 分析法

SWOT 分析法也称为态势分析，是将与研究对象密切相关的各种主要内部优势、劣势和外部的机会和威胁等因素通过调查列举出来，把各种因素相互匹配起来加以分析，从中得出一系列相应的结论。这种方法可以对研究对象所处的情景进行全面、系统的研究。S、W 是内部因素，O、T 是外部因素。SWOT 分别指代优势（Strengths）、劣势（Weaknesses）、机会（Opportunities）、威胁（Threats）。SWOT 分析法自形成以来，广泛应用于战略研究与竞争分析，成为战略管理和竞争情报的重要分析工具，其优点是分析直观、使用简单。但是，也正是因为直观和简单，使得 SWOT 分析法不可避免地带有精度不够的缺陷。SWOT 分析法采用的是定性方法，通过罗列 S、W、O、T 的各种表现，最后形成模糊的结论，依照这样的结论为依据做出的判断会在很大程度上有主观臆断的可能。所以，在使用 SWOT 分析法时要尽量真实、客观、精确，尽量克服该方法在分析中的不足。

SWOT 分析法在确定企业发展战略时通常是用于分析竞争对手的重要工具，通过分析出企业所处的各种环境因素，即外部环境因素和内部能力因素，发现企业的优势、劣势、机会与威胁。优势包括竞争态势、收入来源、企业形象、技术力量、产品质量、市场份额等因素。劣势包括设备老化、管理混乱、研发落后、资金短缺、经营不善、产品积压等因素。机会包括新产品、新市场、新需求等因素。威胁包括新的竞争对手、替代产品出现、经济衰退、客户偏好改变、突发事件等因素。

二、遵循原则

（一）PDCA 循环法

PDCA 循环又叫质量环，是管理学中的一个通用模型，最早由休哈特于 1930 年构想出来，后来被美国质量管理专家戴明博士在 1950 年再度挖掘出来。P、D、C、A 4 个英文字母所代表的意义如下：P（Plan）即计划，指方针和目标的确定及活动计划的制订；D（DO）即执行，指实现计划中的内容；C（Check）即检查，指总结执行计划的结果；A（Act）即行动，指对总结检查的结果进行处理，对成功的部分加以肯定，对失败的教训进行总结。PDCA 是英语单词 Plan（计划）、Do（执行）、Check（检查）和 Act（纠正）的第一个字母的组合。

PDCA 循环的特点主要有两点。①大环套小环，小环保大环，推动大循环。各级部门根据企业的方针目标都有自己的 PDCA 循环，大环套小环，小环套更小的环。大环是小环的母体和依据，小环是大环的分解和保证。通过这种循环把企业上下或项目的各项工作有机地联系起来，彼此协同，互相促进。②不断前进和提高。有人将PDCA循环比喻成爬楼梯，每一项工作都是一个PDCA循环，都需要计划、实施、检查结果并进一步改进，同时进入下一个循环，只有在日积月累的渐进改善中，才可能会有质的飞跃，才可能完善每一项工作。

　　人们在应用PDCA循环法的过程中发现了很多问题。习惯了PDCA循环法的人很容易按流程工作，员工没有创新的压力和动力，很容易陷入僵化的思维模式中。

（二）5W2H 法

　　5W2H法又称为"七何分析法"，该方法是第二次世界大战中美国陆军兵器修理部首创的，后被广泛用于企业管理和技术活动中。Why的意思是"为什么"，表示理由何在。What的意思是"是什么"，表示做什么工作。Where的意思是"何处"，表示在哪里做。When的意思是"何时"，表示什么时间做。Who的意思是"谁"，表示由谁来做。How的意思是"怎么做"，表示如何实施。How much的意思是"多少"，表示数量如何。在设计新产品时人们常常提出为什么（Why）、做什么（What）、何人做（Who）、何时做（When）、何地做（Where）、如何做（How）、做多少（How much）之类的问题，在此基础上就形成了5W2H法的总框架。该方法实际上是在做事情之前力求比较全面地进行分析，有助于管理者的思路更加清晰、有条理，避免盲目开展工作。

（三）SMART 原则

管理学大师彼得·德鲁克提出的目标管理首先出现于其著作《管理实践》中。德鲁克认为，管理人员不能只顾低头拉车而不抬头看路，导致忘了其最终目标。目标管理的思想要求企业战略规划不能仅由高级管理人员参与，而是要求所有管理人员参与。设定目标不是简单的事情，管理者必须学习 SMART 原则。SMART 原则的基本含义是：绩效指标具体（Specific）；绩效指标可衡量（Measurable）；绩效指标可达到（Attainable）；绩效指标可观察（Realistic）；绩效有期限（Time-based）。目标的设定必须符合上述原则。S 代表具体（Specific），意思是绩效考核不能笼统，即目标不能抽象；M 代表可度量（Measurable），意思是绩效指标可以量化，即目标可以用具体数字表示；A 代表可实现（Attainable），意思是绩效指标在付出努力的情况下可实现，即设定的目标不能好高骛远；R 代表现实性（Realistic），意思是绩效指标是实实在在的，即指标不能看不见、摸不着；T 代表有时限（Time bound），意思是注重完成绩效指标的特定期限，即目标要在规定的时间内完成，不能拖延。

第三节　管理者要让下属张开嘴巴说话

一位话剧大师正要登台上场表演，其学生告诉他鞋带松了，这样会影响表演效果。这位大师连忙对自己的学生致谢，并且俯下身非常认真地将鞋带系好了。人们对大师的谦卑表示敬佩，但等到学生走出视野后，大师赶紧俯下身又将鞋带松开了。人们都很费解，向大师询问其中的缘由，大师的回答让大家更加对大师肃然起敬。大师说："我这次上场扮演的是一位旅途劳累的人，只有将鞋带弄得松一些，才能让观众感受到旅人劳累的感觉。我将鞋带松开是有意为之。"人们又问："那刚才学生让您系紧鞋带的时候，为什么您还要将鞋带系好呢？"大师说："学生这样热心地告诉我，我不能打消学生的积极性。如果我这次打消其积极性，以后他可能永远不会再给我提出建议了。即使我以后需要他们为我提建议的时候，他们也会认为我是在作秀。"

话剧大师对学生的建议心存感激，为了表达这种感激，他赶紧当着学生的面将鞋带系好。但是，由于将鞋带弄松是出于表演效果考虑而有意为之，所以，学生走后大师又将鞋带松开了。在有些人眼中，大师这样做似乎有些多余，但在大师看来这样做很有必要。如果学生对自己提出忠告的时候，大师拒绝了，并且给学生上一堂教育课，告诉学生在表演疲惫的旅行者的时候，一定要将鞋带弄松，从而更好地表演出旅人疲劳的样子，学生就很尴尬。学生看到的只是表面现象，只是从常规思维出发。如果大师当众对其进行教育，学生会感觉到非常没有面子，以后再有类似的情况发生，学生多半不会当面直言。即使大师真正犯了错误，学生也会认为大师是有意而为之而不会给予提醒。在这样的情况下，大师就可能真的出差错。

大师与学生之间的关系如同企业中管理者与员工之间的关系。管理者只有在企业内形成广开言路的氛围，才能在管理者与被管理者之间建立起高效率的沟通渠道。管理者位高权重，下属在与管理者交流的过程中，管理者看到的一般都是笑脸，听到的一般都是赞扬的话。俗话说："忠言逆耳利于行，良药苦口利于病。"如果管理者闭目塞听，下属就没有向其提建议的欲望，企业就会长期在低效中徘徊。

下属愿不愿意张开嘴巴说话，关键要看有一个什么样的企业管理者。下属一般都是看管理者的眼色行事的。如果管理者喜欢广开言路，下属就愿意为管理者出谋划策，这样就会"众人拾柴火焰高"；相反，如果管理者喜欢闭目塞听、独断专行，则下属就会对管理者退避三舍。管理者的风格对企业内风气的养成具有很重要的影响。

某个德国公司的专家到中国做技术培训。在培训会现场，专家正在做报告，他的下属突然从座位上站起来径直走到专家面前，然后将专家戴歪了的领结用力抻了两下，将其矫正好以后才重新坐回自己的座位上。这个专家随后站起来，向为其矫正领结的下属鞠躬表示诚挚的感谢。

管理者与被管理者虽然是管与被管的关系，但这个关系需要建立在合作的基础上。管理者与被管理者只有建立了默契合作的关系，才能高效率地谋求企业的发展。管理者的做派对被管理者会形成较大影响。管理者的言行是员工行为的指挥棒，在管理者与被管理者之间的微妙关系中，下属会猜测上司的心思。管理者需要和珅，就会有更多的下属成为和珅；管理者需要刘墉，就会有更多的下属成为刘墉。和珅多了之后，企业中认真做事的人就会减少，企业发展的动力就会被削弱。企业中的刘墉多了，向管理者说反话的人就会多，虽然管理者会觉得有些不顺气，但企业成长的动力就会无穷大。如果管理者像故事中的大师一样能够广纳学生的金玉良言，管理者与被管理者之间就能够实现无缝对接的合作了。

第四节　孤独的老虎没有真正的朋友

老虎在森林中高高在上，任何动物见了老虎都要对之毕恭毕敬。老虎发现这些对自己整天笑脸相迎的动物对自己并非是真心实意的，与自己能够成为交心朋友的很少，老虎有时候也希望有动物在自己犯了错误的时候能够提醒自己。

这天，老虎在森林中散步的时候遇到了猴子，当猴子向老虎打招呼的时候，老虎问猴子："猴子，你是我的朋友吗？"猴子非常干脆地回答："当然是您的朋友。"老虎说："那么，在我犯错误的时候，请你给我及时提出忠告可以吗？"猴子非常机敏地回答："您的威名远扬，各项决策都是非常正确的，我不曾发现您有什么错误，您一直是我的崇拜对象！"一旁的狐狸听到猴子的话也开始帮腔："老虎大王非常伟大，我也不曾看到您有任何错误，您就是我们的表率。"

老虎听了猴子和狐狸的话后，认为自己确实不会犯任何错误。老虎所到之处都是动物的一片赞扬声，老虎也越发感觉到自己的伟大。实际上，森林中任何一个动物都不敢直言老虎的错误，因为谁直言老虎的错误，就有可能遭到灭顶之灾。猴子和狐狸就听说兔子和小鹿曾经对老虎提出了一些建议，但在提建议的第二天这两只可爱的小动物就不见了踪影。为此，森林中的动物都非常恐慌。动物们感觉身边笼罩着无形的恐惧。

　　管理者要想让自己不孤独，就需要用行动体现与员工合作的诚意。不能像上面故事中的老虎一样，在让动物们给自己提建议的同时，又对兔子和小鹿下杀手，这会让小动物们感觉到老虎并非真诚地让别的动物给其提意见，而是在作秀。在这种情况下，管理者与被管理者之间的合作关系就演变成了对立关系，双方都将对方变成了达到自己目的的工具，企业的发展就会受到很大的影响。下属由于畏惧管理者的权力而变成阿谀奉承的"狐狸"或"猴子"，而管理者也就变成了真正的"老虎"了。这种对立的关系让企业成员感觉危机四伏，管理者也会产生"有权不用、过期作废"的念头，管理者手中的权力就完全失去了"理"的含义而只剩下了"管"的概念，这种"管"就变成了一种"治人术"。企业发展于是就由能力的博弈演变为了"智慧"的博弈，管理过程也由"我为人人服务"演变为了"人人为我服务"。企业文化就会在这样的氛围中逐渐变味，表面上人气高涨的管理者实际上在心灵深处能够感觉到"高处不胜寒"的"孤独"。

第五节　员工说"不"，管理者应觉得荣耀

孙悟空作为花果山的一家之长，取经回来后开始琢磨着利用花果山的资源优势开拓一下事业，但在与山上的猴子猴孙们商议上果汁生产项目的过程中，自己的想法被董事会否决了。

这天，猪八戒来看望孙悟空。面对久别的师弟，孙悟空将自己的一肚子牢骚话吐了出来。从孙悟空口中，猪八戒知道孙悟空对花果山现在的状况不满意。现在的花果山真是越来越难管了，原来山上所有的事情都是孙悟空一个人说了算的。但是，这些年来，"庙"中引进了一些人才后，本以为自己做起事情来会更加得心应手，但让孙悟空没有想到的是：自己说的话越来越不灵了。虽然花果山在变好，但孙悟空发现向自己说反话的人越来越多了。有时候在会上讨论问题的时候，有些小猴子还会让自己下不来台。这次果汁生产项目被否决，就是会上没有讨论通过所致。在孙悟空看来，时下果汁饮料市场很大，趁此时机上一条生产线肯定会有不错的收益。在讨论中，猴子们觉得果汁这样的生产线不能光看当下，要从长计议。一条生产线会花去花果山的大半个家当，如果目光短视就会出大问

题。除了孙悟空之外，其他与会者一致认为：果汁饮料的未来发展前途未卜，不应该贸然上这样的项目……

两年后，猪八戒又到花果山看望孙悟空，又向师兄问起了当年的果汁生产项目的事情。孙悟空一反当年那种生闷气的表情，对猪八戒说："师弟呀，我非常庆幸当年的想法能够被他人否定。不然的话，这样的项目肯定不赚钱。离花果山不远有一个山头，当年上了这样的生产线，现在就是在不死不活地运转着。"接着，孙悟空非常感慨地说："自己的想法有时候被下属否决也并不是件坏事情呀！"猪八戒看到孙悟空这样开心，也非常高兴："师兄，不是我说你，你就是有些争强好胜，有时候还有些不说理。你虽然武功高强，但在经营管理方面不一定行。你看现在的花果山已经是人才济济了，规模又扩大了好多，多听听下属的反对意见，会让你变得更加聪明，在决策的过程中就不会有失误。现在的年轻人与我们的想法不一样了，年轻人思维敏捷，能够捕捉到最新的信息，考虑的问题会更全面，我们这些老家伙有些落伍了。"

孙悟空所说的"自己的想法有时候被下属否决也并不是件坏事情"是有道理的。孙悟空最初经营花果山的时候，花果山规模小，高水平的人才也很少，没有人能够想到孙悟空的前面去。但是，花果山后来的情况不同了，不但用人机制发生了变化，而且人才结构也正在向多元化发展。所有的事情不能再由孙悟空一个人说了算，凡事必须经过董事会讨论后才能决定。在这样的会议上，每个人都有发言权。孙悟空虽然感到自己不能像先前那样"叱咤风云"了，但在群策群力的基础上做出的抉择会更加科学和合理。孙悟空由最初"打别人板子"的发号施令者变成了"被别人打板子"的对象，这对于一贯说了算的孙悟空而言自然会觉得心气不顺，但事实表明这样的决策机制是科学的。在孙悟空建立起来的这种决策机制中，自己成了"挨板子"的对象，让组织成员拥有了"打板子"的权力，表面上看他好像是失去了面子，但实际上是有了更多的面子。所有的组织成员都是为了让组织在科学的轨迹上运转。为了做到这一点，就不能听一面之词。

企业就像一艘在波涛汹涌的海面上行进的船，船小的时候，虽然抗御风险的能力较小，但转舵也会比较灵敏，好的舵手能够让船在无风险或者低风险的缝隙中游走；但当船变大的时候，转舵就比较费劲，这就需要大家合力运作，让船方向正确。一旦方向错误，就可能导致船毁人亡。企业中的所有人都需要在一条船上共担风险。企业成员积极对船的航向进言献策不仅是对管理者的负责，也是对自己负责，集体的智慧有利于让管理者做出正确的抉择。管理者凭借自己的能力单打独斗的时代已经过去，在瞬息万变的当下，管理者需要不断战胜自我和超越自我，这就需要不断进行知识更新，能否博采众长就成为衡量一个管理者是否优秀的重要指标。管理者具备这样的品质，下属就能够在管理者面前敞开心扉，对管理者有失偏颇的决策行为及时制止，让企业运行在正常轨道上。

有人敢于在"孙悟空"面前提出反对意见，这并不表示"孙悟空"失去了权威，反而表明"孙悟空"管理的组织中正在形成民主的工作氛围，组织成员都愿意无偿地向管理者奉献自己的智慧。"孙悟空"实际上是充分调动了组织成员的劳动积极性，让"花果山"上的每一位成员都成了"花果山"的主人翁，每个人都愿意为繁荣"花果山"献计献策，没有任何保留。管理者要想让自己的"花果山"花团锦簇、硕果累累，就不能有占山为王的思想，要放下架子与"猴子们"携起手来共同创造家园，并且共同分享劳动成果。

第六节　A部门以虚衔欺骗骨干员工

一、案例简介

A部门领导S是位40岁出头的人，有幸被提拔为C公司下属A部门的管理者，多年来在工作中形成了自己的核心圈层（不妨称之为旧核心层）。S逐渐认识到旧核心层在能力上不能满足部门发展的需求，想改变这种低能者控制格局的状态。S的思路是：将有能力的员工补充到核心管理层中来（不妨称之为新核心层），但不能改变旧的利益分配格局，以避免闹出更大矛盾。

S想到一个万全之策。S认为A部门的工作可分别由两部分人完成。在涉及部门利益调整的重大发展决策时就召集旧核心层商量，这些人不会有太多的新点子，只要自己提出解决方式，旧核心层成员就会一呼百应，原有的核心层仍掌握利益分配的决策权，自己的工作可以稳妥开展。当涉及部门发展前途、需要有人做贡献和出新点子、但又不一定能够享受更多利益时，S就召集新核心层商量。

一开始，新核心层成员认为受到了重用，毕竟拥有了为部门发展施展才华的机会，纷纷出谋划策。随着时间的推移，新核心层的成员逐渐感觉到：虽然他们为公司、为部门的发展努力工作，但并未得到相应回报，在包括年终考核在内的诸多决定自己切身收益的时候，他们就没有参与的权力了，而旧核心层则参与了相关工作，他们虽然很努力，但始终处于被决策的角色。新核心层的成员认为他们被 S 欺骗了，他们就是为别人产奶而只能吃些草料的奶牛。在这种只有付出而没有相应收益的管理方法下，新核心层成员的工作热情逐渐消退；而旧核心层又不能带动整个部门的高速发展，A 部门处在低水平徘徊的泥潭中。

二、案例分析

（一）欺骗式的管理思路

上文案例中 S 的管理方法看似有效率，实则很多问题处于潜伏状态，孕育着诸多管理隐患；目的虽然是让所有的员工努力为部门的发展做出最大贡献，但结果是所有员工都不愿意为部门的发展出力：低能者做不出贡献、高能者没有动力做贡献。A 部门是在 S 的领导下的，S 在 A 部门内采取怎样的利益分配方式有很大的主动权，S 任命次级管理者职务的过程就是利益分配的过程。在新的管理方法下，S 设置了一些虚衔，以安抚那些有实际工作能力但又没有头衔的员工，这些员工（以下简称虚衔者）被委任虚衔后实际上并不具有相应的权力，自然更谈不上得到相应职位下的利益了。S 为了稳定旧核心层人员，保留了他们的实衔，他们自然能够得到相应职务对应的利益。具有实衔的次级管理者（以下称实衔者）不具有相应的工作能力，但在讨论问题的过程中不会提出反对 S 的意见，进而使得 S 容易做出决策。当然，这些决策往往是低水平的，虽然工作没有什么进展，但 S 的权威得到了展示；同时，那些实衔者也在与 S 共同决策时展示了自身存在的价值。所以，A 部门的重大决策权实际上还是控制在实衔者手中，虚衔者不但不能得到岗位对应的利益，而且没有真正参与组织重大事务的管理决策的机会。S 的这种做法实际上是在以虚衔欺骗骨干员工，这样可以同时达到 3 种效果：安抚虚衔者、稳定实衔者、维护自身的权威。

（二）和气是表面现象

上文案例中的 S 的初衷是提高部门的战斗力，但在不经意间削弱了团队的凝聚力。S 在此过程中只是领导着一群人，而不是一个团队工作。A 部门表面看来一团和气，所有员工表面上围绕在 S 周围共同努力工作，但由于没有公平的利益分配机制、合理的制度约束及各岗位的责、权、利不对等原因，导致的结果是：实衔者应该做事但不能做好，虚衔者由于待遇不合理而不愿意做事却被委以重任，最终是没有人真正做事，整个部门的工作在表面和气的假象下低效运行。在假象的笼罩下，S 会认为自己的管理措施得当。A 部门成员间存在矛盾，但大家均心照不宣，矛盾会一直处于潜伏状态。实衔者不愿意打破这种局面，S 也会通过各种方式维护，以便保护这些既得利益者的利益不受损害，整个部门长期笼罩在不健康的制度氛围中，所有成员将不再把精力放在工作上。实衔者会想办法保护自己的既得利益；虚衔者会努力想办法使自己由虚衔变为实衔，使自己的利益和职位对等。

（三）领导权威受威胁

S在以虚衔欺骗骨干员工的管理思路下设计出了用虚衔者的能力为实衔者做嫁衣裳的方法，管理理念由感情纽带取代了制度纽带，这种方法虽然维护了实衔者的利益，却让虚衔者大失所望。长此以往，会危及S的领导权威。实衔者切实保护自身利益的有效办法自然就是设法讨好S，用较少的利益损失博得更大的利益收获。S从实衔者那里得到了利益后，自然不愿意失去这些"忠诚"的实衔下属；同时，由于虚衔者缺乏亲近S的意愿，S会产生虚衔者取代自己部门高管位置的疑虑，于是，进一步强化其重用实衔者的决心，从而让虚衔者长期停留在虚衔上。从长远看，这些短期收益会损害S的领导权威，甚至会危及S的职位。S虽然维护了实衔者的利益，并制造了部门内部一团和气的假象，但S的上司评价S的尺度并不局限于其所领导部门的稳定性，主要还是看A部门对公司的贡献有多大。S无法依靠实衔者谋求部门的大发展，从而导致A部门将会在很长时期内成绩平平。这不但会影响S进一步的升迁，甚至会影响其在该部门长期任职的可能性。所以，带有欺骗性质的管理思路是S以自己的前途为赌注的。

（四）"庙中难留好和尚"

上文案例中的S与实衔者间的利益共谋导致虚衔者被边缘化，虚衔者是在为实衔者进而为S做嫁衣裳。虚衔者肯定不能长期忍受这种不公平的待遇，离开该部门就成为虚衔者的理性选择。按照这样的思路，当大多数虚衔者做出离开A部门的选择时，A部门中留下来的将是低能的实衔者，S周围将全是善于攻心的低能者。虚衔者、实衔者和 S 之间建立在责、权、利不对等基础上的三方互动最终导致优秀员工流失。

三、案例启示

上文案例中 S 的管理思路在整个部门中催生了不健康的文化，部门偏离了正常发展轨迹。所以，改变工作方法、突破制度瓶颈进而置换部门内的不良文化就成为 S 的最佳理性选择。

（一）高层领导严以律己

在长期的管理中，S 与自己的"亲信"们已保持了长期的默契合作，所以，旧核心层控制 A 部门重大事务决策权而优秀员工不能得到重用的问题不能采用雷霆手段，要逐步过渡，但速度要尽量快。否则，更多优秀人才会流失。问题的症结在于 S 想通过工作岗位与职位收益的不对称来维持旧核心层的收益。最好的做法就是从严格要求自身开始，将自身的既得利益甩开，并让渡给真正应该得到利益的优秀下属。

（二）抬高目标，纯化队伍

既得利益者之所以悠然自得，关键在于 S 为员工设定的评价标准太低，致使旧核心层都能够达到标准，当高水平的员工和低水平的员工都能达到标准时就使 S 在将利益授给谁时有了更大的自由裁量权，S 就会用更多的软指标替代硬指标。这些软指标大多是 S 与既得利益者间的个人情感指标，S 于是在更多时候会用感情远近替代制度。为此，S 需要以组织发展为目标，通过树立更高的工作目标让能人贤士勇挑重担。面对挑战，这些只吃俸禄而不能胜任岗位的旧核心层就会在高目标下自动让贤，骨干员工自然有了出头之日。如果说在评价标准较低的情况下既得利益者还能够勉强应付的话，面对高标准他们也许就力不从心了，主动让位就成为他们的理性选择。当既得利益者从多年垄断着的位置上让出后，骨干员工自然就成了勇挑重担的最佳人选。

（三）规范岗位职责

S原来的管理思路是将新核心层应得的收益转移给低能者，于是，低能者越发就没有危机感了，低能者就成了"稳得利"，低能者的既定岗位就成了"稳得利"岗位。造成这种局面的原因不在于"稳得利"者本身，而在于A部门没有制定详细的岗位规范，致使"稳得利"者不知道做什么（或者是根本就不会做）。所以，A部门应规范每一个岗位的具体责任，让"稳得利"者逃不脱，这样就将责任和利益对等了，愿意享受利益而不能实现既定岗位目标的员工自然就会退避三舍。为此，需要从以下几个方面去做：①相应岗位设定具体任职目标（每年递增）；②任职期间内要为S提供合理化建议；③有建设创新团队的设想和能力；④有较高的专业水平；⑤有敬业精神且年富力强。以上5个方面中，前两个为考核条件、后三个为选拔条件。S首先要按照选拔条件提拔下属，然后按照考核条件进行聘期考核。

（四）强化沟通，精诚合作

上文案例中，实衔者与虚衔者由于部门制度的不合理会导致二者产生矛盾，二者间矛盾的升级会使S处在夹缝中，以至S难以将注意力集中到部门的整体发展这个目标上来。所以，S在新制度的设计过程中要适当削弱旧核心层的权力并强化新核心层的地位，使骨干员工进入真正核心管理层并尽量享受相应的利益。为了避免旧核心层的抵触，在这一过程中要暂时保留他们的地位和利益。给予新核心层展示其自身才能的机会后，在新旧核心层共同筹划部门事务时，新核心层会提出更多具有创新性和建设性的计划、建议，旧核心层自觉地就成了配角。旧核心层为了保住既得利益和职位就不得不提高自身能力，并且会向新核心层学习，新旧核心层就不会对峙。当旧核心层确实感到自身能力不够，并且自己即使让位于骨干员工，而骨干员工成为新核心层为自身带来的利益较自己的既得利益还大时，就会真心地退出核心层，以平常心态做一个普通员工的同时主动配合新核心层的工作。

第七节　先让人才"吃饱",后让人才"变宝"

一、案例简介

小王是W公司的中层管理者,业绩非常优秀。但是,小王最近向公司递交了辞呈,表明了自己要离开W公司的意愿。公司总经理得知此事后非常诧异,于是专门和小王谈话沟通,但无论他怎样劝说小王,小王离开公司的想法丝毫没有动摇。无奈之下总经理只好答应了小王的请求,但恳求小王能够答应公司一个要求:离开之前将离开公司的原因以书面的方式递交给办公室,并且在离开后要继续保持与公司的来往。小王答应了。

3天之后,总经理特意为小王举行了送别宴会。酒席宴间,每名公司领导都频频向小王举起酒杯,感谢小王几年来为公司做出的贡献。

送别会后,小王送交公司办公室一份长达20页的辞职报告,历数了公司管理中存在的问题,并对领导们说:"公司对我如此厚爱，我非常感动。所以，我才将我在工作中发现的问题详细地列举了出来并建议公司即刻整顿。否则，日后会有更多的人才流失。"

W公司的领导们详细阅读了小王递交的报告，其中主要阐述了公司管理中存在的5个问题。第一，孤掌难鸣。小王认为自己虽然比较优秀，但自己的下属大多不务正业，这使得自己很难开展工作，自己的一些想法很难付诸实践。第二，权力被架空。自己虽然是部门主管，但自己的下属大多是公司领导们的亲戚或同乡。委派工作任务的时候，下属们阳奉阴违，而面对这种情况小王也不能对这些下属"发威"，自己的权力实际上已经被架空了。第三，故步自封。公司没有学习氛围，长此以往，经营观念陈旧，会逐渐被淘汰，即使优秀的员工也会成为"老古董"进而落伍。第四，激励单一。在激励年轻人勇于走上"前台"的过程中，公司单纯依靠金钱和地位进行"诱惑"，这在没有机会走上"前台"的员工眼中就是管理者借助不合理的制度进行利益再分配，普通员工有口难言。第五，目光短视。公司只注重目前的发展而无开拓进取精神。既不注重开发新产品，也不注重人才蓄水池的建设，再加上优秀人才的流失，这会使得公司逐渐失去元气。W公司的领导们看完这个报告后认为小王说的话句句属实，决定马上开始着手进行相关方面的改革，力争在尽量短的时间内解决小王谈及的各种问题。

二、案例分析

（一）壮志凌云却孤掌难鸣

案例中小王反映的问题之一就是感觉身边的人很不得力，下属不能给自己提供强有力的支持。按照小王的想法，他的部门是可以得到很好的发展的，但由于下属不"给力"，小王徒有壮志却难以实现凌云之志，孤掌难鸣已经成为小王不能施展自己雄心抱负的瓶颈。

（二）权力被架空

权力被架空是小王感到苦恼的另外一个问题。小王虽然被委任为部门领导，但他所领导的人都是自己上司的亲戚、朋友或同乡。小王在这些人眼中就是一个摆设。小王对这些人不能也不敢发号施令。当处理部门的一些事务而无人为自己分忧的时候，小王只好亲自"上战场"。所以，小王身心疲惫，每天忙得焦头烂额，根本就谈不上为部门的长远发展做打算了。小王原本希望自己能够成为一个"将军"，现实中的自己却是"士兵"。令牌只能在自己的"袖口"里面放着自己用，自己的命令自己执行。

（三）夜郎自大且不思进取

W公司目前的运行状况很好，员工的收入也不错。所以，公司上下都没有风险意识，小王认为，这正是公司发展的危机所在。竞争激烈的市场上没有常胜将军，任何一个看似强大的公司都会有败走麦城的时候。"病来如山倒，病去如抽丝"，缺乏远见就是公司发展中最大的病症。但是，问题的关键是公司的所有成员都没有丝毫的"治病"意识。在同类企业飞速发展的情况下，W公司还是按照老一套方法做事，不了解外面的新变化，也不给公司的成员到外面开阔眼界的机会。公司的发展实力是一点一滴积累起来的，但W公司根本就不注意日常的点滴积累，长期这样下去，公司的好光景就不会持续更长时间。

（四）单一激励不是在聚人心，而是散人心

W公司为了激发员工的创造潜力，在金钱奖励和地位升迁方面做文章。在公司领导的眼中，只有这两个层面的激励措施较为有效，但小王认为这正是公司发展的重要顽症之一。单纯用利益的方式激励下属，表面上看是在聚人心，而实质上则是在散人心。小王正是从公司的表面"繁荣"中看到了其背后的"颓废"。公司只知道分享既有的"收成"而不讲求建设相对完善和健康的公司文化，致使争抢利益和竞争管理层职位成了大多数人的选择，这当然也会瓦解公司的"战斗力"。

（五）缺乏人才蓄水池

正像案例中的小王指出的一样，W公司目前的状况非常令人担忧，公司从上到下都不思进取。W公司除了前文述及的问题外，还在于缺乏完善的人才蓄水池建设制度。没有建设人才蓄水池的原因就在于没有危机感。人才蓄水池建设的目的不在于目前就可以用得上，而在于日后能够用得上，只有足够的人才储备才能够为公司的发展建设提供较好的人才梯队。

三、案例启示

（一）赠予凤凰梧桐树

案例中的小王虽然当上了W公司的中层领导，但在履行职权的过程中遇到了问题。问题的根本就在于他身为"凤凰"但无梧桐树可栖。所以，管理者在委任能人贤士替自己分忧解难的过程中，

不但需要为自己的下属委以相应职位上的职权,而且还要为其创造施展这些职权的环境。否则,就会使自己委任的能人贤士无法履行职责,只有一个或几个能人贤士是不能撑起企业这把巨伞的。所以,W 公司的高层领导在将小王委任为中层管理者后,还要扩大小王的人事任免权。小王原先的下属是公司领导的亲朋故旧,他们不务正业,小王就有权力让这些人转岗,而将优秀员工选拔进部门成为自己的左膀右臂。这不但可以使小王在部门中树立起威信,而且有利于开展工作。公司除了允许小王可以在公司内部物色自己的团队成员外,还要允许小王在公司外部招募团队成员。在公司外部物色团队成员会有更大的选择余地,也不会顾及公司中既有的人情世故。

(二)杀鸡儆猴立制度

根据案例中反映的情况,小王部门中大多数人都是公司领导的亲朋故旧,这使得小王很不容易开展工作。当然,小王在与这些人相处的过程中应该讲求一些策略,但光靠策略是无济于事的。公司高层需要授予小王"撒手锏",即让这些领导们的亲朋故旧听从小王的指挥以在全部门产生以儆效尤的效果。只要这些人不再与小王唱对台戏了,小王所在部门中的其他成员自然就会听从小王的指挥,这样,公司赋予小王的职权就会真正坐实。为此,公司领导需要深入小王的部门,向小王直接了解工作中的情况,并且让小王给出相应的解决办法,然后由公司领导结合公司的具体情况按照小王的思路做出调整方案,让小王在部门员工中间逐渐树立起威信,逐渐完善相应的制度,让部门内所有员工发自内心地协助小王开展工作。

（三）打破传统，标新立异

W公司管理层不思进取，坐在既有的功劳簿上养尊处优，就会使整个公司失去朝气。为了改变这种状态，就需要打破传统的发展轨迹，在公司的发展模式上标新立异。W公司可以建立一套向所有组织成员征求公司发展意见的奖励机制，如在公司设置意见箱，让所有的组织成员都有通过匿名方式向公司表达自己对公司发展建议的机会。每名员工都可以将自己对公司的发展意见写成文字材料投到意见箱中，办公室派专门的工作人员定期地对这些意见进行汇总分类，并且按照意见的内容建立档案。公司根据这些意见对发展中确实存在的问题进行调查，按照轻重缓急分别解决。在此过程中，公司需要对意见箱中的各种合理意见进行编号归档，在公司采纳了相应意见且确实给公司的发展带来效益后，再对这些提出意见的人进行奖励。公司可以规定每个部门都设置一个信筒柜，对每个信筒进行编码，并将编码后的编码条与相应信筒的钥匙放在一起，让员工随机抽取，公司的领导不会知道哪个信筒的钥匙是被谁具体掌握，员工在为公司进言献策的时候就可以在上面写上自己的编码，日后如果意见被采用且确实给公司带来了效益，就将相应的奖金投放到相应的信筒内，并将奖金投放的时间事先告诉所有员工，让受奖励的员工在非常隐秘的情况下领取自己应该得到的报酬。这种方式会让员工的隐私得以保全，即使员工提出的问题非常尖锐，也不会让员工受到任何伤害。

第五章
凡事预则立，不预则废——组织发展需计划先行

导读

第一节　计划与变化
第二节　理论领悟
第三节　狐狸与鹤
第四节　《三打白骨精》的启示
第五节　索尼内部神秘的"求人"计划
第六节　A公司的薪酬计划让员工犯愁

第一节　计划与变化

在企业管理的所有职能中，计划职能排在了第一位，"凡事预则立，不预则废"说的就是计划的重要性。"计划"能够为企业的未来发展进行战略设计和战术设计，对企业内的人、财、物等资源进行精心安排。不同规模的企业，计划的复杂性会有差异，但建立在相对完善的制度基础上的计划安排在实施过程中遇到的阻力就会相对较小。因此，制订计划需要遵循必要的原则和程序，计划也可基于不同依据区分为多种层次。常言说："计划不如变化快。"就是说在实施既定计划的过程中会有变数，既定的计划安排有可能无法继续实施。因此，在针对具体目标而进行计划安排时要有多个备选方案，将尽量多的可能性因素放入其中，以免在实施计划的过程中陷入被动。

计划属于战略设计，"一天之计在于晨，一年之计在于春"，说明了计划是一项战略性安排。计划决定了一天（年）的运行轨迹，也决定了事物的发展结果。例如，《西游记》中去西天取经也不能缺少计划，从最初唐僧独自一人赶路，到不断将孙悟空、猪八戒和沙和尚纳入团队中，队伍的不断壮大保证了取经路上必要的人力资源。从如来佛祖的角度讲，唐僧取经路上的每次磨难都是他安排在计划之中的。在取经计划中，唐僧在团队中的核心领导角色是他人所不能替代的，这也出于计划中的战略思考。周密的计划能够使企业的各项业务顺利开展，影响计划的各种偶发因素都变成了细枝末节。就像《西游记》中的唐僧一样，一旦计划定出，任何阻力都不能阻挡其前行。

第二节　理论领悟

一、计划的内涵

"凡事预则立，不预则废"这句话充分说明了计划的重要性。人们在做任何事情之前首先要进行周密的计划，否则，就可能出现意想不到的状况。计划就是在做事情之前做出精心安排。不同的人在理解计划概念的时候由于侧重点不同，会给出不同的解释：从时间顺序方面看，计划是管理的首要职能，没有计划的管理就如同一盘散沙；从计划的产生基础来看，计划是在充分调查和研究的基础上产生的；从对未来的影响来看，计划是对未来要做的事情做出的安排，立足现在，着眼于未来；从各部门之间的关系看，计划具有很好的协调作用，计划是在充分协调各部门之间的关系的基础上产生的。从各种解释看，计划在管理的多种职能中是最重要的，其他的各项职能只有建立在计划职能的基础上才能够发挥很好的作用。计划是管理的最基本的职能，也是首要职能，主要职责是确定任务和目标。计划工作可以认为是企业管理者确定目标、预测未来及制定实现这些目标的行动方案的过程。通俗地讲，计划工作就是预先确定要做什么、如何做、何时做、何处做和由谁做的一种工作程序。在制订计划的过程中一定要加入时间因素，在考虑时间因素的时候就可以将计划的概念从动态和静态两个层次进行理解。动态层面的计划，是指为了实现决策所确定的目标预先进行的行动安排。这是从时间的角度考虑问题的方法。静态层面的计划，是指把人完成计划的行为进行文字表述的过程。这是从一个横断面考虑问题的方法。计划工作的核心任务是要回答5W1H：第一个W代表What，即做什么，涉及计划的目标和内容；第二个W代表Why，即为什么做，涉及计划的原因；第三个W代表Who，即谁去做，涉及计划的人员；第四个W代表Where，即在何地做，涉及计划的地点；第五个W代表When，即何时做，涉及计划的时间；H代表How，即怎样做，代表计划的方式、手段。

二、制订计划的原则

制订一个完善的计划至少需要坚持8个方面的原则：锁定目标、第一重要、普遍存在、注重效率、开拓创新、相互协调、着眼未来、及时控制。

①锁定目标：计划失去了明确的目标就没有了意义，任何组织或个人制订计划都是为了有效地达到某种目的。虽然在计划工作开始之前，目标还并不十分具体，计划就是开始于这个不具体的目标并最终要完成这个目标。

②第一重要：在所有的管理职能中，计划被排在了第一位。如

果没有计划，随后的工作将会杂乱无章。从这个角度讲，计划职能具有统领其他管理职能的重要作用。

③普遍存在：企业内存在不同层级的管理者，但任何管理者或多或少都有某些制订计划的权力和责任，每个层级的管理者在完成相应的任务时都需要制订与其相应的计划，以保证任务的顺利实施。

④注重效率：计划需要以效率为前提。计划的责任在于保证最终目标的高效率实现，要保证从众多备选方案中选择最优的方案。计划通过优化资源的配置保证企业目标的实现。

⑤开拓创新：制订计划不能因循守旧。计划需要针对企业不断变化的内外部环境做出相应变化，必须时刻留心企业在发展中可能出现的新问题和新变化、新机会。所以，计划的制订过程就是创造过程，计划本身具有创新性。

⑥相互协调：计划需要在协调各方面关系的基础上才能达到科学、合理的效果。在制订计划的过程中，各个部门之间由于利益及其他方面的原因会存在这样或者那样的矛盾。所以，制订计划的过程中需要协调好存在矛盾的各方面之间的关系。只有这样，才能够使得各方面的关系理顺。所以，制订计划的过程本身就是关系协调的过程。没有协调好各方面之间的关系，计划是有名无实的计划。

⑦着眼未来：计划是站在目前的立场上看未来，而未来的情况是不可知的。但是，根据事情的发展规律，很大程度上是可以推断未来的情况的。所以，制订计划的过程就是立足现在、推断未来的过程。从这个角度看，计划具有预测性。企业管理者就是要充分利用好各种条件实现既定的预测目标。

⑧及时控制：计划是根据组织发展的条件对未来的发展轨迹进行设计的行为。为了实现预期目标，就需要对企业的发展轨迹进行把握。周密的计划能够防止企业发展中未来可能会出现的各种问题；对已经出现的问题进行及时把握，防止出现大问题。从这个角度讲，计划具有控制性。

三、计划的层次

计划是企业根据发展目标对未来做出的发展设计，计划包括企业将来行动的目标和方式。所以，计划与未来有关。哈罗德·孔茨和海因·韦里克将计划从低到高分成如下几个层次：预算→规划→规则→程序→制度→战略→目标→使命。

①组织使命。任何企业都必须有其发展的目标和宗旨，宗旨是指社会对企业最基本的要求，是一个企业需要达到的最根本的目标，回答了企业应该做什么和怎样做的问题。使命是企业存在的最高目标，即企业存在的目标价值是什么，在这样的价值目标下企业应该为社会提供的产品或者服务就具化为企业的使命。不同企业的使命是有差别的。例如，电力企业要为消费者提供稳定、持续的电力供应，交通企业需要为消费者提供安全、便捷的交通保障，餐饮企业需要为消费者提供安全、合理的食品。

②目标宗旨。目标是在宗旨的指导下，企业在一定时期内要达到的具体成果。随着企业的内部和外部环境的变化，具体目标就会发生变化。目标是企业使命的具体化；使命相对于目标而言显得更加抽象，是着眼于战略层面进行的长远考虑。目标非常具体，无论

是远期目标还是近期目标都要具体化和精确化，这样才便于企业管理者操作。

③发展战略。根据环境条件及其变化方向确定的行动和资源配置方案，是企业为实现目标而采取的总体纲要。"战略"一词来源于军事用语，目的在于对战局做出全局性思考，以使战势向有利于自己的方向发展。战略是企业管理者为企业的发展规划的长期的发展方向，为企业在未来较长时间内画了一个大致的蓝图。在这样的蓝图框架下，企业发展中的每一小步都要在这个蓝图内，每一个分目标的实现都是对总目标的趋近。企业设计好发展战略会使企业具有强大的竞争力，从而在资源整合、资源配置及用人育人等方面具有长远打算。

④实施制度。制度是企业进行计划和决策时进行各种沟通活动的一般规定，其间对企业如何处理问题做出了一些具体的明文规定，通过这些规定指明了企业的活动方向与范围。具体而言，实施制度就是指企业鼓励做什么、限制做什么、反对做什么，制定实施制度需要保持完整性和持续性。制度比战略更加清晰和具体，制度是企业发展思路的进一步具体化。企业的制度在一定时间内是相对稳定的，这样可以使所有成员对企业的发展思路有较为准确的预期。制度必须相对透明，以便保证企业发展环境的公平性。制度是企业成员为企业的发展做贡献的环境。只有该环境相对合理，企业成员才能够全身心地投入自己的工作中。

⑤组织程序。程序规定了处理那些重复发生的例行问题的标准方法，实际上就是一种办事的顺序或手续。程序详细列出了完成某

种活动的相对确定的方式,这样做能够提高企业活动的效率与质量。程序是一种工作步骤,也是一种制度。企业成员在做任何事情的时候都会按照预先设定好的步骤按部就班地做,这样不但会显得运作有序,而且每个成员都要承担相应的任务。在严格的程序下,企业各个部门之间及各个成员之间可以相互监督,程序本身就具有控制的功能。

⑥具体规则。规则规定了在具体问题上允许或不允许采取的某种硬性规定。规则与制度的区别在于：前者具有自由处置权而后者则没有。规则与程序的区别在于：前者不规定时间顺序而后者则强调这一点。规则实际上也是一种计划,只不过是一种简单的计划而已,是对企业成员做某些工作的具体规定,更加微观和细致,明确规定什么可以做和什么不可以做。

⑦未来规划。规划是一种综合计划,是为实现既定方针所必需的目标、制度、程序、规则、任务分配、执行步骤、使用的资源等而制订的综合性计划。企业为了完成一系列的任务必须对企业内部各个层面进行总体协调,这种系统地思考问题并采取行动的方法即规划。就时间层面看,规划具有长远性。相对于规则而言,规划就显得并不那么具体,而且很多时候并非着眼于当前。

⑧数量预算。预算是用数字方式表示出来的预期结果的报表。从这个角度讲,预算就是数字化的规划。预算有各种类型,包括现金预算、费用预算等。预算是一种数字化的计划,该层面的计划可以帮助企业管理者详细地了解企业资金流并可以准确地把握企业所处的环境,以便为企业的发展做出正确的决策。从一定程度上讲,

预算就是控制，企业管理者在充分了解信息的基础上把握企业的发展方向，为企业发展做出科学的决策。

四、计划的程序

计划职能是管理的最基本职能，计划是行动之前的安排，但管理的环境是动态的，管理活动也是发展变化的过程。因此，计划工作应是一种连续不断的循环。科学的计划需要建立在相对完善的信息的基础上。虽然不同企业的计划会有一定的差别，但就一般意义而言，计划具有相似性。所以，任何计划工作的步骤都是相近的，概括起来，计划依次包括以下内容：准确把握机会，确定详细目标，明确实施前提，框定备选方案，评价各种方案，选择实施方案，制订派生计划，将预算数量化。

①准确把握机会。在制订计划之前首先要分析发展机会，只有充分掌握各方面的信息，才能够很好地把握机会。制订计划的过程就是把握机会的过程，这就需要企业管理者具备灵活的思维，不断发现和分析出现的新问题和新现象。判断机会在实际的计划工作开始之前就应着手进行，通过对各种主观、客观因素的估量，对将来可能出现的机会加以估计。在弄清楚各方面具体情况的基础上，进行分析、归纳，从而对企业自身所处的状况有一个比较清晰的了解，以便为日后做出科学的计划提供依据。严格来讲，既然判断机会是在计划工作开始之前进行的，那么，判断机会就不是计划工作过程的一个组成部分。但是，判断机会是计划工作的真正起点，只有在判断机会的基础上才能确定可行性的目标，才能有把握地进行其他

各方面的工作。

②确定详细目标。只有进行充分的机会判断才能够确定出合理的目标。确定目标不能空穴来风，无论是大目标还是小目标，无论是长期目标还是近期目标，都需要建立在科学的机会分析的基础上。所以，判断机会之后紧接着的工作就是确定目标，应该说这是计划工作的第一步。判断机会只是前提，准确把握了机会之后还需要确定出针对自己企业的目标，目标是具体的，而不是抽象的，这一步是在估量机会的基础上为企业确定计划工作的具体目标，即确定企业在未来发展的一定时期内所要达到的效果，通过确定明确的目标对企业行为进行约束。目标确定下来之后，就需要各个部门按部就班地执行，不能出现命令不统一的问题。这中间涉及的工作一般应该包括：将总目标细分为各个部门的分目标；将分目标落实到责任者，实行目标归口管理；对组织内部资源进行合理分配；通过完善企业制度，调动所有成员的工作积极性和潜力；在理顺各种关系的基础上进行团队建设，团队成员要做到优势互补；完善企业文化。当然，在企业目标确定的过程中需要考虑企业自身的目标不能与社会经济发展的总方向和总要求相冲突；同时，还需要了解和掌握社会动向、用户要求，还要顾及企业发展的短期目标与长期目标之间的关系，适时发现企业发展中存在的问题并及时解决这些问题。在企业目标的确定过程中，不仅要保障其可行，而且还要保证其具有一定的挑战性，让企业成员完成目标后生发成就感。

③明确实施前提。计划工作的第二步是确定前提。前提是指完成计划工作的假定条件，即执行计划时的预期环境。企业计划的制

订需要充分考虑各种主观、客观条件，任何计划的制订和实施都需要建立在一定的前提基础上。在企业发展的不同时期，内外部环境条件在不断发生变化，只有用动态的眼光审视企业存在和发展的前提，才能够保障计划的合理性。只有在一些基本条件具备的情况下，计划才能够付诸实施。所以，企业在制订计划的时候，一定要根据当前条件量力而行。当前环境是否有利于企业发展需要依靠预测完成。预测的范围应尽量广泛。当然，应该选择那些对计划工作具有关键性的、有战略意义的、对计划执行情况最有影响的因素预测。只有这样，计划工作才能够针对核心问题进行，以防"丢了西瓜捡芝麻"的现象发生。

④框定备选方案：在对各种条件进行充分估量的基础上就要拟订具有操作性的可行方案，这需要企业高层管理者拍板定夺。为了使计划实施得比较稳妥，针对一个计划往往同时有几个可供选择的方案；然后，通过各方面的分析在可供选择的方案中进行筛选；最后，从众多的方案中选择一个最好的方案付诸实施。

⑤评价各种方案。前面提到的各种方案都是在考虑各种具体情况下做出的，每个方案的特点都不尽相同，因为最后付诸实施的只有一个方案，所以，需要对现存的各种方案进行评价。按照前提和目标来权衡各种因素，以此对各个方案进行评价，为最终选择方案做好准备。方案的选择是计划的准备阶段，方案的优劣直接涉及计划完成效率的高低。

⑥选择实施方案：在对各种方案进行详细评价的基础上，发现各种方案的优点和缺点，最后选定适合企业运作的方案。企业的发

展目标不同，选择备选方案的依据也会有差异。企业选择备选方案时不可能面面俱到，要根据发展的核心业务和战略方向选择理想的方案。只要前面的评价方案的工作做得足够细致，选择实施方案就变得相对轻松了。

⑦制订派生计划。派生计划就是总计划下的分计划，分计划实际上就是各个部门需要完成的子计划。只有将总计划分解为具体的分计划才能将计划付诸施行，这些分计划是主计划的基础。只有派生计划完成了，主计划的完成才有保证。派生计划的完成质量在很大程度上决定了主计划的完成质量。

⑧将预算数量化。确定实施方案后，还需要对其进行经济核算，预算就是使计划数字化的过程。在完成上述各步骤的基础上，要将整个计划转化为数字，即预算，以确保完成计划遵循经济、高效的原则。预算是汇总各种计划的工具，预算的质量是检验整个计划工作的最后步骤，在很大程度上决定了计划的最终完成质量。

五、计划的性质

根据前文的分析，我们可以将计划的性质概括为5个方面：目的性、普遍性、经济性、创新性、前瞻性。

计划的目的性是指计划是围绕一定的目标展开的。没有目的或者目的不明确的计划就是盲目的计划。目的不明确就会使计划在实施过程中付出较大的成本。

计划的普遍性是指企业发展中各个层级的管理者都面临做计划工作，只不过不同层级的管理者制订计划的着眼点不同而已。高层级的管理者制订的计划是战略计划，中低层管理者制订的计划是战术计划或者作业计划。计划是决策的基础，没有科学而明确的计划，企业管理者就不能做出合理的决策。所以，计划的普遍性是针对企业发展过程中职能划分明确而言的。

计划的经济性是指制订计划过程中要尽量讲求成本节约，用较少的成本做更多的事情。同样一个任务在不同的计划方案中需要付出的实施成本是不一样的。

计划的创新性是指企业的发展计划不能抱残守缺、因循守旧，应该针对企业的发展环境做出创新型决策。拘泥刻板而不图创新的发展计划就会使企业总是局限在既有的框框内，不能有突破性的发展。积极创新是企业管理者的一种精神，只有具备这种精神的企业管理者才能够制订出较为合理的具有创新性的发展计划。

计划的前瞻性是指企业制订的计划必须具有一定的超前性。计划是根据以前的情况制订出来的，但这并不是要求计划着眼于过去规划现在，而是要对未来相对较长时期内的情况做出规划，以使计划在保持刚性的同时保持相对的弹性。

第三节　狐狸与鹤

狐狸与鹤是好朋友，狐狸为了表达自己对老朋友的心意，邀请鹤到家中吃饭。面对狐狸的邀请，鹤感到盛情难却，于是，就欣然答应了。

期盼已久的日子终于到了，狐狸在自家门前老远的地方去迎接鹤。狐狸说为鹤准备了香喷喷的炒饭、以精致配方熬制的汤和美酒，鹤非常高兴地说："真是我的好朋友，你所说的这些都是我最爱吃的。"

鹤到了狐狸家里后，狐狸用精致的大盘子为鹤呈上了香喷喷的汤、炒饭及美酒就离开了。诱人的香味让鹤早就垂涎欲滴了，但鹤用尽了浑身解数也很难将这些美味佳肴吃进肚中。因为鹤长了一个长长的嘴巴，长长的嘴巴在盘子上铲来铲去，汤和饭很不容易弄进嘴巴中。

过了一段时间后，狐狸回到屋中，见盘子中的美食根本没有消耗多少，就对鹤说："鹤先生，不要客气，是不是饭菜不合你的胃口？"鹤连忙说"不是"，长长的嘴巴还是在盘子上不停地忙活着，狐狸又离开了屋子。

又过了一段时间后,狐狸再次回到屋中,发现盘中的美食还是原来的样子,于是说:"鹤先生,既然你这样客气,干脆我替你吃了吧。"说着,狐狸就开始用舌头舔盘子上的食物。因为狐狸一直是用舌头舔着吃饭的,盘子这样的器皿非常适合狐狸。没过多久,狐狸就风卷残云般地将盘子中的所有美食舔得干干净净。

看着到嘴的美食没有吃上,鹤很不高兴,逐渐明白了一件事情:狐狸这分明不是请我吃饭,这个家伙真是狡猾。但是,狐狸请自己吃饭的名分已经有了,按照道理自己应该回请狐狸吃一顿饭才行。为了表达自己的谢意,鹤也邀请狐狸到自己家中吃饭,并且定好了具体的日期。

鹤回家后开始算计着请狐狸吃些什么,既然狐狸此前请自己吃饭不真诚,自己请狐狸吃饭也不能让狐狸得逞。想来想去,鹤觉得还是要在吃饭的器皿上做文章。

到了日子,狐狸如约而至,鹤将提前准备好的美酒、肉食和汤等美食都盛在了细颈瓶中,摆在了狐狸面前:"狐狸先生,这顿饭是我精心为你准备的,请慢慢用,千万不要客气。盛饭的这个瓶子也是我精心购买的,看上去是不是让人胃口大开呀?"狐狸见到这么多美食胃口大开,语无伦次地客气了几句后就凑到了细颈瓶跟前伸出舌头舔瓶子中的美食。但是,任凭狐狸怎样努力,只是能够闻到美食的味道,却根本舔不到美食。狐狸忙得团团转,虽然急得浑身是汗,但就是无处下嘴。鹤看见狐狸这样"客气",对狐狸说:"狐狸先生,我做的饭肯定是不合你的胃口吧?很抱歉呀,干脆我替你吃了吧。"说着，鹤就将长长的嘴巴伸进了瓶子中，喝一口汤，呷一口酒，吃一口肉，狐狸急得干瞪眼没有任何办法。鹤很快就将瓶子中的美食吃干喝净了。

　　狐狸以狡猾著称，请鹤吃饭并非出于本心，只是一个请饭的名目而已。狐狸特别在盛美食及美酒的器皿上做了文章，不是按照适合鹤进餐的方式选择器皿，而是按照自己的喜好选择器皿。鹤最后没有吃上饭。当然，鹤在识破天机之后对狐狸进行了"制裁"，以牙还牙地让狐狸受到了惩罚。在这样的请客吃饭故事中，狐狸与鹤都在算计对方，双方都在精心设计一个陷阱让对方跳进去，让对方受骗又无话可说，骗人的一方和被骗的一方都心知肚明。在故事中，狐狸与鹤都请对方吃了一顿饭，但美食最终都没有吃到客人的肚子中，请客吃饭都变成了骗人的把戏。故事中的狐狸和鹤如果都用适合对方使用的器皿盛美食、美酒，就会让客人心满意足地美餐一顿。

　　故事中的狐狸和鹤的计划是比较另类的，如果这样的事情发生在企业中的管理者与被管理之间，就很难有工作上的默契了。任何一方"计划"的初衷都是为了让对方钻进自己设计的圈套，双方在"合作"的过程中就会对对方严加提防。管理者由于掌握更多的信息，设计出很多让被管理者"画饼充饥"的计划，被管理者在执行管理者交代的任务的时候就会大打折扣，双方就会出现恶性的博弈。每一方都希望通过设计对方，让自己的收益达到最大，企业的战斗力由此就会被削弱。

　　"凡事预则立，不预则废"说明了计划的重要性，正因如此，计划也就成了管理的首要职能。没有好的计划,一切都将无从谈起。但是,计划是从企业的整体目标着眼的,不是以某些成员利益损失为代价而谋求另一部分成员受益最大。为了让计划足够科学和完善,计划中涉及的诸方都要表示出诚意,只有建立在诚信合作基础上的计划才能够成为充分调动企业成员积极性的计划。如果将"计划"蜕变为"算计",计划职能就会被庸俗化,企业离解体的日子也就不远了。

第四节 《三打白骨精》的启示

　　《西游记》是人们非常熟悉的文学作品之一，其鲜明的人物特点给读者留下了挥之不去的印象。在人们的印象中，唐僧只知道念经；孙悟空孤傲不逊；猪八戒好吃懒做，并且嘴巴甜得像蜜一样，经常在唐僧面前甜言蜜语；沙和尚老实、厚道。

　　《三打白骨精》这场戏对各个人物都进行了生动的刻画。孙悟空连续打死了白骨精3次变化的人物：年轻姑娘、老爷子和老太太。表面上看，一家3口全部在孙悟空的棒下成了短命鬼；但在孙悟空的眼中，打死的都是同一个妖精。孙悟空有火眼金睛，能够透过事物的现象看到本质。白骨精3次变化，想通过这种方式迷惑唐僧师徒，除了孙悟空之外，其他人都被迷惑了。孙悟空的头脑非常清醒，"保护师父"这样的天职始终深深地刻在孙悟空的头脑中，虽然在识别妖怪这个问题上与师父之间存在着信息不对称，即使师父给自己念紧箍咒，他还是要打死妖精。孙悟空虽然认为自己是在做正确的事情，但在唐僧的眼中，孙悟空打死的就是平民百姓，唐僧觉得这种不可教的徒弟简直是灭绝人性：不分青红皂白就打死了3人。

第五章 凡事预则立，不预则废——组织发展需计划先行

所以，孙悟空一定要付出代价：给孙悟空念紧箍咒让孙悟空头痛，将孙悟空赶回花果山。

孙悟空为了保护师父，3次将变化后的妖精打死，孙悟空工作很卖力气，但在唐僧眼中孙悟空根本没有做好事。被打死的妖精的家人接二连三地找上门来跟唐僧算账，唐僧感觉有些吃不消。徒弟做了错事就是师父的责任，为了严正法纪，就需要对这个桀骜不驯的徒弟进行教育。在此过程中，猪八戒也在添油加醋，站在了师父的一边。见有人支持自己，唐僧认为对孙悟空进行惩罚更加合情合理。虽然沙和尚认为这对孙悟空有些不公，但由于身份卑微，也没有表达出自己的态度。在此过程中，孙悟空与唐僧之间缺乏有效的信息沟通，两个人在白骨精这个问题上的视角是不一样的。孙悟空是在用火眼金睛看白骨精，所以，能够从万变之中看到不变。而唐僧只能用平常人的眼睛看妖精，不能对变化后的妖精辨识。唐僧并不具备孙悟空的法眼，但唐僧是管理者，手中掌握着让孙悟空服从自己的紧箍咒。如果师徒二人之间进行过有效的信息沟通，唐僧让孙悟空有陈述理由的机会，两个人之间就不会产生误会。但是，直到唐僧被白骨精抓到准备吃掉的时候，唐僧才意识到自己冤枉了孙悟空。

在事情的变化中，猪八戒和沙和尚只起到点缀作用，唐僧和孙悟空唱主角。虽然猪八戒和沙和尚不是主角，但两个人的话对于推进事情的进展是有影响的。猪八戒的作用是推波助澜，沙和尚的作用是息事宁人，猪八戒的作用相对较大。所以，事情还是向着糟糕

的方向发展。猪八戒与沙和尚侥幸能够到花果山给孙悟空报信，使得事情出现了转机。猪八戒也由最初的恶语中伤变成了哀求央告，请求孙悟空出面收拾局面，因为师徒四人中除了孙悟空之外，没有人能够与白骨精相敌。3个徒弟这时候都非常紧张，因为大家知道自己身上的责任是保护师父去西天取经，自己的角色只是"保镖"而已，核心人物应该是唐僧。没有了唐僧，也就没有了取经这个团队。唐僧虽然没有火眼金睛，也不具备徒弟们腾云驾雾的本事，但他是管理者。管理者只有与被管理者精诚合作，才能够完成"取经"这件大事情。当然，在《三打白骨精》之后，就很少看到唐僧给孙悟空念紧箍咒了。只是在《真假美猴王》的辨别中，唐僧才很不忍心地念紧箍咒，在这次念咒中，唐僧几乎是流着泪念咒语的，因为唐僧知道孙悟空不应该承受这样的痛苦，师徒二人已经实现了心灵深处的沟通。

　　分析《三打白骨精》整个故事可以知道，信息不对称是导致问题出现的重要原因。作为企业管理者，不要只知道"念经"；作为被管理者，不要在上司面前炫耀自己的才能。企业管理者在管理的过程中如果存在失误，下属应该通过巧妙的方式进行暗示，让"唐僧"意识到工作中存在的不足。这不但会让"唐僧"非常有面子，而且能够不让"唐僧""记住"自己。

　　企业管理者是企业发展的核心，但企业管理者也不能狂妄自大，像孙悟空这样的员工身上有很多方面是值得"唐僧"学习的。只有建立学习型组织，员工才能够快速进步。企业成员的团结不仅体现在力量层面，还体现在心理层面，这在工作计划（比如唐僧准备惩罚孙悟空打死"好人"这件事情）的实施上就体现为各方要充分沟通。在企业管理实践中，无论是"孙悟空"还是"唐僧"都需要认真"修炼"，从更深层次上领会"师不必贤于弟子，弟子不必不如师"的道理。

第五节　索尼内部神秘的"求人"计划

盛田昭夫是索尼公司的董事长，平时他都是到员工餐厅就餐，在就餐的过程中与下属聊聊天，了解了解公司内部存在的问题。

一次，盛田昭夫吃饭时发现一名员工很不高兴，看上去心事重重的样子，盛田昭夫于是凑上前去与其攀谈起来。

这位员工说话很直爽："我从一所名牌大学毕业后本来已经找到了不错的工作，待遇很好，但在我的心中索尼公司才是最好的。于是，我进入索尼公司准备大干一场。但是，进入索尼公司后我发现事情和我想的不一样，我做的每一件事好像都是在为科长服务，并不是在为索尼公司服务。科长对我这样事业心很强的年轻人有意压制并说我有野心。我非常失望。"

盛田昭夫听了这位年轻人的话后心情很沉重，在自己的公司中居然存在这样的事情。于是，他开始琢磨着改变人事管理制度的计划。索尼公司开始每周出版一个内部小报，在这个小报上刊登"求人广告"。"求人"的意思是：任何部门的员工都可以越过自己的直接领导到公司总部秘密地应聘，让基层的优秀员工不受直接上司的阻挠，为企业内的优秀员工创造让自己的才能得以施展的平台。盛田昭夫的这招最大程度上解决了公司内可能出现的压制人才的问题，优秀的人才能尽快地脱颖而出。"让合适的人做合适的事"是盛田昭夫"求人"计划的初衷。

就餐过程中随意的聊天让盛田昭夫感觉到了人才流失的隐患。故事中的年轻人感觉在索尼公司工作并没有实现自己的人生价值，感觉是在为某个人干活而不是为索尼公司创造价值。表面上看是一个年轻人的牢骚，但实际上是公司管理制度层面的问题。说到底，这是一个用人计划方面的问题。为了解决企业用人中存在的问题，就需要像盛田昭夫那样，创造越级选人用人的制度。让利益不相干的人参与相关人才的选用，就能尽量做到公正公平，这对于企业的整体发展是非常有利的。

很多企业都会或多或少存在上述故事中的问题，管理者需要想出妙招妥善处理。企业的发展需要人才，科学、合理地使用人才不是单纯做口头文章就能够取得成效的。企业规模逐渐变大的情况下，管理层级就会越来越多，高层管理者与基层员工之间面对面沟通的机会就会越来越少。如果中层管理者在此间还要人为地阻止信息传递，这样就更不能下情上传了。在上述故事中，盛田昭夫的做派是值得所有企业管理者效仿的。企业管理者如果是真心地将企业的发展当成头等大事来抓，就需要主动营造与基层员工沟通信息的途径。

第六节　A公司的薪酬计划让员工犯愁

一、案例简介

A公司多年来形成了比较完善的薪酬管理制度。随着公司规模的扩大，员工数量也在增加。公司领导原本以为规模扩大后业务量和绩效自然会不断上升，但令人没有想到的是：伴随着公司业务量的增长，客户投诉的数量也在增加。公司总经理认识到事态的严重性，在公司领导的集体决策下率先改变了研发人员的薪酬发放机制。员工的工作热情又被调动了起来，但这种状况并没有持续很长时间，员工的工作态度又变成了老样子。

A公司研发人员原来的薪酬发放方式是基本工资加奖金，不同部门及不同岗位员工的收入差别并不大。改变后的发放机制是：奖金发放与技术研发的成果相联系，研发人员可按照研发产品的市场销售额的一定比例提成。部分研发人员的薪酬马上有所提高，但新问题也随即产生了：研发人员为了拿到较多薪酬，只对自己研发出来的产品负责，对自己产品之外的事情不感兴趣，研发部门变成了单兵作战的局面。为了在竞争中保持有利地位，老员工不愿意与年轻员工共享经验，致使年轻员工进步很慢。公司为了谋发展，需研发较有难度的产品，但因涉及员工收入问题致使难度大的产品无人研发。因为老员工不愿共享其工作经验，新员工需要自己摸索，这不但浪费了大量时间，而且使公司重复投入大量的实验材料。A公司除了实行奖励措施外，本来还想实行一些惩罚措施，即对研发产品不适应市场的研发人员给予一定的惩罚。没想到，制度还未出台就引发了广大员工的争议。大家普遍认为，研发产品的计划是公司制订的，产品的市场风险不能由研发者承担……

二、案例分析

（一）薪酬未做动态调整

上述案例中强调，A公司多年来形成了比较完善的薪酬管理制度，这说明发展之初的A公司在管理制度方面是非常在意的。但是，随着公司规模的扩大，既有的薪酬制度已不适应新形势了，而公司还是一味沿袭老一套的管理方式。原有的薪酬制度已经不能充分调动员工的工作积极性了，顾客的投诉量日渐上升就是很好的例证。

（二）多了竞争，少了合作

"基本工资+奖金"的薪酬发放机制在很多企业盛行，其不合理性也以各种方式存在。基本工资在薪酬中占绝大比例的情况下，由于奖金对员工的总收入不具有主导作用，大家都是"论资排辈"获取收入，时间长了，基层员工的工作热情自然会降低。随后，A公司对奖金的分配方式做了变更，将研发人员研发的产品的销售情况与其本人的收入直接挂钩。当大家意识到工资总额中的绝大比例来自奖金后，就会将目光紧紧盯在奖金的分配额度上，研发人员就会在多拿奖金方面花心思。产品销售越好自然就会为研发人员带来更多的回报。这项措施在给 A 公司的发展注入更多活力的同时产生了附加问题：员工之间的竞争取代了合作。有能力的员工都想通过自身的努力获得更多的奖金。为了保持这种竞争力，优秀员工不愿意与同事分享自己的经验。这种带有利己性动机的竞争取代合作的状态使得 A 公司成长后劲乏力。

（三）新的制度只顾眼前

上述案例中述及，A 公司为了解决客户投诉量激增的问题，对研发人员的薪酬制度进行了改革，但并没有料想薪酬制度的改革会引发更多的深层次问题。薪酬制度改革虽然短时间内给员工注入了活力，但没过多长时间，员工的状态又回到了起点，这说明改革并没有产生持续的良性影响，A 公司的薪酬制度改革走入了短视的误区。

（四）责罚不当

上述案例中的研发人员对管理层的质疑是正确的，因为研发工作不属于研发人员的个人行为。虽然具体的研发工作由员工完成，但说到底这是在管理者领导之下完成的，所以，研发出来的产品如果不能适应市场不能说是研发者自身的行为造成的，管理者应该承担主要责任。如果管理者委任研发人员开展工作，被委任的工作在规定的时间内没有如期完成，这样的责任应该由研发者独自承担，这是由于研发者懒于工作或者能力不够造成的。如果产品已经研发出来而在市场环节出了问题,这样的风险自然不能由研发者承担。管理者的初衷在于通过这样的管理制度促使研发者的工作效果更好。但是,在研发者的眼中,管理者只是将自己视为完成企业任务的工具。当出现问题时,管理者又将责任全部推脱到研发者身上,不公平的感觉自然会产生。不合理的制度设计让管理者和研发者完全站在了对立面。

(五)利己动机瓦解潜力

认真研究上述案例可以发现其中存在两个利己环节:其一是有能力的优秀员工故意"隐藏"工作经验,以使自己持续有竞争力;其二是管理者将所有的风险全部推到员工身上,以体现管理者的"睿智"。前者导致员工之间的明争暗斗,后者导致员工对管理者阳奉阴违。只有这样,处于劣势的一方才能够最大限度地减少自己的损失,同时又尽量可以避免与利益相关方发生正面冲突。每名员工都在这样的环境中工作,不但压力很大,而且还要将自己的精力分出一部分时刻提防着其他人可能给自己下套。这种不健康的风气就会在公司内部散开,公司的发展就会长期沉浸在这样的阴霾中。最终的结果是好的员工不好、坏的员工更坏,公司的发展将断送在这种不健康的文化氛围中。

三、案例启示

上述案例中存在的问题很明显,所以,必须寻找办法使公司"薪平企和"。A公司应该制定相对完善的薪酬制度,并逐渐改善公司文化,让员工在健康的文化氛围中不仅为公司的发展贡献力量,也为实现自己的人生目标努力奋斗，达到公司与个人目标的双赢。

（一）"三组合"薪酬制度

上述案例中 A 公司出现的各种问题说到底均源于薪酬制度的不合理，为此，A 公司需要从根本上完善薪酬制度设计。A 公司应该实行"基本工资＋团队工资＋企业奖励"的薪酬制度，即"三组合"薪酬制度，这种由基本工资、团队工资和企业奖励 3 部分组合在一起的薪酬新模式基本可以消除基于薪酬制度不合理而产生的诸多问题。在"三组合"薪酬制度中，3 部分工资可以发挥不同的作用。

1. 基本工资。基本工资是指按照员工的工作年限和职称发放的工资部分。这部分工资不具有竞争性，如果说存在竞争，则竞争来源于职称评定，如果职称评定工作不合理，则会影响到基本工资分配的公平性。基本工资发放遵循的原则是：只要员工达到了相应的工作年限且具备相应的职称就可以拿到相应的工资。该部分工资总体水平虽然不高，但能够保障员工的基本生活。工资由公司统一发放，与年度内员工的工作业绩无直接关系，并且公司每年对基本工资做小幅度地向上调整，以便让员工感觉到个人基本收益与公司的发展状况有直接关系。

2. 团队工资。团队工资是给一个团队发放的工资，其数额按照一定期间内产品的销售额的比例提取。与上文案例中的做法不同的是，销售额的提成不是奖励给某个员工，而是奖励给做研究开发的小组的，由小组的负责人在小组内部进行二次分配。当然，如果二次分配不合理，同样会在小组内部引起纷争。为了避免此类情况的发生，需要在公司层面对团队工资的分配方式进行设计，只有制度在先、分配在后才能在最大程度上体现分配的公平性。具体分配方案可以通过小组所有成员讨论后确定，公司不加干涉，各个小组的分配方法可以有差别，根据小组的具体情况而定。

团队工资的发放方式有 3 个方面的重要意义。

①首先是增加了团队的凝聚力。

②其次是公司层面可以最大限度地分权。将分配工资的模式由公司统一分配的模式转变为小组二次分配的模式，即将工资分配权下放到小组层面，这是对管理制度的创新。这不但会增加小组的团队凝聚力，而且会使公司层面的工作容易开展。工资发放制度的创新也会最大限度地发挥激励作用，而这种激励从根本上达到了激励先进者和约束后进者的目的。通过以团队工资发放机制为契机带动公司内部一系列状况的改变，公司也达到了留住贤人、赶走闲人、提高效益的目的。

③再次是团队工资可以最大限度地克服员工层面的利己动机。团队工资使得所有团队成员都成为绑在一条线上的蚂蚱，为了获得较高的收入，团队中的每名成员都成为其他成员的监督者（在传统思维中只有管理者是监督者）；同时，因为团队工资并非总是数额固定，其数额要随团队业绩的跌涨而有相应幅度的变化，所以，优秀团队能够得到较高数额的团队工资。为了得到较高的团队工资，小组成员就需要竭力合作，包括组长在内的经验丰富的优秀员工就会主动将其宝贵经验传授给组员，组员也会尽力在最短时间内掌握这些技巧。在这种情况下，利己与利他在一定层面上达成了一致，互帮互敬、健康竞争的学习型团队由此形成。

3. 企业奖励。公司既要奖励集体也要奖励个人。公司每年度要对所有的小组（团队）进行评比，按照一定的名额限制评选出对公司发展做出突出贡献的小组。奖金同样由小组长负责在小组内分配。同时，所有得到奖励的小组和没有得到奖励的小组由小组长报送一定名额的小组成员在公司层面给予奖励，奖金直接发放到小组成员个人手中。公司应规定，曾经得到奖励的小组与没有得到奖励的小组在向公司推荐受奖励的小组成员候选人的数量上是有差别的，曾经得到团队奖励的小组长有权从本小组推荐更多的小组成员作为公司层面的受奖候选人（如图5-1所示）。

（二）公司领导问责制度

"正人先正己"是管理学中对管理者的基本要求。在上文案例中，当新产品推到市场上遇到风险时其责任全部由研发者承担自然是没有道理的。员工认为管理者应该承担主要责任甚至是全部责任是有根据的。为了让管理者精于管理，并且不能将研发项目失败的责任推卸到员工身上，A公司需要设计公司领导问责的管理制度。这样的管理制度的推出既是约束管理者，也是安抚员工。约束管理者的目的在于让管理者感觉到虽然自己在公司里面是权力最大者之一，但仍然有制度对其进行约束，当自己决策失误时仍然会受到公司相应制度的制裁。安抚员工的作用体现为：当研发工作出了问题时员工的行为可以得到公正的对待，优秀的员工可以安心跟着管理者进行研发工作，员工的任务就是发挥自身的全部潜质做好研究工作，领导是自己的坚强后盾。公司领导在工作出错时都能受到制裁的制度规定也会使员工警醒，即员工必须精于本职工作，当其懈怠

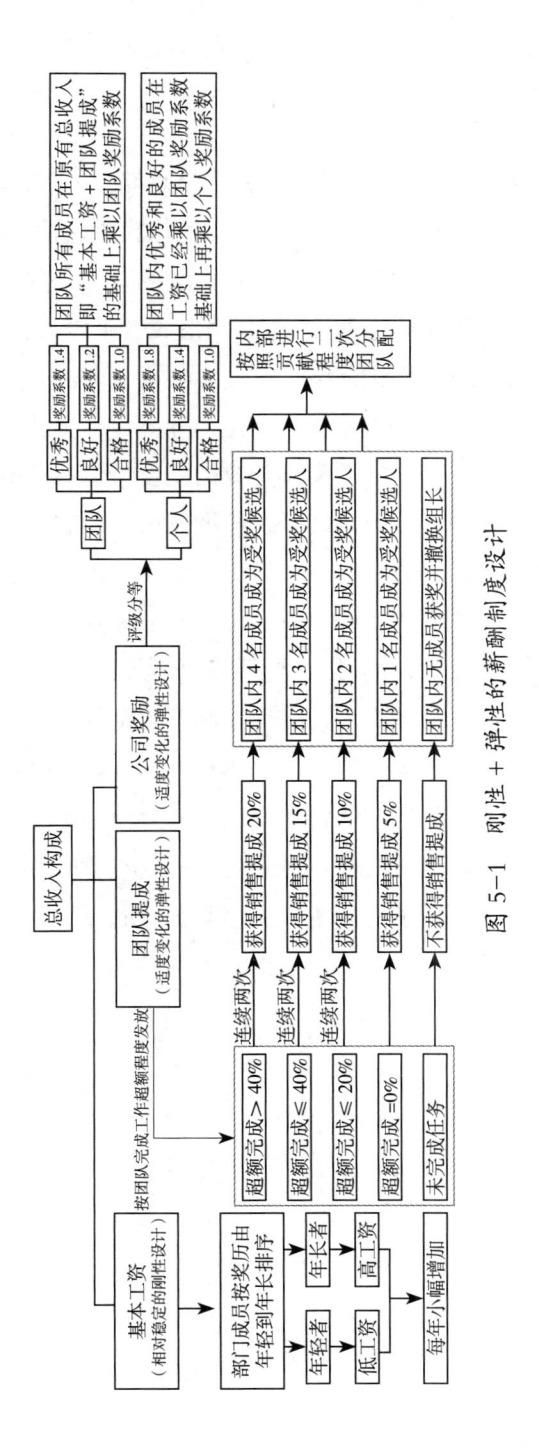

第五章 凡事预则立，不预则废——组织发展需计划先行

图 5-1 刚性+弹性的薪酬制度设计

工作而导致工作出差错时就可能受到严厉的制裁。公司领导问责的制度不能流于形式，严格的公司领导问责制度可以消灭公司内存在的另外一个利己主义，即管理者将项目失败的责任全部推卸到员工身上的利己主义。这种制度规定也是公司形成健康向上文化的开始。

（三）弹性与刚性相结合

　　上文案例中的 A 公司规模扩大，不但业务量在变化，而且公司的员工数量也在增长，一味地沿袭传统的制度（包括薪酬制度）不能再发挥原有的效率。公司制度是在长期发展中形成的，尤其是薪酬制度不能随意变动，必须保持相对稳定性，才能让所有员工有安全感。但是，薪酬工资制度的相对稳定并不意味着永久不变。为了保证公司制度的持续性，同时又要保证其合理性，就必须执行弹性与刚性相结合的制度设计。公司在硬性制度规定的基础上可以在每年年初做相应的完善，体现弹性，也体现刚性。制度设计的刚性原则可以保证公司制度的连续性，制度设计的弹性原则可以保证公司制度适度变化。每类员工的收入水平要根据变化了的薪酬制度做出相应变化，从而达到鼓励良性竞争和团队竞争的目的，强化公司发展的后劲。

第六章
众人摇桨才能开大船——做好组织发展的掌舵人

导读

第一节　管与理
第二节　理论领悟
第三节　劲朝一处使才是真正的合作
第四节　两头鸟同呼吸才能共命运
第五节　员工管理是"放养",不是"放羊"
第六节　A公司用"情感管理"拴住了员工的心

第一节　管与理

　　企业是为预期目标而存在的，因此，企业产生伊始就有其存在的价值。管理者的职责在于通过提高管理能力维持企业高效运转。规模较大的企业具有相对较为复杂的结构，因此，在运转过程中需要建立完善的组织制度。在组织结构设计层面需要正确处理管理幅度与管理层次间的关系，拥有不同驾驭能力的管理者的管理幅度存在较大差异。高层管理者需要对基层管理者的管理能力进行精准定位，在此基础上确定对其授权的程度。

　　企业的发展状况是高层管理者思维方式的再现，管理者需要处理好"管"与"理"间的关系，既要保证基层管理者有行为自主权，又要保证自己能够对基层管理者进行有效控制。管理者要通过组织制度牵住下属管理者这个"风筝"，让"风筝"既具有优美的舞姿，也要在自己的掌控中。

　　管理者需要依托完善的管理制度将企业成员凝聚成团队。管理者在企业这艘"大船"上的角色应该是"掌舵人"而不是"划桨者"，管理者不仅要把握住船的行驶方向，还要保证划桨者步调一致，确保船的行进速度。这就需要管理者的号令清晰且富有魅力。因此，企业的发展不仅是企业成员的表演，更是管理者的表演。管理者的责任在于为企业的发展组建团队，按照泰勒论及的"第一流工人原理"配置人力资源，让企业成员在完善的制度框架内做事，每个人都有"我要做"的积极性。当然，高效率的发展也需要建立在完善的组织结构设计的基础上，直线制、职能制、直线职能制、事业部制、多维立体模式、矩阵制等组织结构都有其优缺点，规模不同的企业也应选取适合自身的组织结构，确保人人有事做、事事有人做，不存在机构臃肿、人浮于事、互相扯皮、组织内耗等问题。

第二节 理论领悟

一、组织的概念

很多事情单凭一个人的能力是无法完成的，这时管理者就要考虑借助集体的力量完成预期目标。能够借助他人的能力完成自己的意愿，就能够体现管理者的才能，这种才能就是组织才能。管理者需要成立组织并将理想中的人才纳入自己的组织中。组织是为达到一定的目标而在有效分工和合作基础上形成的相关成员的集合体。组织包括静态和动态两个层面的含义，静态的组织不包括时间概念，而动态的组织则包含时间概念。

①实体组织，即静态的或者名词意义上的组织，包括明确的目标、分工与协作、权力与责任制度3层含义。该层面的组织含义是对组织运行状态的描述。

②职能组织，即动态的或者动词意义上的组织，是管理者对人、财、物等资源进行合理配置的过程，包括合理设计组织机构、适度分权与正确授权、人力资源管理、组织文化建设、正确处理组织与

环境间的关系等几个方面的内容。该层面的组织含义是对"组织应该怎样做"和"需要怎样做"等方面的问题进行的描述。

人们为了发展自己，就需要将自己置于一个组织中，借助组织中所有成员的力量，在完成组织目标的同时，组织成员的个人目标也得以实现。组织对于个人的发展和社会的发展都是非常重要的，所以，必须科学地理解组织的概念。正确理解组织的含义需要把握好以下几方面的内容：组织是由人构成的特定的功能主体，在组织的发展中会不可避免地带有人为的色彩；组织是为特定的目标而存在的，离开了特定的目标，组织也就失去了存在的意义；组织内部分层，组织内的不同层级需要履行不同层面的权力和义务；组织是一个整体，组织中的各个部门之间必须有明确的分工和相互协调的合作。

二、组织的特点

组织的目标是以较高的效率使组织迅速发展，不但要完成组织的使命，而且要达到组织中每个成员各自的目标。既然如此，组织工作一般具有如下几个特点。

①组织必须有特定的目标。组织为一定的目标而存在，没有了目标的组织也就失去了其存在的意义。组织的目标与成员的个人目标总体上是一致的。组织的目标在不同侧面反映了组织的性质及价值等内容。虽然组织在不同的发展时期会有不同的目标，但这些目标都是围绕组织的总目标进行设计的，组织的存在必须具有特定的目标。

②组织工作是一个过程。对于组织，应该从动态方面进行理解，单纯从静态方面理解组织就会产生诸多误区。所以，"组织工作是一个过程"是对于动态的组织而言的。组织者需要综合考虑组织内部的资源状况、组织内外部的环境等诸多方面因素，并且协调组织内外部环境来建立和组织结构，以达到组织预期目标。从这个动态的角度讲，组织过程一般包括以下几项基本内容：确定组织目标；分解目标，拟定分目标；组织实现目标；调整目标等。在如上的基础上形成职务说明书，规定该职务的职责和权限，并把相应的分目标分配到个人，进行目标管理。

③组织工作具有动态性。组织内外部的环境在变化，管理者对组织结构进行调整以适应各种变化，不断捕捉新问题和新情况，管理者对组织所处的环境要不断地进行观察和分析，永远也不能停下来，所以，组织工作不是一蹴而就的，需要随着环境的变化不断调整组织的工作重点以便适应组织的发展变化。在环境条件已经发生了变化的情况下，组织的工作方式没有做相应的变化，就会发生"刻舟求剑"的问题。组织工作的动态特征要求管理者具有变通的思维。

④组织工作要充分考虑非正式组织的影响。一些管理者在管理实践中只重视正式组织对组织发展的作用，这就会使其产生认识误区。正式组织中存在非正式组织，非正式组织的存在对正式组织的发展具有重要的影响。所以，组织工作必须考虑非正式组织的影响。在组织工作中找到正式组织与非正式组织的平衡点，发挥非正式组织对正式组织的影响作用，并且对之进行合理利用，就能够有效地推动组织工作的开展。

三、正式组织与非正式组织

按照不同的逻辑，组织分为正式组织和非正式组织两种类型。正式组织是在科层体系下建立起来的，具有明确的行政等级关系。正式组织是以效率为逻辑建立起来的，是为了高效实现组织目标而规定组织成员之间的职责范围和相互关系的一种结构。正式组织一般具有以下特点：正式组织是在科层体系下形成的而不是自发形成的，反映一定的管理思想和信仰，上下级之间的关系非常鲜明；有明确的目标，为组织目标的实现而有效的工作，组织成员都要围绕这样的目标工作；有明确的效率原则，组织成员为了提高效率而共同努力，为了达到某种效率，就需要建立起严格的奖惩制度；这种用强制性的及明确的规章制度来约束组织成员的行为，保证组织成员按照组织的意志做事，制度是正式组织得以建立的法宝。在正式组织中存在严格的纪律和等级关系。组织的运行是以这种严格的等级关系和纪律为前提的。组织成员要对这种纪律认真服从。成员在履行组织纪律的过程中如果打折扣就会影响组织效率。

非正式组织与正式组织的形成机制不同，是人们在共同的工作或活动中，由于抱有共同的感情、兴趣、利益追求、价值观等并以此为基础而自发形成的组织。非正式组织中不像正式组织中那样有严格的等级关系，组织成员之间关系的维系并非靠严格的制度，而是靠情感。非正式组织具有以下特点：内聚性，相同的利益使成员形成非正式组织，这些成员由于具有共同情趣、爱好及价值观，所以，其内聚性有时比正式组织更强；无利益纠葛，加入到非正式组织中的个体之间没有经济关系，所以，成员之间不会由于经济利益问题而发生钩心斗角的事情；自发性，是为了满足正式组织中部分成员的各种心理的临时需求而自发形成的；不稳定性，非正式组织由于是自发形成的，所以，如果周围环境发生变化，非正式组织就容易发生变动，甚至解体；领袖人物在非正式组织中扮演着重要角色，领袖人物完全是靠自身的威望自然形成的，具有较大的权威性，在非正式组织中能发挥核心作用。

四、组织工作的原则

在管理学发展历程中，专家、学者对组织工作的原则问题已经形成了比较丰富的思想。出色的组织工作需要坚持一些必要的原则。众多管理学家在丰富的文献中已经提出了自己的真知灼见。不同的管理学家在组织工作的原则问题上的认识并不统一。孔茨等人提出过15项原则，即目标一致原则、效率原则、管理幅度原则、分级原则、授权原则、职责的绝对性原则、权责对等原则、职能明确原则、平衡原则、检查部门和业务部门分设原则、统一指挥原则、管理层次原则、分工原则、灵活性原则、便于领导原则等。泰勒、法约尔和韦伯等人曾经提出过8项原则，即目标原则、相符原则、职责原则、阶层原则、管理幅度原则、专业化原则、协调原则、明确性原则等。一般来说，组织工作要坚持以下6项原则。

①整齐划一的指挥：只有政令统一才能够步调一致，才能够集中组织中所有成员的意志完成组织的任务。这就要求一个下级只能接受一个上级的指挥，防止多头指挥，使下属无所适从，出现龙多

不下雨的情形，不能"一仆二主"。当组织的高层管理者要求下级完成相应的工作时，如果管理者意见不统一，一定要统一后再向下发布指令，在组织机构设计和管理权限方面要遵循统一指挥原则。否则，下属即使完成的工作再出色也无法满足所有组织成员的要求。

②明确的分工协作：明确的分工协作是保证效率的关键，只有分工协作才能最大限度地提高劳动生产率，组织成员在做事的过程中彼此之间的关系也才能得以理顺。分工协作是社会化大生产的客观要求。分工是专业化的要求，协作是系统化的要求，分工与协作相辅相成，需要注意分工的合理性、纵向与横向相协调及各管理职能部门之间的紧密联系等。分工与协作是相辅相成的，协作是建立在明确、合理的分工的基础上的。

③权力与责任对等：要下属完成相应的任务就必须赋予其相应的权力，权力和义务应该是对等的，没有无权力的义务，也没有无义务的权力，在被赋予权力时就应该履行相应的义务。与此同时，权与利必须对等。否则，承担相应任务的组织成员就不会有工作积极性。权力是指在规定的职位上所具有的指挥与行事的能力，而责任则是指接受职位、职务时所应尽的义务，二者是对等的。

④适度的集权与分权相结合：集权是权力在少数人中间的集中，而分权则是高层管理者对自己下属授权而使部分权力下放的过程。合理的集权与分权是组织得以维系的重要依据之一。传统理论中非常看重集权的重要性，但随着企业规模的扩大，在现代经济中人们对分权逐渐有了正确的认识。集权和分权在现代管理中都是非常重要的。集权管理是社会化大生产保持统一性和协调性的内在要求。

企业的规模越大、技术越发达，社会化程度越高，专业分工越细，就越需要统一指挥与管理。只有这样，才能保证整个组织发展的协调和一致。这时，就显示出集权的重要威力。但是，高层管理者并没有分身术，不可能单凭自身的精力就能将企业中的所有事情处理得井井有条，所以，集权程度很高并不是一件好事情。集权程度越高，组织内部的做事弹性就会越差，整个组织就会表现得非常死板。现代管理理论认为，在强调集权的同时还要适度分权。只有集权与分权相得益彰才能推动企业很好地发展。所以，管理者需要正确处理集权与分权间的关系。当然，在强化分权的同时还要强化对分权的监督，对下放的权力进行适时的控制是非常必要的。否则，掌握了权力的下属就可能滥用权力，权力乱象的问题就会层出不穷。

⑤管理幅度恰到好处：管理幅度是指一个管理者能够直接有效管理下属的个数，是一个数量的概念。管理人员的能力强的时候，就可以控制相对更多的人数。在企业规模一定的情况下，管理幅度与管理层次之间呈现反变关系，即管理幅度越大，则管理层次越低；相反，管理幅度越小，则管理层次越高。在管理幅度增加、管理层次降低的过程中，组织结构就呈现扁平化趋势。不同组织的情况不同，需要结合具体情况考虑管理幅度与管理层次之间的关系。正确处理好管理层次与管理幅度之间的关系，既可以使组织内部的信息上传下达，又可以保证组织发展的精干、高效。

⑥目标任务原则。组织以服务一定的任务为存在前提，组织设计的目的就在于完成既定的任务。具有共同目标的成员聚拢到一起来，就是为了实现这样的目标而成为一个团队的。所以，组织中各

个职能部门的设计及组织结构的设计都要与特定的目标相结合。要因岗设人而不能因人设岗，既要避免出现由于人员配备不够而造成工作紧张的情形，又要避免因为人员配备过多而出现人浮于事的情形。

五、组织机构设计

组织功能需要在一定的组织结构下完成，组织结构设计理论就是要在该方面进行尝试，将组织发展中常见的组织结构形式进行归纳和对比。组织结构是表明组织各部分排列顺序、空间位置、聚散状态、联系方式等相互关系的模式。组织结构是组织的"框架"，"框架"是否合理和完善，在很大程度上决定着组织目标能否顺利实现。较好的组织的组织结构设计一般都是相对合理的。合理的组织结构设计不仅需要管理者考虑企业内部的情况，还要考虑企业外部的情况。由于不同组织自身的具体情况有差异，所以，在设计组织结构时需要充分考虑组织的内外部环境。一般来说，组织结构的形式有直线型组织结构、职能型组织结构、直线职能组织结构、事业部制组织结构、矩阵结构和多维立体组织结构等多种类型。

六、组织层次和管理幅度

组织层次和管理幅度是测度一个组织的两个指标。组织层次是从纵向看一个组织，管理幅度是从横向看一个组织。从静态层面看一个组织的时候，只有既从横向看又从纵向看，才能够完整地认识该组织。

（一）组织层次

管理者只有从纷繁复杂的日常事务中脱离出来，才能够集中精力做大事情。随着科技的进步和经济的增长，组织规模越来越大，管理者与被管理者的关系更加复杂。为处理这些错综复杂的关系，管理者往往需要花费大量的时间与精力，因而会延误企业诸多重大事情的处理。由于每个管理者的能力、精力与时间是十分有限的，为更加有效地领导下属和将主要精力放在诸多重大事项上，就必须在探索有效地管理下属的方法上下功夫。由于管理者的精力和能力是有限的，所以，一个管理者管理下属的人数是有限的，能力高的管理者管理的人数可以适当多一些，能力低的管理者管理的人数适当要少一些。当直接管理的下属人数超过某个限度时，就必须增加一个管理层次，用这种方式可以有效地减少管理者直接面对下属的次数，上级通过对下属授权，委派工作给下一级主管人员从而减轻上层主管人员的负担。这样，每一层级的管理者的工作相对地会比较轻松。在这样的分层管理的思路下就逐渐形成了有层次的组织结构。

组织层次的科学划分对于组织的发展比较重要，合理把握组织层次的数量是非常重要的管理艺术。越来越多的管理者认识到层次的划分是非常关键的问题，层次不能划分得太多，也不能太少，太多和太少都会影响企业的高效发展。组织层次太多不但会造成较大的管理成本，而且在上下级之间进行信息沟通的过程中会造成信息失真。一般而言，规模较大的企业的组织层次应该多些；相反，规模较小的企业的层次应该少些。管理层次分为上、中、下3层，每个层次都应有明确的分工。上层也称最高经营管理层或战略决策层，其主要职能是从整体利益出发，对组织实行统一指挥和综合管理并确定组织目标和大政方针，该层的主要职能就是制定制度并发号施令。中层也称为经营管理层，其主要职能是为达到组织的目标，为各职能部门确定具体的管理目标，拟订和选择计划的实施方案、步骤和程序，评价生产经营成果和实施纠正偏离目标的措施等。该层起着承上启下的作用，即连接着高层与下层。下层也称为执行管理层或操作层，下层亦被称为基层管理层，其主要职能是按照规定的计划和程序，协调基层组织的各项工作和实施计划。该层的主要作用是实施中高层管理者的命令。

　　组织层次的划分不是拍脑门就能够完成的。在确定组织层次时应该考虑诸多因素。因为在既定的组织规模下，管理层次与管理幅度成反比。根据组织的实际情况可以在扁平结构和直式结构中做出选择。扁平结构是指管理层次少而管理幅度大的结构，直式结构则相反。两种结构有各自的优缺点。扁平结构有利于使上下级之间的关系更加密切，信息纵向流动快，管理费用低，被管理者有较大的自由性和创造性，因而有满足感，同时也有利于选择和培训下属人员，但不能严密地监督下级，上下级协调较差；同级间相互沟通联络困难。直式结构具有管理严密、分工细致明确、上下级易于协调的特点，但层次增多带来的问题也增多：管理人员之间的协调工作急剧增加，互相扯皮的事不断发生；管理费用增加；上下级的意见沟通和交流受阻；上层对下层的控制变得困难；管理严重影响了基层人员的积极性与创造性。一般来讲，为了便管理更有效，应尽可能地减少管理层次。扁平结构与直式结构是相对而言的，有些扁平结构的企业由于规模庞大，其层级数量可能比其他的直式结构的企业还要多。相反，某些直式结构的企业，由于组织规模较小，其层级数量可能比扁平结构的企业的层级数量还要少。

（二）管理幅度

管理幅度是测度组织发展状况的另外一个方面。管理幅度也称为管理宽度，是指主管人员有效地监督、管理其直接下属的人数。一般认为高层管理人员的管理幅度通常以 4～8 人为宜。管理幅度与管理层次是一对双胞胎。不同能力的管理人员的管理幅度有一定的差异，随着管理者自身能力的变化，其管理幅度也在发生变化。所以，管理幅度并不是一成不变的。在现代企业管理中，人们越来越重视研究管理幅度的重要作用。确定管理幅度应该因地制宜，不能一概而论。在确定管理幅度时需要充分考虑影响管理幅度的因素，一般认为影响管理幅度的主要因素有 5 个。

①工作类别。如果管理者的管理工作虽然较多，但很类似或者相同，则管理幅度可以适当放宽。因为相同或者类似的工作处理起来相对比较简单，所以，管理者可以将有限的管理精力放在更多的下属身上。相反，若管理工作各不相同，这时的管理幅度放宽会消耗管理者的大量精力，相应的管理幅度应该适当减小。

②主管人员与其下属双方的能力。管理者的能力强则管理幅度可增大，能力弱则管理幅度宜适当缩小。管理者能力的强弱需要以其先前的管理业绩做出判断。

③组织沟通状况。下属人员相互沟通比较容易或采用有效的控

制技术，对下属考核的制度较健全，则管理幅度可加大。相反，若在该方面无确定把握，则应适当减小管理幅度。

④授权的程度。适当的授权可减少主管的监督时间和精力，可增大管理幅度。权责划分明确，也可增大管理幅度。在授权的情况下可以加大下属做事的积极性，管理者就可以在下属身上少花一些心思。

⑤面对问题的种类。问题是复杂的、较困难的或涉及方向性战略时，则管理幅度不宜过大。因为这样的问题涉及企业的长远发展，所以，做事一定要慎重，管理幅度不宜过宽。

人们在长期的研究中，根据经验判断出合理的管理幅度的计算公式，这就是丘纳斯公式。法国管理顾问格拉丘纳斯在一篇论文中分析了上下级关系后提出一个数学模型，用来计算任何管理幅度下可能存在的人际关系数。该公式表示为：$C=N[2^{N-1}+(N-1)]$。其中，C 表示关系数，N 表示下属人数。该理论区分了3种类型的上下级关系：直接的单一的关系、直接的多数关系和交叉关系。根据该公式可以知道，当管理幅度以算术级数增加时，主管人员和下属间可能存在的相互关系将以几何级数增加。按照这样的逻辑，上下级相互关系的数量和频数减少，就能相应以更大的速度减小管理幅度。管理幅度的合适宽度一般应为4~6人。这个数字只是一个经验数字，可以作为参考。

七、集权、分权与授权

很多管理学科都对权力问题有所论述。"权力"通常被描述为

第六章 众人摇桨才能开大船——做好组织发展的掌舵人

组织中人与人之间的一种关系，是管理者影响别人的能力，这种具有影响力的权力主要包括3种类型：专长权、个人影响权与制度权。专长权是指管理者具备某种专门知识或技能而产生影响力，进而拥有的权力；个人影响权是因管理者的个人品质、社会背景等因素而具备赢得别人的尊重与服务的能力而具有的权力；制度权是由管理者在组织中的地位所决定的影响力而具备的权力。制度权与组织中的管理职位有关。制度权只赋予某个职位的管理人员向直接下属发布命令的权力。

集权、分权与授权是3个紧密联系的概念。集权是指决策权在企业高层管理者中的一定程度的集中。分权则是指决策权在组织系统中较低层次的管理者中的一定程度的分散。集权意味着授权程度较小，分权意味着授权程度较大，分权是以授权为前提的。

在组织的发展中，绝对的集权和绝对的分权都是不可能的。绝对的集权意味着管理者没有下属，这是绝对的官僚主义管理风格。绝对的分权意味着管理者不具有任何权力，这会造成"群龙无首"的弊端。这两种极端风格都是不可取的。组织的不同部门拥有权力范围的不同会导致部门间、不同管理者间及部门与下属间的关系不同。设计一个集权或分权的组织，需要解决的第一个问题是界定权力的含义。

管理者都希望得到下属的尊重，但没有了权力后，管理者的这种愿望就无从实现，所以，组织中具有集权的倾向。除了这方面的原因外，还有下面所述的多种因素促使组织倾向于集权。

①组织的发展历史。如果组织在自身较小规模的基础上通过滚

雪球的方式逐渐发展起来，发展过程中亦无其他组织的加入，那么，集权倾向可能更为明显。组织的高层管理者在组织成长过程中一直喜欢发号施令，在组织的成长的过程中决策者对决策权的使用可能成为习惯，管理者喜欢控制别人的感觉。一旦失去这些权力，管理者便可能产生失去了对"自己的组织"的控制的感觉。组织规模虽然不断在扩大，也非常需要适当下放一些权力，但最高主管或最高管理层仍然愿意保留着不应集中的大部分权力。围在管理者身边的只有为数不多的表面上有权力但实际上只是核心管理者的"跟班"的人。

②制度统一与行政效率。高度集权意味着能够保证高效率。集权至少可以带来两个方面的好处：保证组织总体制度的统一性；保证决策执行的速度。这两点也是管理者非常看重的。失去了对权力的控制，接踵而来的可能就是效率被削弱。

③领导者的个性。管理者的个人品行不同也会在集权多一点还是分权多一点方面有所表现。权力是地位的象征，权力的运用可以证实其使用者在组织中的地位。集中控制权力则是保证个人意志绝对被服从的先决条件。权力集中可以彰显领导者个人的威严。

虽然权力欲是一种正常现象，并且因此造成了权力集中的倾向，但权力过分集中并不是好事，越来越多的管理学者通过大量案例证实权力过分集中至少可以造成以下几方面的问题。

①降低决策质量。大规模的企业的高层领导与基层部门之间存在很大的行政距离，基层发生的问题经过层层请示汇报后再做决策，会影响决策的及时性和准确性。

②降低组织适应能力。组织规模越大，组织的内部联系就会越

复杂。过度集权的组织会使组织内各个部门失去自我适应和调整的能力，进而削弱组织的应变能力。为此，组织在发展中应该适度分权，在集权多一点还是分权多一点的问题上需要考虑影响集权和分权的多种因素：决策的代价过高应该考虑集权；若希望保持制度的一致性较强则可以加强集权；若组织规模较大且考虑管理层次和管理部门多些则应该强化集权；若组织是靠自我积累的方式成长起来的则应该强化集权；若管理者人数相对充足则可以适当分权；在一些不十分重要的问题的决策上要适度分权；在组织的发展规模已经较大时要适当分权；在组织的机构建制相对比较完善时要适当分权。另外，领导者自身的管理哲学也会在集权还是分权上有影响。

　　前文非常详细地论述了集权和分权问题，但无论是集权还是分权，都与授权相联系。授权是分权的基础，授权是指管理者将分内的某些工作托付给下属（或他人）代为履行，并授予被托付人完成工作所必要的权力。授权要以权责清晰为前提，对下放的权力进行必要的监督是非常正常的。授权的基本含义为：分派任务、委任权力、明确任务。授权不是将职权放弃或让渡，在必要时可以将授出的职权收回而后重新授出。在授权过程中要坚持如下原则：重要原则，使下属的工作积极性增强；明确责任原则，即明确授权的责任、目标及权力的范围；适度原则，即授给下属的权力刚好能使下属完成任务；不可越级授权，即高层管理者不能把中层管理者的权力直接授予下级。

第三节　劲朝一处使才是真正的合作

　　曾经有这样一幅漫画，漫画上兔子、天鹅、螃蟹、狗鱼和虾等几种动物共同用力拉一辆车，作者用非常诙谐和夸张的笔法表明了"只有劲朝一处使才是真正的合作"的道理。漫画中的各种动物在拉车的过程中都非常用力，但用力的方向都不相同。天鹅用力向天上飞，那意思好像要将车拉到天上去。螃蟹用力将车向一旁拉，螃蟹用力越大，车就会离正确的方向越远。虾拉车很卖力气，但与车行进方向相反，虾拉车的力气越大，车子的速度就会越发缓慢。狗鱼拉车也很卖力气，但用力的方向也不对，由于狗鱼是在水中生活的，所以，它总想将车拉进水中。由于狗鱼的力气较大，所以，有几次它险些将车弄翻。在所有的动物中，兔子拉车的方法是最正确的，它一直在用力向前拉车。但是，由于兔子的力气很小，还不时地一蹦一跳的，所以，车还是没有向前走的迹象。兔子拉车的样子好像是在玩耍。这幅漫画看上去非常滑稽可笑，但在大笑之余也能够引发思考。漫画用墨很节省，画外音却非常丰富。

第六章 众人摇桨才能开大船——做好组织发展的掌舵人

漫画中的几种动物拉车实际上就形象地比喻了员工带动企业发展的情形。企业就是一辆车，这辆车能不能动及动得快慢完全取决于拉车的员工。只有企业成员齐心协力，才能够将企业这辆车驱动，并且使之在正确的轨道上奔驰。漫画中的各种动物都在用力拉车，结果车却没有动起来，关键是这些动物"心不齐"。动物们只知道拉车，并不知道怎样拉车，以致很多动物在拉车的过程中虽然很用力，但实际上是帮了倒忙。所有这些动物中，狗鱼的力气最大，如果狗鱼不将车向水中拉，说不定车就会动起来。如果仔细观察一下漫画，就会发现一个大问题：漫画中缺少了赶车的人。这个人是很重要的。在人们的印象中，赶车的人要拿着一根鞭子，口中要不断地喊着"嘚、驾、喔、吁"等，这几个口令分别表示"起步走""加速走""要转弯""赶紧停"等意思，赶车的人通过这样的口令与拉车的动物进行沟通。

赶车的人的作用是很重要的，他在车行进过程中担任着组织者的角色，通过"嘚、驾、喔、吁"的口令、声音的急缓高轻及不断抽鞭子等方式让拉车的动物们保持步调一致。车上没有赶车人，就无人对动物们的行为进行协调，拉车的动物各自为政，按照自己的想法做事情。由于动物们之间的信息不对称，努力的方向与车的行驶方向往往并不一致，并且还会出现矛盾，一种动物的努力程度越高，越会对其他动物的努力程度形成负面影响。这说明，没有了组织者，组织就没有了方向。组织成员即使有再高的"武艺"，也是英雄无用武之地。有了组织者之后，负责任的组织者就会通过口令及鞭子对组织成员的行为进行适当控制，保证车行进的方向。

任何一个组织的发展都不能缺少了组织者。组织者所指，组织成员之所向。组织者兼有监督员、指挥员、协调员等多种角色，有了组织者，组织的资源就能够产生聚合、整合的作用。每一辆"车"都需要配备一个能力较好的组织者，要求这个组织者能够坐得稳、眼睛好使、拿得住鞭子、对拉车的组织成员赏罚分明。组织发展中失去了组织者就会群龙无首，即使有能力做事的人也会像无头苍蝇一样。每个人都觉得自己做得对，但对组织的发展并没有发挥好的作用。一个组织就像一个乐队，组织者就是乐队的指挥。组织的发展过程就是在组织者的指挥下，集众人之力完成一个绝妙的乐章。在演奏的过程中不需要突出个人，只有每个人都很好地与他人进行配合，才能成就完美的乐章。在组织者的安排下，组织中人尽其才、物尽其用，大材大用，小材小用。没有张扬，只有合作。组织者找到了指挥的感觉，组织成员也体会到了智慧的妙处。

第四节 两头鸟同呼吸才能共命运

  传说有一只长了两个头的鸟，同伴们都因为它长得特别对它格外关注，大家都叫它两头鸟。伙伴们非常喜欢观看两头鸟如何吃饭、如何睡觉等。它们发现两头鸟很有意思，在做任何事情之前，两个头都要精心讨论一番，然后才能做出最后结论。两头鸟吃饭的时候，这个头吃一口，另外一个头吃一口，两个头都要尝一尝。两个头的饥饿感几乎是一样的，当一个头说"吃饱了"的时候，另外一个头也就不会再进食了。两头鸟飞翔的时候，一个头看着左边，另外一个头看着右边，这样保障了飞翔安全。两个头相依为命，互敬互爱，从来没有发生过矛盾。因为两个头共同使用一个身躯、一对翅膀、一双腿，如果意见不一致，全身就会出现"魂不附体"的问题，腿、身躯和翅膀都不知道如何动才对。

  这天，两头鸟的两个头发生了误会，闹得不可开交。这次矛盾让两头鸟的两个头积怨很深，两个头在食物问题上产生了分歧。一个头认为应该多吃些健康的食物，以便增强体质；但另一个头坚持吃毒草，认为这样可以将对方毒死，另一个头这样做的过程中，虽然会对对方造成伤害，但对自己也是非常不利的。最后，两头鸟终于因为吃了过多的毒草而死去了。

也许两头鸟现在并不是传说了，人们会偶尔看到很多两头的动物，包括双头龟、双头羊、双头蛇、双头猪、双头猫、双头蛙、双头鸡等，这样的动物一般都被认为存在生理上的畸形。当然，上文故事中所说的事情也纯属子虚乌有的事情，但两头鸟身上发生的故事值得企业管理者深思。两头鸟虽然是两个头，但只有一个身躯，只有两个头的行动达成一致，才能做正确的事情而不会发生错误。虽然只有一个身躯，两个头却能独立思考，其中的一个头不能左右另外一个头的思想。两个头是系在一条绳上的"蚂蚱"，任何一个头做出的决策都会影响另外一个头的存在，所以，两个头"一荣俱荣，一损俱损"。两个头都是身躯的主人，让这个身躯干什么不能单独由某个头说了算，而应该是两个头协商的结果。

故事中两头鸟的两个头由于有分歧，最后的结果是一个头吃健康食物，另外一个头吃毒草，导致两头鸟毙命。一个企业里往往有多个领导，这些"头"共同组成企业的灵魂。在企业发展轨迹这个问题上，每个"头"都会有自己的见解，在意见不一致的情况下可能会发生争执，如果某些"头"独断专行，就可能将企业引向不归路。引领企业发展的"头"之间更多的应该是合作，而不应该是争执，争执多了就会弱化合作的意愿。"吃毒草"的"头"虽然让自己出了气，但也会给吃健康粮食的"头"带来厄运。没有了两个头同时赖以依托的唯一的身躯，两个头都会荡然无存。"头"虽然有自己的思想，但"头"的思想应该受到约束。也就是说，"头"的欲望必须以身躯的健康发展这个大局为重，因为一个"头"的利益受到损失，另外一个"头"的利益也会受到损失。虽然"头"都有自己的思想，能够进行独立思考，但应该认识到所有思想最终能否付诸实施，需要"头"与"头"之间进行磨合。"头"与"头"之间不能争强好胜，也不能龙多不下雨。

任何一个企业都存在"头"，"头"是企业的灵魂，为企业的发展撑篙把舵，但"头"必须拧成一股绳才能够让企业这艘大船在航行中抗击风浪。所以，企业中"头"的整合就是很重要的一门学问。"头"一定要有倾听的品质，要能够听进去别人提出的合理化建议，而不能一意孤行、妄自尊大，善于集思广益和察纳雅言的管理者就不会像故事中的头那样做。说服他人是一门艺术，别人对自己的观点加以否定也很正常。但是，关键是在沟通的过程中要动之以情、晓之以理。做管理工作不仅要靠严格的制度，而且需要柔情。让他人接受自己的主张往往是一件比较困难的事情，但一定要用非常巧妙的办法将对方说服。

第五节　员工管理是"放养",不是"放羊"

一、案例简介

　　M公司是一家非常注重培养人才的企业。在发展的过程中,M公司越来越意识到人才的重要性,它们不但能吸引外面的人才进来,而且能保证企业内部的人才不流失,这在管理实践中是比较难以做到的事情。

　　优厚的待遇是M公司吸引人才的主要法宝,为了加快公司的发展速度并让年轻有为的员工勇挑重担,公司安排具有挑战性的工作让年轻有为的员工承担,员工也非常愿意把握住这样的机会。

　　管理者还发现,许多员工追求的不仅是高报酬,而且还有事业的成功,单纯依靠高薪是不行的。为了迎合这部分员工的要求,M公司将管理的重点放在了刚刚毕业的大学生以及具有丰富工作经验的员工身上。事实表明,这些员工勇于探索的精神在公司的发展中发挥了非常好的作用。

　　M公司知道光靠员工个人的单打独斗并不能使企业保持持久的

成长。为此，公司在注重培养员工个人能力的同时，也不忘记团队作业的作用，注重团队建设是 M 公司的另外一个用人特点。M 公司特别注重员工在重大项目上的集体协作精神，集体协同作业不仅可以使员工之间的配合更加默契，而且可以更好地突出具有管理才能的优秀员工。在长期的团队作业中，员工之间建立了更加深厚的友谊，员工的归属感得到强化。

为了能够让优秀的员工不流失，M 公司在工作环境的设置上特别强调人性化。高层管理者知道，人性化的管理环境不仅体现在宏观层面，微观层面做周到更会见成效。逢年过节时，即使总经理在外出差也不会忘记为自己的员工送上一句温暖的祝福。在员工过生日的时候，总会收到总经理亲手为员工设计的贺卡，当饱含浓浓情谊的贺卡放到员工的手上时，员工感到无比的温暖。员工生病休息期间，总经理也要亲自到病床前看望。员工结婚生子时，总经理也会到场祝贺。每名员工在 M 公司都得到了领导的尊重，体会到公司对自己的照顾。严格的制度及浓浓的人情味使后进的员工能够积极上进，先进的员工能够在公司的发展中充分发挥领跑作用。为了稳定员工队伍，M 公司全部承担员工的社会保险和医疗费用，并且想办法保障员工在进公司 4 年后就有自己的住房。员工既能安家，又能乐业，企业的发展速度更快了。

二、案例分析

（一）辨证施治

马斯洛的需要层次理论和赫茨伯格的双因素理论都特别强调了

一个共同的问题，即对员工的激励应该分层。在上文案例中，M公司针对不同的员工，实施不同的管理策略。年轻的员工刚刚走上工作岗位，最大的财富就是年轻和旺盛的学习精力，这些员工不怕吃苦，就怕没有成长的环境。在这种情况下，企业的责任就在于通过设计相对合理的制度，让这些员工有用武之地，使员工不但可以通过努力改变自己的收入状况，而且可以通过事业的成功在同事中间得到更多的尊重。员工的个人目标实现的过程也是企业目标实现的过程。年轻有为的员工通过努力奋斗实现了个人目标与企业目标的双赢。

M公司将制度设计的对象针对年轻人，也表示了公司在经营管理中的辨证施治思想。双因素理论和需要层次理论都认为，只有员工的低层次需要得到满足时，其较高层次的需要才能够被重视起来，所以，对员工的激励也应该分层进行。在企业发展的目标框架下设计出员工的奋斗轨迹，使员工的个人成长与公司的发展目标相吻合。这样的激励制度才能够达到预期的目的。

（二）侠骨中体现柔情

上文案例中的总经理非常重视企业管理中的感情因素。管理企业需要严格的制度，以此对所有员工（包括管理者）的行为进行约束，但完全忽视感情因素就会使所有的管理者演变为"铁面判官"，以至在管理者与被管理者之间建立起屏障。在这个屏障下面的员工变成了公司制度框架下的劳动工具，管理者变得高高在上。员工与管理者之间的鸿沟使员工觉得管理者离自己非常遥远。M公司的总经理用体贴入微的关怀展示企业对员工的"爱"。侠骨中见柔情的管理思想在员工中间能产生很好的反响。总经理的这种管理思路实际上就是一种暗示,员工A体会到的"爱"B员工同样也可以体会到。虽然不同员工对总经理的行为认识不统一,甚至有些人会认为总经理是在"作秀",但只要总经理将这种"作秀"一直进行下去,并且通过一种制度延续下去,让所有的员工看到总经理对他们的关怀是始终如一的,员工会从中得到更多的感悟并受到感染,特别是亲身经受过公司给自己带来温暖的员工的感触与其他员工的心情会存在很大的差别。按照传统的管理理论,企业的高层管理者需要关注公司的重大事务,只有这样,才能把握公司的发展方向。所以,很多人认为公司的高层领导只是处理重大事情的管理者,对于一些微观的事情"置若罔闻"。上述案例中的总经理做到了在宏观中重视微观,总经理的这种行为会在很大程度上促进其管理制度的制定和执行。能够用小笔写大字的管理者才能够称得上是管理中的"精英"。

(三)先盖"庙"后念"经"

"庙"就是员工的基本生活条件,"经"就是员工的奋斗和创新。"先盖庙,后念经"的管理思路可以让员工安身立命。在上述案例中,为了稳定员工队伍,M公司就从很多方面做文章:解决员工的养老、医疗、住房等问题。M公司的总经理非常明白,只有员工的基本生存问题解决了才会下定决心长期留在公司工作。要想让员工念好"经",就需要先把"庙"盖好。如果企业在各方面都为员工考虑得非常周到,员工就会感觉在企业中发展有奔头。M公司的这种管理思路也非常符合前文谈及的需要层次理论,"庙"是员工在企业中积极工作和求得个人发展的基本条件,只有"庙"稳定了，其他的事情才能够谈起。按照赫茨伯格的理论，这些方面均属于保健因素。在人们的日常生活中，这些保健因素是非常重要的。很多事情表面上看人们追求的是激励因素，但只有激励因素能够转化为保健因素后才具有激励作用。

（四）单打独斗中见团队作战

现代企业管理非常强调团队作业，上述案例中 M 公司总经理的原则是：在鼓励个人才能充分展现的同时强调团队协同。鼓励个人才能的充分发挥是从人性的角度而言的，人们在工作和生活中总是希望自己表现得比其他人更加优秀。突出个人就是强调个体的尊严，管理者为此应让才能非常突出的个人有充分展现的机会。但是，企业的发展终究还需要员工集体的力量，所以，在提倡员工发挥个人才能的同时，还要强调员工之间的协作精神。在企业发展中，优秀的员工能在团队中起到表率作用，但单个优秀员工的力量无论如何也无法超越员工群体的能量，所以，充分发挥个体优秀员工的优势并在员工中起到好的示范作用，带动全体员工群体协同作战才是正确的思路。

三、案例启示

（一）管理者需"管""理"并施

一般认为管理者的责任重在"管"，但上述案例的启示是管理者的责任在于"管""理"并施，"管"和"理"必须同时兼顾，才能达到管理的功效。"理"的目的在于"管"。"管"是基于强制和约束，让员工被动服从，有时候虽然员工表面上服从，但内心并不服从,这时候的管理实质没什么效率可言。"理"是强调从内心出发,主张员工发自内心的服从,管理者主要采取的是诱导方式。上述案例中的 M 公司刚柔并济的管理方式无非就是为了达到一个目的,即让员工更加理解并积极配合管理者的工作。

在日常管理实践中,经常会发现管理者在员工面前总是高高在上,拒员工于三千里之外,员工对管理者只是惧怕而不是服从。管理者为了达到管理的目的,需要对员工实施刚柔相济的管理策略,这就是管理的艺术。上述案例中的 M 公司总经理通过对员工的嘘寒问暖取得了员工的信任,并在员工中间有了威信,这就是管理学家韦伯谈及的"理性—合法"权力。这种权力的获得是员工赋予的,而不是通过行政任命的方式得到的。

(二)企业发展重在文化建设

一般而言,企业文化主要体现在宏观层面,但微观层面更能体现企业文化。企业文化是企业发展的魂,员工以及不同层次的管理者都在通过自己的一个眼神、一句话或一个动作展现着企业文化。上述案例中的 M 公司总经理就是身体力行地在企业内部营造一种充满人情味的文化氛围。企业文化的受益者不仅是员工,还有管理者。企业文化形成的过程中其实还包括"遗传因素",在任的管理者会影响后继的管理者。管理者和员工在这种文化的影响下由被动地接受转变为习惯动作。

(三)"放养"不等于"放羊"

在上述案例中,M 公司的管理思路是给员工创造相对宽松的竞争环境。总经理在公司中宽以待人、体贴员工,为员工提供勇挑重担的机会，提高团队的凝聚力。这些细致入微的工作都由总经理亲自完成无疑会加大其工作量，但他还是不落下任何一个细节，这是管理者对自己严格要求的结果。在严格制度的基础上对员工充分授权，让员工放开胆子做自己应该做的事情。正像前文谈及的对员工刚柔相济的管理方法一样，M公司总经理的这种管理措施并不意味着对员工"放羊"，而是"放养"。"放养"的目标是为了让员工借助宽松的管理环境，通过良性竞争和广泛协作让员工更好发挥个人才能并为企业做更多贡献。所以，"放养"的前提是在企业预定的框架内做事，使自己得以提高的同时也使企业的目标得到不同程度的实现。"放羊"则是另外一种意义上的管理方式，管理者对员工不加丝毫的管束，员工按照自己的设想去做事。在"放羊"的管理模式下，管理者没有了权威和尊严，企业也会如同一盘散沙，这是一种极端的管理方式。

第六节　A公司用"情感管理"拴住了员工的心

一、案例简介

A公司在长期的发展中,总经理M尽力通过各种方式在全体员工中创造以情感为依托的企业文化。在这种文化氛围影响下,公司管理层和普通员工都做到了爱公司如家。为了拉近管理层与普通员工之间的关系,M想出了很多高招。

①充满大家庭气氛的"自由讨论"。A公司规定:每年至少要举办一次"自由讨论",普通员工与管理者在和谐的氛围中畅所欲言,谈问题、谈发展,大家相互尊重且相互信赖,公司存在的很多问题被提前发现,为公司管理减少了不少麻烦。

②员工的小事就是大事。一次,员工小王发现自己当月的工资无端少了50元,这是小王应得的加班费,小王向其主管领导反映了此事,但主管领导没有进行解决。小王将此事反映给了M,M

立即让相应部门妥善解决该问题。两天后，小王拿到了自己应得的加班费。M利用小王未领到加班费这件事情大做文章，在公开场合向小王道歉，并且提高了"为公司做出突出贡献而没有得到相应待遇"的员工的工资。这件事在业内引起了不小的轰动。50元的加班费虽然数额不大，但M的处理方式不仅体现了企业对待员工是否公正，而且会影响到更多存在同样问题的员工。

③听取逆耳忠言。M非常注重听取脾气暴躁的员工的牢骚。M认为这些员工虽然说话不讲方式，但句句在理，往往是一语中的，这些员工的话会引导M发现潜在的问题并探索解决对策。经过多年来连续不断的坚持，M发现发牢骚的员工越来越少了，员工原来发牢骚面对的是大事，现在则面对的是小事了。"情感管理"在公司取得了很好的效果。M始终坚持的真理是：企业是员工的依靠。员工没有受到企业的公正对待，自然会对企业失去信任。公司的制度是对所有人的约束，但当公司的制度出问题时应该及时修正，这是所有员工的愿望。

④"情感管理"不是面子工程。M深知情感管理并不是一味地偏袒员工。人际关系不能过密或者过疏，否则，容易形成非正式组织并对组织的发展起到负面影响。为此，M主张人际关系应该保持适度距离。例如，M从不接受同事到家中做客的邀请。但是，当员工或其家属生病时，M会在第一时间去看望。

⑤以人为本的人事管理。在人事调配上，A公司以前都是由企业单方面评价员工的能力和水平，这在一定程度上使部分员工的才能受到了压抑。为此，M打算反其道而行之，由员工自行判断其品

格和能力，公司还会为其提供理想的工作场所，这种"民主化"的人事管理在公司内外引起了轰动。这种制度不但提高了员工们的工作积极性，而且节约了运行成本，节约的成本都作为员工们的奖金发放了，员工的工作积极性更高了。

二、案例分析

（一）"刺猬法则"与适度距离

刺猬们都害怕被彼此的刺所伤，在反复聚散过程中会找到一个适中的距离，在这个距离内，每个刺猬可以相互取暖又不至于被彼此刺伤。这种现象后来延伸到管理学中，被称为"刺猬法则"。"刺猬法则"中的适度距离实际上就是一个组织内人际交往的"心理距离"。企业管理者的责任就在于让员工保持适当距离的同时维护好企业的利益，在员工之间、员工与管理者之间形成"亲密有间"的关系。"亲密有间"可以使管理者与下属保持适当的心理距离。优秀的领导者要做到"疏者密之，密者疏之"。上述案例中的M非常注重这方面的关系处理，个人之间的关系太近会导致非正式组织的出现，进而会对正式组织的发展起到这样或者那样的阻碍作用。M为了做好这方面的事情，自己以身作则，他不到同事家中做客，同时也不邀请同事到自己的家中，避免因个人交往影响正常工作。M采用情感因素在员工与管理者之间建立起沟通的桥梁，同时又约束自己在这方面不能做得过火，这需要巧妙地运用管理艺术把握火候，这中间显示了管理者的聪明才智。矛盾产生于距离，情感也产生于距离，把握恰当的距离，处理好员工与管理者之间的关系及不同员工之间的关系，值得任何一个管理者琢磨。

（二）情感管理是人心工程

上述案例中的 M 确实将情感管理做到了实处。为了与员工进行心灵的沟通，M 对员工及其家人进行着无微不至的关怀。M 对员工的体贴不是停留在表面上，而是从关系到员工的小事情开始做起。相比 M 的做法，现实中很多管理者总是喜欢把对员工的关心挂在嘴边上，理论层面讲得头头是道，但不能落到实处，这样的管理者在员工的心目中就是一个夸夸其谈的纸上谈兵者，只会做面子工程，不是实干家。"浇树要浇根，交人要交心。"按照人力资源管理学理论，管理的初衷就是在信息不对称的个体之间建立信息沟通渠道，并通过合理的资源配置方式建立个体之间的心电感应，高效地完成组织要实现的目标。原始人虽然还没有非常清晰的发音系统，但可以通过简单的发音和比较丰富的手势使个体间建立畅通的沟通渠道，共同捕猎一只梅花鹿，这就是原始意义上的最为朴素的管理学思想。所以，管理学从最开始就特别强调组织与个体之间的心心相印，管理过程就是调动人的积极性的过程，其本质就是人心工程。

（三）倾听逆耳忠言利于行

"忠言逆耳利于行"，但管理者真正听到逆耳的忠言时大多会感到不舒服。上述案例中的 M 做到了恳切听取逆耳的忠言，实在难能可贵。在众多的员工中，M 特别看重性情暴躁的、爱发牢骚的员工。从心理学上讲，这些脾气暴躁且爱发牢骚的员工会非常直观地反映企业中存在的问题。这些员工虽然脾气不好，但不会有坏心眼，反映问题直来直去，不会绕弯子。所以，听取这些员工的意见就是节省时间。这些喜欢发牢骚的员工反映出来的问题应该具有普遍性，能够反映大部分员工的心声。员工的阿谀奉承可以使管理者身心愉悦，却让管理者不能认清事情的本质；员工的仗义执言虽然使管理者暂时感到身心不愉快，却向管理者反映出了很多问题。能够听取逆耳忠言的管理者是着眼于企业的长期发展，而喜欢阿谀奉承的管理者则将企业的发展视为儿戏。能否听取逆耳忠言体现了管理者的品质。管理学认为，德、识、体、能、业绩是对管理者进行考核的五个基本要素，德被放在了第一位。能否听取逆耳忠言实际上能够从很深的层次上反映出管理者的德行。

（四）让员工自愿开口说话

上述案例中的 M 在管理实践中做了一件很多管理者无法做到的事情，即打开了员工的话匣子。由于管理者与被管理者之间的地位不对称，被管理者一般很不情愿在管理者面前打开话匣子。M 能够让员工在自己面前畅所欲言，既可以谈公司发展中的问题，也可以谈自己的发展设想，M 的这种魄力是让人称赞的。为企业的发展提问题的本质就是对管理者的管理行为提问题，这让大多数管理者认为是很丢面子的事情。让员工在管理者面前敞开心扉谈问题，而且员工真正敢向管理者当面锣、对面鼓地谈问题，说明员工对管理者没有戒心，这种交谈已经是管理者与员工之间的心灵碰撞了。从员工的角度讲，一般都会有这样的想法：在管理者面前言多语失，不恰当的言语可能会招致管理者对自己的不满，进而会影响自己的前程。M 能够从传统的管理窠臼中走出来，他在"德"方面应该得

223

高分。事实上，一线员工的意见或建议是管理者的财富，这些员工的意见或建议才能够反映出管理中的真实问题，这些问题的解决才能提高企业的发展效率。

（五）员工利益都是大事情

上述案例中的 M 能够将员工的小事放在心里，自然就会将员工的、公司的大事放在心里。M 为了员工的 50 元加班费立刻让有关部门解决，他做事雷厉风行体现了其将员工的利益时刻挂在心坎上的真实情感。M 的做事原则体现了他的管理理念：员工利益无小事。员工在为公司的发展做贡献，这种贡献有的可能是轰轰烈烈的，有的可能是默默无闻的，员工为公司做出了贡献，理所当然应该得到该有的利益，这不但是公司在制度上给予员工的认可，而且也是在制度上向其他人展示该员工对公司的贡献，本身就有着非常好的广告效应。员工利益无小事，将员工的利益记在心坎上，就是将公司的命运记在心坎上。

三、案例启示

（一）不能以情感取代制度

"情感管理"的目的并不是为了弱化制度，而是为了在既定制度的基础上通过情感使制度得到进一步强化。所以，管理者一定要分清情感与制度的界限。如果管理者依仗权力而对下属中的某些成员过分"喜爱"并由此招致其他员工的不满，这样的管理者就可能被更多的员工视为"徇私枉法"，结果不但不能达到管理者预期的目标，反而会造成负面影响。管理者为了表示对下属的厚爱，就需要建立相应的制度。在这种制度下，所有处于相同状况的员工都能够受到企业的"厚爱"。如果只有某些员工而不是所有的成员都能够有机会得到公司的"厚爱"，就会被员工理解为管理者对某些员工的"偏爱"，员工们不免产生管理者厚此薄彼的印象。

（二）管理者需要心胸大度

"情感管理"说到底是以管理者首先对被管理者付出情感为前提的。管理者具有某一方面的权力，从而可以按照企业的发展目标支配企业的资源。既然管理者的目标不是对某个人付出情感，管理者在推出公司制度的时候就需要考虑到该项制度的普适性，看看该项制度是否最大限度地让公司的所有成员都能受益。企业出台某项制度的时候要注意不能将企业中的某些成员画在圈外，即只将企业中的某些成员列为企业发展的受益者。在管理者出现类似的工作失误的时候要能够承受得起企业成员对自己提出的反对意见，对于合理的意见或者建议要及时采纳并付诸实施，不要因为顾全个人的面子而耽误了企业的发展。只有以企业的所有成员的利益为中心的管理工作，才能算得上是对员工付出了真实的情感。管理者心胸大度是做到如上事情的关键。管理者随着拥有的管理权力的增大，在想问题、办事情的时候就会以自我为中心，从而出现了管理者的出发点与企业发展目标的出发点不一致的情形。当管理者的"面子"占据上风时，就可能发生不会再认真倾听基层员工声音的问题，于是，在中层管理者不能或者不愿及时传达基层员工的意愿的时候，企业的发展轨迹就会更加偏离企业成员的意愿，"情感管理"于是就会沦为一种形式。

（三）要体察员工间的关系

企业中每个成员的首要目标是为了维持个人的生存和发展，这种基于利益建立起来的企业成员之间的关系，很可能会导致企业成员之间出现矛盾。善于观察员工之间关系的管理者才是真正能够对下属付诸情感的领导。员工可能因为某次奖励、某次晋升机会等的竞争而造成同事关系、上下级关系紧张，在此基础上很难达成工作默契。当这些关系不能理顺的时候，大家虽然看上去空间距离很近，心理距离却很远，彼此之间没有合作的欲望。多努力而没有得到应有所得的员工就会觉得自己是在为他人作嫁衣裳，这样的事情只会做一次而不会多做。当员工彼此之间没有默契的合作，并且因而导致工作效率下降时，管理者就需要特别注意员工之间的关系，要通过各种方式尽快理顺员工之间的关系，让员工在平和的心态下为企业的发展努力奋斗。

（四）为员工做好每件小事

对于大多数员工而言，希望管理者为其解决的可能就是一个茶杯、一把椅子、一把电热壶、办公楼外放置自行车的车棚的问题，这样的问题解决得好就能够让员工的工作积极性大增。这些事情是员工每天都要遇到的，如果这些小事情不能解决，就会长期影响员工的日常生活进而影响工作。虽然管理者解决这些问题是为了工作需要，但在员工看来，管理者是因为非常体贴员工的日常生活才这样做的，从而拉近了管理者与被管理者之间的心理距离。

第七章
火车再快也不能出轨——规避风险，做好控制管理

导读

第一节　控制的逻辑
第二节　理论领悟
第三节　管理制度，顺应还是改变
第四节　破木桶也能派上用场
第五节　扁鹊论医展现分层控制思想
第六节　X公司的评奖方法换汤不换药

第一节　控制的逻辑

企业在发展过程会受到各种因素的影响，这会延缓企业的发展速度，甚至会使企业偏离正常轨道，这时就显示出控制职能的作用了。控制是管理的重要职能之一，其作用在于保证企业沿着既定轨道前行，能够对企业的发展状况适时把控。

企业的发展水平能够体现出管理团队的能力。优秀的企业总是与优秀的团队捆绑在一起。管理团队能够控制企业的发展方向，控制企业内的资源配置方式，保证企业有合适的结构，使处于不同层级的管理者能够通过便捷的沟通渠道联系在一起。

管理者不一定是专业技术能人，但一定能够很好地将专业技术人才组织在一起。法约尔在一次给矿业工程师的讲话中说，矿业工程师都是一流人才，在一起工作却不能做出出色的成绩，原因就在于矿业工程师们没有得到"能位匹配"，这是管理者的责任，是管理者缺乏控制能力的表现。

在激烈的市场竞争中，"控制"这个参量在企业发展中的权重变得越来越大，因此，控制能力强大与否就决定了企业未来能走多远。控制是一种能力,不仅表现在对存量资源的控制,也表现在对增量资源的控制。

著名管理学家西蒙说过,管理就是决策,决策贯穿管理的全过程。按照该逻辑可以这样说,管理就是控制,控制体现在管理的各个层面。管理学认为有 3 种层次的控制,即事前控制、事中控制和事后控制。事前控制是防患于未然的控制,将问题杜绝在发生之前,这需要管理者具有超前意识,并具有很强的判断能力,这是最高水平的控制。事中控制是对正在发生着的问题进行控制,保证错误不再扩大,这需要管理者具有当机立断的把控能力,机会稍纵即逝。事后控制是亡羊补牢的控制方式,虽然问题已经发生,但可以通过恰当的方式进行补救,保证不再发生类似问题。

第二节　理论领悟

一、控制的概念

控制是一种不断地对照计划而对现有的组织行为进行检查并使之符合预定计划的行为。所以，控制就是使组织的行为符合计划的过程。控制就是要不断发现偏差并纠正这种偏差的行为。企业发展过程中的控制职能具有非常重要的作用：

①保证计划如期进行。计划的重要作用就是通过纠正偏差保证企业目标能够按照预定计划完成。企业为了在变化了的环境条件下发展自己，就需要不断增强适应性，管理者需要不断对企业行为进行调试和校准，使得稍微偏离了企业的正常发展方向的企业行为得以适时地矫正，从而保证企业能够按照预定轨迹前行。

②提高企业工作效率。企业行为如果偏离了正常轨迹，即使员工再努力工作也不会实现企业目标，如果一条道走到黑只能使企业这列"火车"偏离预定目标越来越远。在对企业行为进行有效控制的情况下，就能够保障企业成员不会浪费资源，将宝贵的资源用在

最合理的方面，从而最大限度地保障了企业的运行效率。

③让企业主动适应环境。对企业的控制能够在保证企业行为符合计划的同时，也具有对未来进行前瞻性的控制作用。管理者只有预测到企业按照既定行为发展，即预测未来会发生什么状况的时候，才能对企业的现有行为进行控制，以便在正确区分和把握企业正确行为的过程中保证企业的正确发展方向。在此过程中，管理者是在充分发挥自己的聪明才智让企业主动适应环境的过程。

④强化主管领导问责。控制是分级的，但最终的控制权掌握在高层主管手中。高层主管最终决定了企业的发展方向。所以，企业经营失败的责任也应该由高层主管承担。控制是一种权力，也是一种风险，主管领导在承担了这样的风险的同时也享受着相应的利益。一旦出现经营风险的问题，就要对主管领导进行问责。所以，控制职能对于管理者而言具有一定程度的约束作用。

二、控制的过程

科学的控制应该是一个程序化的过程，这个过程应该贯穿于管理全过程。一个完整的控制需要包括如下几个步骤：确定标准、衡量绩效、纠正偏差。

（一）确定标准

标准是施行控制的依据，在实施控制之前需要建立相对完善的指标体系。控制的标准应该是在有关专家的集体协商的前提下确定出来的。因为企业的发展目标具有一定的稳定性，所以，控制的标准也应该具有一定的稳定性。不仅如此，控制的标准还应该具备一定的权威性。不具有权威性的控制标准是不足以服众的。确定控制标准的方法多种多样，一般比较常用的方法包括统计测定法、经验评估法、工业工程法等。统计测定法是根据企业的历史数据并与同类企业进行对比而确定下来的；经验评估法是在以往的经验进行判断的基础上进行评定的标准；工业工程法是以严格的技术参数和在工业过程中实际测得的数据为依据而确定的标准。

（二）衡量绩效

衡量绩效就是将实际业绩与事先确定的衡量标准进行比较，用比较得出的结论对实际工作业绩做出评价。在比较的过程中，有几个因素可以直接影响控制的效果：业绩的测定、标准的把握、管理者的责任心。由于是把实际绩效与预先设定的标准进行比较，所以，绩效的测定情况如何对于比较的结果影响很大。用不同的方法测定员工的绩效得出的结果可能有所差异，所以，在对员工的绩效进行测定的时候一定要有切实的、可操作的制度。在用预先设定的标准对实际绩效进行比对的时候，对预先设定的这个标准的理解程度不同，也会影响比对的结果。所以，一定要让制度的执行者对"标准"进行很好地理解和把握。这中间涉及的第三个问题就是管理者的责任心，管理者的责任心决定了各种制度的执行情况。在执行控制职能的过程中，管理者一定要有对企业和对企业成员负责的心态。只有这样，才不会让控制职能流于形式。

（三）纠正偏差

经过将实际业绩与预先设计的指标相比较后，如果发现企业的发展状况确实出现了与预先设计不一致的地方，这时，首先需要做的就是看一看这个偏差是否在允许的误差范围之内。如果在允许的范围内,则一切工作照常进行;否则,就应该调查出现偏差的原因,并据此找到解决问题的办法。一般情况下,采取的措施包括如下几个方面。

①改进工作方法。发现既有工作方法中存在的漏洞,用更加完善的工作方法替代既有的工作方法,使得企业管理工作进一步推进。

②管理者进行自我检查。管理者的领导风格及在工作中的具体思路也可能存在一定的问题,也许问题的原因不在于员工。管理者进行自查是从根本上解决问题的方法。

③对既有计划进行调整。在弄清楚问题出现的原因并找到切实可行的办法后,就要着手用新的工作方案替代既有的工作方案,从而使企业的发展步入正轨。

三、控制的特点

根据前文所述,控制的目标就在于让企业行为符合计划,所以,控制职能就是需要不断把握企业的发展动向,管理者为了实现对企业行为的有效控制,就需要不断跟踪企业行为,掌握最新的信息,以使控制发挥实质性的作用。控制具有动态性、目的性、整体性、时效性、前瞻性等特征。就动态性而言,控制并非一次性完成,而是要伴随企业的发展变化不断进行调整,使企业的发展状况能够与周围变化了的环境相协调,所以,控制中就包含了时间参数,控制都应该是动态的,静态的控制就失去了意义。就控制的目的性而言,控制是为了达到企业发展的目的而存在的,它的本质并不是为了展示管理者的权威，而是在管理者掌握一定权力的基础上对企业的资源进行优化配置并保证企业按照既定方向发展的行为。就控制的整体性而言，控制应该是着眼于企业发展的全过程和全方位考虑，每一项新制度的出台都需要从企业整体协同发展的角度考虑，注重整体性是控制非常重要的特征之一。就控制的实效性而言，控制必须是在企业发展中出现问题的第一时间内发现问题并对问题进行处理，只有这样，才能够挽回或者避免企业发展中可能出现的损失。控制的时效性特征在很大程度上决定着控制的质量。就控制的前瞻性而言，控制必须是立足于现在和着眼于未来的，将企业的现在与未来进行很好地结合，控制好现在以便为未来的发展铺平道路。

四、控制的类型

按照不同的标准，可以将控制划分为不同的类型。根据控制的环节可以分为前馈控制、反馈控制和现场控制。

①前馈控制。前馈控制是防患于未然的控制方式，是在问题还没有出现之前就采取有效控制措施的控制方式。通过观察情况、掌握事情的发展规律，从而把握事态的变化趋势，在没有出现问题以前采取措施并将可能发生的事情消除在萌芽状态，这是前馈控制的重要特点。前馈控制并不是所有管理者都能够做到的，这种控制方式能够防患于未然，能够将企业的损失降到最低，但需要管理者具备敏锐的洞察力，能够及时发现问题并对之巧妙地进行处理。

②现场控制。现场控制是指在某项活动进行的过程中，管理者需要对正在进行的互动给予必要的指导和监督，现场纠正可能出现

的各种问题，使员工的日常行为能够按照规定的要求进行。现场控制需要管理者具有敏锐的观察力且能够当机立断。现场控制集中表现如下几个方面：引导下属高效率工作；保障计划的顺利实现；对发生的偏差及时采取措施给予纠正；对以前未曾出现过的新问题设计出较好的对策。现场控制虽然稍微逊于前馈控制，但由于能够及时控制事情的发展态势，所以，不会给企业发展造成过多损失。不是任何情况都适合用现场控制的，现场控制需要在必要的前提下完成，包括管理人员具备较高的管理素质、下属人员的积极参与、高层管理者对下属的积极授权、各层级管理人员认真履行职责、及时发现并纠正偏差等。管理者具有足够的威严、权力，并且能够做到令出即行，企业政令统一、上下齐心，才能够保证现场控制的时效性。

③反馈控制。反馈控制是亡羊补牢的方法。管理人员对已经出现问题并造成一定程度损失的方面及时采取措施遏制，防止事态进一步恶化。该种控制方法能够将已经给企业造成的损失进行有效遏制，并且能够采取积极有效的应对措施，这对于企业的发展还是有积极意义的。在管理实践中最常用的反馈控制措施包括财务报告、产品质量控制等。

五、控制的原则

控制是管理的一项重要职能，为了保障该项职能在管理实践中发挥较高的效用，管理者在履行控制职能的过程中必须坚持如下 5 项原则。

①明确目标。管理者一定要知道控制的目标是什么，管理者实

施控制工作的主要职责在于保障企业目标的实现，所以，在履行控制职能的过程中需要明确控制的目标，控制的目标不清晰就会使控制的效率降低并在一定程度上使控制失去了应有的意义。

②留心偏差。管理者在履行控制职能的过程中需要注意所控制的目标与实际运行中出现的偏差及偏差的程度，只有这样，管理者才会及时把握控制的重点，管理者据此对控制目标实施的控制力度也是有差别的。控制不是针对所有项目，而是针对关键项目。所以，高效的控制必需目标明确，任何种类的控制都可能包含多项目标，其中只有某些极少的项目是关键的。有效地锁定目标有利于将有效的资源用在刀刃上，这实际上就是在为企业节省资源。除此而外，控制时还需要注意做好处理特殊事件的准备。管理者虽然费尽心思做好各项预测，但并不是能够将各种可能发生的事情都掌控在预料之中。

③处理及时。控制职能如果不能做到有效和及时就失去了意义。控制的及时原则和有效原则不但需要管理者能够及时得到准确的信息，而且还要充分估计到可能出现的变化。为了使控制职能达到及时和高效，就需要采用相对客观的衡量方法，管理者在行使该项职能的过程中应尽量排除自己的主观因素，从企业整体的角度和相对客观的角度考虑问题，避免出现偏差或因个人的偏见造成对整个局面判断的失误。

④做事灵活。控制虽然是按照既定的制度进行的，并且控制的核心是既有的计划，但这并不意味着控制就完全是刚性的，让控制稍微有一些弹性也是非常必要的。控制职能的高效与控制系统的灵

活性经常联系在一起，其间可以采用多种灵活多变的控制方式达到控制的目的。

⑤在经济上节约。控制需要根据企业的承受能力进行，因为控制职能的实施需要以一定成本为依托。实行控制措施需要以企业的经济承受力为限量力而行。不同的控制手段需要企业付出的代价也会存在很大的差别，虽然某些控制手段可能效果非常好，但由于目前企业的财力等方面的原因也许并不能付诸现实，并且如果强制施行会给企业带来严重的财务负担，以至影响企业的后续发展，这种控制手段也不能算是很好的控制手段。实行控制措施并不是要为企业"涂脂抹粉"，而是要从内在品质上为企业的"身心"做"调理"。

六、控制系统和方法

（一）控制系统

一个完整的控制系统包括控制的目标、主体、客体及手段等。

①控制目标。即控制所要达到的预期目标，企业发展预期不同，控制所要达到的目标也不完全一样，目标会包括多个层面和层次，管理者应该根据企业的实际情况进行设计。控制目标不能盲目效仿其他企业。

②控制主体，即各级管理者及其职能部门，控制主体是控制行为的发出者。企业中不同层级的管理部门涉及的管理职能存在很大差别，中层、基层管理者主要进行常规的、例行的、程序化的控制，而高层管理者主要进行非常规的、例外的、非程序化的控制。不同层级的管理者在履行控制职能的过程中要各司其职，上下级都不能

越权行事。

③控制客体，即控制的对象，管理者为了达到控制的目标，就需要明确控制的对象。企业中的不同成分在企业发展中扮演着不同的作用，所以，管理者一定要从众多的要素中提炼出"猎物"，这不但包括静态的组织成分，而且包括动态的过程，包括企业中的资源，也包括企业活动的内容。

④控制手段，即控制应该采取的具体行动方案。针对不同的事务，管理者需要采取不同的行动方案，包括控制机构、控制方法等多方面的内容。只有针对具体问题对症下药才能够达到理想的效果。

（二）控制方法

人们在管理实践中已经积累了丰富的控制方法，包括预算控制、生产控制、财务控制等。在对员工进行考核的过程中比较典型的方法包括BSC（平衡计分卡）方法、360度方法及KPI方法等，通过这些方法都能够对员工的行为进行有效的控制。除此之外，比较典型的控制方法要算PDCA循环法了，PDCA四个字母分别代表Plan（计划）、Do（实施）、Check（查核）、Action（处置），这是从事持续改进（改善）所应遵行的基本步骤。PDCA循环法一般可分为4个阶段和8个步骤。

PDCA循环法的4个阶段分别是：计划，即确定改善的目标及行动方案；实施，即依照计划推行；查核，即检查是否达成预定计划；处置，即标准化作业程序。这4个阶段不断循环运转，PDCA在不断地旋转循环中使企业的运行状态不断优化。PDCA不断地循环往复形成一个轮子的状态。PDCA的意义就是永远不满足现状，管理者必须持续不断地设定新的挑战目标以带动 PDCA 循环。

PDCA 循环法的 8 个工作步骤是：工作设想→决策方案→下达计划→落实任务→检查质量→科学分析→提出办法→查找遗漏。提出工作设想，即在收集有关资料的基础上确定方针和目标；提出决策方案，即从中选择一个最理想的方案；下达计划，即把提出的方案中需要做的各种事情具化；落实任务，即根据规定的计划任务，具体落实到各部门和有关人员；检查质量，即检查计划的执行情况，评价工作成绩；科学分析，即对已发现的问题进行科学分析，从而找出问题产生的原因；提出办法，即对发生的问题应提出解决办法，好的经验要总结推广，错误和教训要防止再发生；查找遗漏，即将尚未解决的问题转入下一轮 PDCA 的循环中并予以解决。

PDCA 循环法已经被管理实践证实非常有效，这种方法在实际操作过程中具有"大循环套小循环"和"螺旋式上升"的特点，管理者在对企业进行动态控制的过程中能够感觉到企业进步的轨迹。有关专家认为，一个企业或单位是一个 PDCA 大循环系统；内部的各部门或处室是一个中循环系统；基层小组或个人是一个小循环系统。这种逐级分层就很好地将企业的各个层面与企业紧密联系在一起，从而很好地协调发展。PDCA 循环法要求企业不得中途中断。否则，就无法顺利实施。这也在一定程度上对管理者提出了较高的要求。

第三节　管理制度，顺应还是改变

国外某个马戏团表演的现场，用一根细长的链子将一只大象拴在水泥柱上的场景看起来非常不谐调，但游人惊奇地发现大象非常安稳地趴卧在水泥柱旁边。当然，游人们还是非常担心大象随时可能挣脱铁链对游人进行攻击。事实上，这种担心是不必要的。

马戏团的驯兽师在大象还非常小的时候就用这样一根铁链将小象拴在水泥柱上，由于身小力弱，小象无法挣脱铁链的束缚，只好乖乖地趴卧在那里，逐渐形成了习惯。于是，小象就一直顺从地被拴在水泥柱旁。随着小象一天天长大，它还是以原先的思维方式思考问题，即使自己的身躯已经非常庞大了，但还是非常顺从地听任驯兽师将自己拴在水泥柱旁。因为它已经习惯了这种束缚，直到长成大象时也不会有挣脱链子的愿望。同样的道理，驯虎的人也是用非常细小的链子拴住老虎。因为老虎非常小的时候就是用这样的链子拴着，长大后就习以为常了。所以，看马戏团表演，我们看到的老虎和大象都非常温顺。

大象和老虎给人们的感觉非常威猛，但仅凭借一条小链子就能够对之进行约束，而且这样威猛的动物都表现得如此驯服。实际上，这个链子就代表了制度。管理者一定要在员工刚进入企业的时候就让其很好地领会并认真服从企业的制度，习惯就会成自然。如果在一开始的时候管理者没有让企业成员很好地理解企业的制度，并且没有使之严格地履行该项制度，则员工在成长的过程中就会通过各种方式触犯制度以致使得企业制度形同虚设。

　　人们在思考问题时都有思维定式，故事中的老虎和大象也是如此。在日常生活中，我们也经常会看到这样的情形。小女孩出生后父母就会在其成长过程中特别强调其女性的特点，穿的、用的等都倾向于女性内容。小女孩从最小的时候就开始接受这种教育，以致其长大之后就会自然而然地用女性的思维方式做事情，这也是习惯成自然。如果家长从小就用男性化的视角"包装"自己的女儿，当她长大后自然会是个"假小子"。人们的思维方式一旦形成后就很难改变，考虑问题时虽然还会有所变通，但这种既定的思维方式会成为今后此人思考问题的主导方式。

　　习惯成自然并不等于墨守成规，甚至是一意孤行。老虎和大象本来是动物界的"老大"，但由于成长中一直都被链子拴着，从来就没有挣脱链子的欲望，所以，成为马戏团的"乖乖虎"和"乖乖象"。老虎失去了威猛，大象也失去了彪悍。长期的生活经历就会使大象和老虎很难改变既有的思维方式。相信马戏团的大象或者老虎看到大自然中非常威猛的大象和老虎的时候或许会感到非常惊讶，因为这些原本属于自己的东西离开自己太久远了。老虎和大象是在马戏团的锁链下成长起来的，所以，长大后的老虎和大象就要倾尽全力为马戏团做事情：做好每一次的表演工作。只有这样，才能得到更多更好的食物。

管理者与被管理者之间的地位是不对等的，任何一个被管理者都具有冲破管理者约束的愿望。这时，管理者就需要具有对下属进行约束的能力和技巧。马戏团的驯兽师在训练老虎的时候，老虎的表现好，驯兽师就会喂食其喜欢吃的食物以示奖励，驯兽师就是用这种方法将威猛的老虎调教成比较驯服的老虎的。企业成员中也会存在类似老虎或者大象的"威猛"下属，这些下属对于管理者而言是管理的难题，管理者如果想把"链子"拴在这些桀骜不驯的员工的脖子上，就需要通过制度及合适的奖赏使其"驯服"。而且，要让这些下属感觉到企业的制度是合理的，听从管理者的安排对自己的发展是有好处的。

老虎或者大象是选择被"链子"拴着还是挣脱链子虽然取决于老虎或者大象本身，但管理者的管理技巧及思维方式等也起着非常大的作用。为此，管理者需要掌握一些让被管理者服从自己的管理艺术，进而打造出优秀团队，在双方的默契配合中推动企业的发展。

第四节　破木桶也能派上用场

木桶原理的核心内容是：木桶盛水的容量不取决于桶壁上最高的那块木块，而恰恰取决于最短的那块木块。依据木桶原理可以得出这样两个推论：桶壁上所有木板都足够高，木桶才能盛满水；桶壁上有一块木板不够高，木桶里的水就不可能是满的。因为古时候的木桶是靠一块一块的木板箍起来的，当抽掉其中一块木板时，桶里面的水就会全部流出来。

木桶原理对团队建设方面有很多启发。在一个团队里，决定这个团队战斗力强弱的不是那个能力最强、表现最好的人，而恰恰是那个能力最弱、表现最差的人。团队的战斗力是团队成员集体力量的展现，力量最弱的那个人就是木桶中最短的那块木板。为了使木桶盛水的容量足够大，即团队的实力足够强，就需要提高那个实力最弱的员工的实力。团队中需要领头羊，即木桶中较高的木板，但较高的木板需要通过一定的方式将所有的木板都变高，才能使木桶的盛水量变多，即团队的综合实力增强。

第七章 火车再快也不能出轨——规避风险，做好控制管理

木桶原理警示管理者：一个企业中制约企业发展的关键因素是最短的那块"木板"，所以，及时找到那块最短的"木板"并寻找办法将其变长是管理者的责任。能否发现或是否愿意发现那块最短的"木板"是完全不同的两码事。能否发现那块最短的"木板"是管理者本人的业务素质问题，但是否愿意发现那块"木板"是另外一个性质的问题。如果管理者本身不愿意发现那块"木板"，则水桶永远不能装满水，即整个企业将一直处于低水平徘徊的状态。这其中可能存在多方面的原因，包括短"木板"与管理者具有非常重要的利益关系、发现短"木板"后会使管理者处于两难的境地、管理者本人就是短"木板"等。当管理者与短"木板"之间存在重要的利益关系时，短"木板"的发现会使管理者本身的利益受损，这时，管理者就会佯装不知。于是，会以企业在低水平徘徊为代价换来个人利益的增加。所以，管理者本身的私欲成为发现短"木板"的障碍，或者说管理者本人已经成了短"木板"的"守护神"。发现短"木板"后会使管理者处于两难的原因在于短"木板"可能与管理者的直接上级有关系，发现短"木板"后如何处理该问题就会使管理者犯难：如果对短"木板"进行处置，则会招致直接上级对自己的不满；如果不对短"木板"进行处置，则会招致下属的不满。所以，管理者就会睁一只眼、闭一只眼，使短"木板"与组织内部的长"木板"长期存在，在这种状况下，管理者也可以使自己的利益得以保全。如果管理者就是短"木板"，那么，情况就更加糟糕了，因为管理者本身具有的权力可以设定适合自己的考核标准，在这样的标准下使自己能够得以保全，但其他比自己优秀的员工也会在这

种较低的考核标准下被淹没，员工的能力根本不能表现出来。管理者为了能够将自己这个短"木板"推上风口浪尖，自然会嫉贤妒能，于是，优秀员工就不敢崭露头角甚至会"逃之夭夭"，跳出"牢笼"成为多数优秀员工的选择。当企业中的长"木板"都撤走，并在相应位置换上短"木板"或者比管理者这个短"木板"更短的"木板"后，管理者就不再会有被别人超越的紧张感，甚至还产生了优越感。既然所有的长"木板"都变成了短"木板"，水桶的盛水量自然会变少，整个企业的发展也因此处于极低水平的运转状态。

木桶原理说明了短"木板"是企业发展中的瓶颈，管理者应该突破这个瓶颈。实际上，将短"木板"变"长"的方法有多种，但最适宜的办法是将短"木板"加"长"。将短"木板"加"长"实际上就是提高"短木板员工"（包括主管领导）的能力和素质，既不损害其既得利益，又能够增加"木桶"的"盛水量"。提高"短木板"的能力和素质的最好方法就是让本人进行在职学习，通过对其不断施加影响而提高其整体素质，从而在相应的工作岗位上发挥更好的作用。

第五节　扁鹊论医展现分层控制思想

一次，魏文王问名医扁鹊："你们兄弟3人中谁的医术最好？"扁鹊说："大哥最好，二哥次之，我最差。"魏文王又问："那么，为什么你最出名呢？"扁鹊说："原因在于我们治病的方法不同。大哥治病于病情发作之前，但一般人不知道他事先能铲除病因，其名气无法传出去，只有我们家里人才知道其医术高超。二哥治病于病情刚刚发作之时，一般人以为他只能治轻微小病，所以，只在村子里小有名气。而我治病于病情严重之时。一般人都是见我做一些大手术，以为我医术最高明，因而我的名气响遍全国。"魏文王对扁鹊的说法非常认可。

上面故事中魏文王与扁鹊的对话在反映出扁鹊谦虚的品质的同时也点出了一个道理：最高明的医术应该是治病人于发病之前，但这样的医生很不容易出名。那些容易出名的医生只能治疗病人于发病之后，实际上其医术并不是最高明的。

如果把人体设想为一个企业，"医生"是使这个企业得以正常运行的管理者，魏文王就是左右"医生"行为的高层管理者，上面这个故事可以套用于管理学中的控制原理。医生给病人治病，通过其医术及时发现病人的病症且辨证施治，这与管理者的职责是相似的。管理者对企业的管理，就是通过其管理才能及时控制企业行为以保障其正常运行。但是，由于管理者的素质不同，对同样一个企业进行控制管理时会取得不一样的效果，这是由于不同的管理者对控制的认识深度不同造成的。管理学认为，控制是在组织动态变化的环境中为确保实现组织的既定目标而进行的检查、监督、纠正偏差等管理活动的统称。依据控制的环节不同，可以将控制分为前馈控制、现场控制和反馈控制等3种类型。前馈控制是通过观察情况、收集整理信息，掌握规律、预测趋势，正确预计未来可能出现的问题，提前采取措施，将组织运行中可能出现的偏差消除在萌芽状态，为避免在未来不同发展阶段可能出现的问题而事先采取措施。前馈控制是控制的最高境界。现场控制是在某项工作的过程中，管理者在现场对正在进行的活动或行为给予必要的指导、监督，以保证活动或行为按照规定的程序和要求进行的管理活动。反馈控制是指管理者分析以前工作执行的结果，将其与控制标准进行比较，发现偏差并找出原因，拟订纠正措施以防止偏差发展或继续存在。这里的前馈控制相当于扁鹊的大哥的医术；现场控制相当于扁鹊的二哥的医术，虽然不比大哥高明，但比扁鹊还是要高明些；扁鹊的医术相当于反馈控制。

在组织的运行过程中，局外人一般只对力挽狂澜的领袖式的管理者敬佩之至，因为这样的管理者的管理行为往往会产生轰动效果，

第七章　火车再快也不能出轨——规避风险，做好控制管理

而对组织实施防患于未然控制措施的管理者没有丝毫感觉，因为一般人认为运行不稳的组织是没有问题的，即使有问题，也是小问题，对小问题进行纠正不能看出管理者的卓越才能。所以，亡羊补牢式的管理虽然使组织受到了损失，管理者的管理能力却容易得到大家的认可。试问，假如在没有亡羊之前就已经补了牢，财产没有受到损失，是不是会更好？事后控制不如事中控制，事中控制不如事前控制，可惜大多数的管理者均不能体会这一点，等到错误的决策造成了重大的损失时才寻求弥补措施。

由于人们更加青睐亡羊补牢者，所以，管理者就投其所好，明知道按照事情的发展趋势会出现大家都不想看到的结果，但还是必须等到事情发生之后再进行处理。管理者需要在自身价值与社会认可之间找到一个平衡点。如果某个管理者不是企业的最高决策者，在问题成为现实以前，他挺身站出，其结果有两种：其一是建议被否定，且高层管理者会认为他是无中生有，于是背上了坏名声；其二是建议被肯定，于是企业的问题解决在未发生之前，但因为没有产生轰动效应而不会得到奖赏。上述两种情况中，前者发生的可能性较大，明智的经济人不会以自己的受损来换取他人的受益。所以，管理者在此种情况下通常不会有向企业最高决策者提建议的行为。这样一来，企业将来受到的损失会很大。

为了避免企业受到无谓损失，必须改变企业文化，形成一种让大家争相进言献策的企业文化，通过制度的方式鼓励大家敢于向高一级别的管理者张开自己的嘴巴。

第六节　X公司的评奖方法换汤不换药

一、案例简介

X公司一年一度的评奖时间又到了。以往评奖程序是这样的：公司首先按一定比例对各部门下达优秀员工指标，然后各部门领导组织本部门内部的专家评委对本部门的参评员工进行评审。部门领导一般首先是传达公司的文件，让所有评委理解公司的评优精神，然后专家评委用投票方式进行表决，得到选票最多的员工将被评为优秀员工。谁应该被评选为优秀员工，大家在评奖之前都心知肚明，因为一年来谁的成绩突出一目了然，部门领导及大家认为以投票方式进行选奖只是走一下过场而已。但是，当第一年的投票结果出来后让Z部门的所有人大吃一惊：该被评为优秀的员工没有被评为优秀，不应该被评为优秀的员工反而评选上了优秀。Z部门的领导S也感觉到评奖过程有问题，但既然集体决策的结果已经出来了就不好再推翻了。S就将这样的评奖结果上报了公司。Z部门内真正优秀的员工由于没有被评为优秀员工而愤愤不平，但也只能如此。

第二年再进行评奖时，Z部门的领导S对以前的评奖方法进行了调整：在让大家领会了公司的评优精神后，开始对每个申报评优的员工的申报材料进行审核，让所有的评委首先熟悉并审核参评员工的材料是否符合条件，将符合条件的材料留下，不符合条件的材料筛掉；然后，评委们开始投票。但是，投票结果出来后又非常令人惊诧，不仅票数非常分散，而且又使得不该被评为优秀的员工当选为优秀，业绩非常突出的员工又一次落选。S也感到茫然，既然在评奖之前已经将每个人的材料弄得很明白，为何评奖结果与先前如出一辙呢？

第三年评奖的时候，S一改原来的投票评奖方式，改投票制为审核制。评奖程序与前两年基本相似，只是对所有专家评委交代：本次评奖不施行投票制，评委的责任在于对每位员工的材料进行审核，在审核的基础上对每名参评人员的材料进行排序，优秀的员工排在前面，排在第一的员工就是优秀员工；然后，再在剩下的员工中间如法炮制评选出第二位优秀员工；以此类推，直到用完公司下发的名额为止。评奖完后，评奖结果确实与先前出现了很大差别，但每位评委专家对该种评奖方式都心存意见。S认为这次评奖实现了最大程度的公正，但大家看S的眼神与以前有了很大不同，S疑惑不解……

二、案例分析

（一）私利动机起主导作用

制度的作用在于在群体中营造公正、公平、透明的氛围。X公司的评奖过程乍一看没有问题，但仔细分析一下其中的玄机就会明白：投票是由具有私利性的人完成的，每名评委都来自部门内部的不同科室，评委自然会对本科室的参评员工或与自己关系好的员工庇护。当评委持有这种心理时，在评奖过程中就已经让私利性动机战胜了制度的公正性。于是，看似非常公正的评奖程序实际上在人们的心里已经被篡改了规则，以感情取代了制度后的评奖结果自然就会出乎人们的预料。

（二）领导未能控制局面

Z部门3年的评奖程序分别采用了3种方法，这中间，作为部门的管理者S也在极力探索一种相对公平的评奖制度。S在3年内变换了两次评奖方法，每一次看似都在向公平靠近，但都只是在表面上做了变通而没有实质性的改变。第一次变化，由原来的直接投票变化为让评委专家先熟悉每名参评员工的材料再进行投票，表面上看似非常严谨和公正，实际上与原来的评奖程序没有什么差别，因为审核材料和投票是两码事。大家在审核材料时都表现出非常严肃的样子，并且尽量说些公正的话。但是，在投票时仍然按照自己的思维方式进行，即大家在投票时完全可以不按照客观情况而投票。审核材料不但费时费力，还流于形式了。第二次变化，不实行投票制而实行审核制。审核材料时，大家对同一材料的看法不一致，这时，大家的意见是有倾向性的，每个人都希望将与自己亲近的人的材料画在圈内，以保障其排名靠前。围绕同一个问题展开无效的争论不仅浪费了时间，而且也很难保证评价结果的公允性。

(三)缺乏客观、合理的审核标准

专家评委在对同一个问题展开争论的过程中,一方面说明材料本身很难把握,另一方面说明材料的评价标准不客观。对于前者,因为有很多材料属于擦边性质,很难说不属于参评范畴,也很难说完全属于参评范畴,或者很难界定在多大程度上属于参评范畴。这样的材料在评奖工作展开之前没有进行充分界定,这就会导致专家评委需要花费更多的时间进行讨论。如果评委专家中为参评人员说话的人多,则其材料被纳入参评范围的可能性就较大。这样,就会导致同样是参评者且同样是靠擦边材料竞争,入选优秀员工的机会就会有很大差别。对于后者,是指用感情依据替代制度依据而言。材料好和差是相对而言,如果某个参评者 A 的所谓先进材料只有一个,而参评者 B 的先进的材料有很多但都稍微逊色一点,那么,A 的获选对于 B 而言是不公平的。如果 B 总是以毫厘之差逊色于 A 而与优秀员工失之交臂,B 或者类似 B 的员工对 S 也会有怨言。S 的第二次评奖方法的变通因此不完全客观,也不尽合理。

(四)评优专家为优秀参评者

以上未谈及专家评委自身也参评优秀员工的问题。实际上,企业年终评选优秀时,参与竞争的都是高手,专家评委自然也有可能参与其中。专家评委既是投票者,也是参评者,这种情况自然对其他的非评委参评优秀者不公平。但是,参与优秀员工的评选对于每个人而言都是公平的,管理者 S 不能拒绝专家评委以普通员工身份参加优秀员工的评选。于是,在有评委参与优秀评选时很可能就会发生照顾其的情形,因为每名评委在未来的评选过程中都有参与优秀员工评选的可能，这次照顾他人就是为后来他人照顾自己埋伏笔，大家也会对这样的事情心照不宣。那么，这样的评奖实际上已经变成了"分赃会"。非评委员工每次参加优秀员工评选都会有被欺骗的感觉，因为每次自己都在充当分母。

（五）利益纠葛影响团队精神

优秀员工的当选不但会得到荣誉，而且还有很多看得见和看不见的收益相伴随。看得见的收益即物质奖励，这是被评选上优秀员工之后马上能够见到的直接收益。除此之外，还有看不见的间接收益，包括晋升的机会、下一次被再次评为优秀员工的可能性、代表部门出席公司级员工代表大会进而与公司领导在该工作场合直接接触的机会等。所以，参评者都希望通过被评为优秀员工而圈住更多的间接收益，竞争自然会非常激烈。激烈的竞争自然会减弱企业成员之间的合作和默契，虽然表面上的一团和气还存在，但企业内部合作发展的文化氛围正在瓦解。

三、案例启示

考核是每个企业每年都必须进行的事情，考核过程公正与否关键在于制度和执行制度的人，两个方面都很重要。制度完善且执行制度的人也铁面无私是最为完美的状态，但事实上这样的状况很难达到。如果制度很完善、合理，但执行制度的人抱有私心，考核结果很难令人满意。如果制度不完善，即使执行制度的人再公正不阿也不能达成令人满意的结果。制度和执行制度的人两个方面都很差的状况一般不会发生，但在管理实践中这样的现象也不时发生。

（一）盲审参评人的材料

评奖中之所以发生不公允现象，是因为大家都知道谁在评审和谁在参加评审。于是，就会发生评审前参评者和评委之间拉关系、评审中评委为自己或为自己的利益相关者打高分的不正常行为等。如果我们把规则稍微改变一下，要求参评者上报自己的参评材料时匿名，上报材料中不能透露与自己身份有关的信息，如果故意透露与自己身份有关的信息则取消该参评者的参评资格。参评者上报自己的参评材料时可以以纸质文本的形式提交，也可以以邮件方式提交。如果采用纸质文本的形式，只需要按照参评规定上交的格式和内容将需要上报的材料投递到指定的地方即可（如办公室临时设的信筒），只可在无人的时候投递。如果是采用邮件方式，则参评者可以将事先整理好的材料发到指定的邮箱中即可。到了最后期限，由相关负责人取来所有材料系统整理，然后准备评审。进入评审阶段后，要求所有参评者不能担任评委委员，同时要随机地从外单位或外部门聘请一定数量的相关专家进行评审（信息不外露）。这样，参评人员和评委专家之间就做到了双方都无法知道对方的信息，在盲评的过程中就可以在很大程度上避开远近亲疏关系；同时，在座的所有人都不是参评者，大家就可以畅所欲言，敢于表达自己的真实想法。这样评审出来的结果应该相对接近于大家所期望的结果。不但可以在所有员工中间树立正气，而且可以使真正优秀的员工脱颖而出。同时，也会在很大程度上杜绝有些"不法"员工通过旁门左道的方式达到自己评上优秀员工的目的。

（二）审核制度要科学

上述案例中的 S 将评奖方法从投票制改为审核制，在方法上已经有很大提高。但是，审核制实际上是一种以偏概全的方法，这就是事后大家用异样的眼光看着 S 的原因。

（三）割断利益链条

据上文案例的分析，利益链纠葛是造成评奖结果不公平的主要原因之一，在评委投票之前甚至在看参评员工的材料之前实际上就已经决定要选谁了，这种"未卜先知"的投票方法自然视评奖制度为"儿戏"。从正常人的思维逻辑看，每名评委自然也知道其他评委的想法，虽然不能使其他参评员工的利益最小化，但通过少投其他参评员工的票并多投利益相关者的票，就可以为利益相关者增加一些胜算的把握，所以，投票分散的结果就可想而知了。为此，就需要想出办法割断利益链。方法有很多种，除了前文述及的"参评人回避＋外聘专家"的盲审方法外还可以采用其他多种方法。下面，我们再介绍一种相对比较客观的方法。

例如，可以采用公司下属各部门评委间互评的方式评选优秀员工。首先按照前文叙述的方式让部门内部所有参评员工按照要求将自己的材料呈报到部门办公室（材料中不能透露任何有关参评员工的信息），分别编上号码备案。当所有部门的材料都准备就绪后，公司让各部门以抓阄方式两两配对，随机安排评审部门和被评审部门，配对结果及开始评审的时间在评审前很短时间内通知评委，避免在这期间节外生枝。同一个被评审部门要参加两次这样的盲评（中间不能透露任何信息），如果两次评审的结果基本相同，则结果可以初步定下来。如果两次的评审结果相去甚远,则需要重新进行盲评,直到两次评审的结果基本相似为止。这样的评审工作比较费时费力,但结果相对比较客观。

第八章
涂抹润滑剂，消除组织内耗——准确判断冲突，展示协调魅力

导读

第一节　协调的魅力
第二节　理论领悟
第三节　刺猬都有势力范围
第四节　缺乏沟通导致事倍功半
第五节　"受气包"巧用招降服"身边虎"

第一节　协调的魅力

因站位不同、信息不对称及预期目标差异等原因，企业成员会产生冲突，这会在一定程度上增加企业内耗，这时候就体现出协调的魅力了。管理学认为，企业在发展过程中可以通过创造良性冲突（例如比赛等）激发企业成员的创新力、创造力，从而焕发活力。

协调的作用在于协调企业内各个部门之间的关系，从而降低或者消除内耗。不同管理者的内在素养不同，关注点也存在不同，因此，协调能力也存在差别。

管理包括"管"和"理"两个层面，协调就是要在"理"上做文章。协调不等于在企业成员间"和稀泥"，需要通过理顺制度，使得部门间、企业成员间的关系更加顺畅，这需要管理者具有较高的协调艺术。随着企业规模扩大，企业内的关系变得更加复杂，管理者就需要在协调方面花费更多精力。实践表明，通过行政施压的方式进行协调并不能取得良好效果，高效率掩盖了低效果。

企业成员间的关系涉及员工士气，从而影响到企业的可持续发展。为了达到更好的协调效果，管理者需要学会倾听，要着眼于在协同中减少问题而不是创造更多的新问题。

协调是管理者的一种能力，但协调不只是涂抹润滑剂那么简单，有时企业内的冲突源于制度的不合理，因此，消除冲突的前提是建立科学的管理制度。

"管理目标"将企业成员聚在一起，但分工与合作是以利益为纽带连接在一起的。因此，协调不能单纯停留在理顺事务间的关系层面，还要理顺利益分配关系。薪酬、福利、评奖、评优等都会在企业成员间引发矛盾，并且，在此过程中也会出现因非正式组织对正式组织发展形成的阻力。因此，管理者需要眼观六路，病去如抽丝，需要将企业中的人际关系理清楚，从根本上处理问题，从而达到协调的目标，企业成员才能够顺心顺气，企业的士气才能够高涨起来。

第二节 理论领悟

一、协调的作用和原则

（一）协调的作用

企业成员之间不免会出现基于利益的矛盾，这些矛盾不及时解决，就会为企业的发展带来严重障碍。所以，有效地协调企业成员之间的关系就显得非常重要。既然企业中的各利益主体间存在矛盾，那么，这种矛盾需要通过协调达到预期目标。协调在组织管理中的重要作用表现为以下几个方面。

①协调可以使企业目标与个人目标相一致。协调不仅着眼于企业成员之间的关系，还在于企业目标与个人目标之间的关系。企业在发展中有时为了发展的整体进步需要员工让渡个人利益，这时，企业的发展与员工的个人发展之间就产生了矛盾，只有协调好二者之间的关系才能保证企业高效发展。企业不能总是以牺牲员工个人利益为代价换取企业的发展。个人利益暂时让渡自己的利益换取企业的高效发展，当企业高效发展之后会为个人带来更多的利益。否

则，在后续发展中，就没有个人愿意为企业的发展做贡献了。

②协调能够解决企业内部的冲突。企业发展应该是一盘棋，但在发展中有时会因为利益纠葛或看待问题的观点不一致等原因在各职能部门之间或者企业成员之间产生冲突，这种冲突往往是对抗性质的，冲突态势的扩大对于企业发展不利，严重时会导致企业解体。通过管理者的协调使得对抗性的冲突转化为建设性的冲突，保证企业发展沿着正常轨道进行。

③协调可以树立管理者的权威。协调是企业管理的一项职能，也是管理者管理能力的展示过程，协调的结果实际上表现了管理者的领导才能。管理者在协调中充分展示自己的工作能力可以在当事人之间乃至整个企业内部的各职能部门之间树立其领导权威，使有潜在冲突的部门或者个体能够将管理者看作自己的依靠。

（二）协调的原则

由以上分析可见，协调对于企业的发展具有非常重要的作用，尤其是对处于成长期的企业更是重要。企业在发展中可能存在的问题还处于潜伏状态，具有前瞻性的协调工作对于企业的发展尤其有利。协调有时并不一定能够达到预期效果，甚至有些协调工作反而发挥了负面作用。为了充分发挥协调的作用，就需要在协调中坚持一些必要的原则。第一个需要坚持的原则就是不能"和稀泥"。管理者不能将协调停留在"和稀泥"的认识水平上。协调工作坚持的最重要原则应该是目标一致性原则，即企业和个体之间的目标要一致，不要在二者之间建立冲突或为了发展一个目标而削弱另外一个目标，这都不利于问题的解决。这条原则是其他原则的基础。第二个需要坚持的原则就是明确责任。管理者在协调过程中往往会摆出很多道理说服协调的对象，但一些被协调者往往巧舌如簧，结果可能是作为协调者的管理者反而成了被说服的对象，这种情况出现时就说明管理者的协调工作失去了作用。不仅如此，如果管理者的工作不到位，在处理问题的过程中往往会由于责任不明确导致各职能部门之间扯皮，或者管理者在发生冲突的各方之间和稀泥。在协调中为了使冲突各方心平气和，就需要首先明确各方责任，要求各方在相互配合的前提下完成自己的本职工作，将被协调的各方的眼光放在企业未来发展的层面上。第三个原则就是加强互相谅解和沟通。矛盾处处存在，不存在矛盾就不正常了。在做协调工作的过程中，管理者要让被协调方抱着谅解和沟通的心态达成合作，不要让已经出现的矛盾再次激化。管理中的很多事情有时并非"丁是丁，卯是卯"，这就需要冲突各方相互理解和支持。冲突的发生往往是由于当事人双方争执不下，让步就意味着丢面子，在这种心理障碍下使冲突不断升级。这时，管理者应该让出现矛盾的各方都要有台阶可下，并且通过适当的方式让各方都感到非常有面子。退一步海阔天空，相互谅解往往会使问题得到圆满解决。当企业内部各部门之间（而不是个体之间）出现冲突的时候，部门管理者应该首先做出让步，这样才会更加有利于问题的解决。

二、企业内外部关系的协调

企业管理中需要协调的内容涉及方方面面，总体说来，可以分为对企业内部关系的协调和对企业外部关系的协调两个方面。内部关系的协调包括对物的协调和对人的协调，外部关系的协调包括企业与消费者、政府、媒体及社区等多方面关系的协调。

（一）企业内部关系的协调

企业内部成员之间会由于多种原因产生矛盾，化解这些矛盾就需要充分发挥管理者的聪明才智，通过巧妙地处理好各部门、各成员之间的关系，协调企业内部的关系。企业内部协调的内容是多方面的，包括人际关系的协调、各职能部门关系的协调、各种生产要素之间关系的协调等。人们在生产和生活过程中会建立起各种各样的人际关系，其中有通过行政方式建立起来的基于正式组织的人际关系，也有通过情感、兴趣爱好或血缘等关系建立起来的基于非正式组织的人际关系。正式组织和非正式组织这两种形式下的人际关系往往并不一致，二者在有些时候会出现矛盾。所以，处理好二者之间的关系，尤其是通过非正式组织促进正式组织的发展，就成为管理者需要掌握的非常重要的管理技巧。企业内的员工个体之间具有长幼、资历深浅等多方面的差异，管理者在处理这些关系的过程中也会感觉非常复杂。通过有效地协调企业内部的人际关系可以为员工的工作创造和谐的环境，培养员工对企业的归属感和强化企业对员工的凝聚力。企业成员之间的矛盾更多时候产生于权、利及发展机会的争夺。在其他人面前展示自己的才能，表现出较他人更加优秀是人们正常的思维方式。但是，企业的资源是有限的，于是，成员之间基于利益的矛盾时时都会存在。既然每一位员工都需要在其他员工面前有面子，管理者在协调员工之间的关系的时候首先需要肯定每一位员工对企业的贡献，让每一位员工都能够展现自己的才能，而不是刻意压制有才能的员工崭露头角，这样的管理者在企业成员中间的威信就会大大增加。在与员工的交往中，管理者有责任创建一种相互尊重和互惠互利的文化氛围。在这样的氛围下，企业成员之间就会多一些相互依托、少一些纷争。既然员工之间关系的不协调往往是基于利益关系的不协调产生的，管理者就需要从自身做起，处理好员工之间的利益关系。不但如此，管理者还需要处理好各职能部门之间的关系和各生产要素之间的关系。在利益关系得以理顺的情况下，各职能部门之间就能够鼎力配合，树立集团作战的思想。高层管理者的协调能力及工作风格等在协调各部门之间关系的过程中发挥着关键性作用。生产要素的协调说到底也是利益关系的协调，因为生产要素的占有状况就决定了各部门谋取收益的机会，生产要素的协调包括产品生产和销售诸多方面关系的协调、产品生产与相应原材料供应关系的协调、资金支持及相关生产技术等方面的协调等。所有这些方面无一不关系到企业的生存和发展，如果彼此之间的关系不能理顺，则企业各部门的效率就会降低，各部门之间还会出现互相推诿责任等问题。这需要企业的高层管理者通过协调及建立比较完善的制度对各方行为进行约束，以保障企业按部就班地运转。通过比较完善的质量管理制度、绩效考核制度、财务管理制度、原材料供应制度等理顺各方之间的关系，保障信息畅通，避免在企业运行中出现各自为政、阳奉阴违、倒行逆施及命令不统一等问题。

（二）企业外部关系的协调

任何一个企业都不能脱离社会而独自运行，企业为了获得更好的生存和发展，就需要不断与其他的组织打交道，在相互交流中不断发展自己。企业必须周而复始地与外界组织打交道，才能得以持续运行，所以，企业的成长环境对企业的发展非常重要。企业为了生存和发展就要不断地处理好外部关系，在双赢互利中推动各自的发展。企业不能急功近利，企业需要处理好自身发展与外部环境之间的关系，处理好与政府、社区、新闻媒体及消费者之间的关系。

首先是企业与政府之间的关系。企业需要在政府制定的制度、政策等环境下运行，所以，企业在谋求自身发展的过程中不能对其他企业造成损害，这就需要企业的日常经营要遵循法律法规。否则，企业的行为就会被政府禁止。除此之外，还需要企业的管理部门熟悉政府机构的办事程序，以便企业处理各种事务时能够做到高效和及时。在这方面，企业尤其需要注意的是不能因为企业的自身发展而损害国家甚至是人民的利益。

其次，企业也要处理好与消费者之间的关系。消费者是企业的衣食父母，"消费者是上帝"并不是一句空话，企业不为消费者真心服务，消费者就不会买企业的账。企业生产的产品必须是符合消费者需要的产品。企业首要的目标是为消费者提供产品（服务），然后才是创造收益。如果企业将目标重点放在获得收益层面时就会侵害消费者的利益，消费者投诉的情况就会发生，企业形象会受到影响。企业在短时间内会得到一些收益，但从长期看是在堵自己的路。为了更好地与消费者进行沟通，企业可以定期地对消费者进行调查，及时发现产品（服务）中存在的不足和缺陷。

在产品上市的初期阶段，消费者可能对产品不太了解而使产品的销路不佳，这时就需要企业通过各种媒体与消费者进行有效的沟通，让消费者全面地了解产品，并逐渐成为企业的忠实顾客。企业可以通过各种新闻媒体传播企业的良好形象，让更多的消费者接受自己的产品，要避免新闻媒体对产品做一些不切合实际的负面报道进而影响产品的市场前景。企业在向消费者宣传自己的产品的时候不能言过其实，过于夸张产品的特质就会涉嫌欺骗。

在处理好如上各层面关系的同时，还需要搞好企业与社区之间的关系。不同企业虽然所处的位置不同，但都要与当地的居民产生关系。企业所需要的劳动力很多时候需要从当地居民中选聘，好的企业应该使当地居民受益。如果企业不能处理好其与周边居民之间的关系，就会影响企业的原材料供应、用水、用电及交通等诸方面。企业与当地居民之间应该建立起互利互助的关系。企业的发展只有能够拉动周边地区的经济发展以至居民的个人生活水平能够得到显著改善时，居民才能支持企业的发展。

三、冲突的类型与化解对策

企业在发展中，企业内部及企业之间都会不时地产生冲突。人们印象中的冲突一般都是对抗性质的，其实冲突并非都是对抗性质的。从冲突的性质层面讲，可以划分为建设性冲突和对抗性冲突。大家认为冲突对企业的发展是不利的，这实际上是针对对抗性冲突而言的。建设性冲突与对抗性冲突不同，是为了弄清楚问题而人为建设的一种冲突类型，通过在某一问题上进行针锋相对地论争，最后达到集思广益地解决问题的目的。企业为了获得良性发展，有时会人为地制造一些建设性冲突。建设性冲突的结果是可以预知的，因此，建设性冲突对企业的发展是有益处的，可以让冲突的双方发泄不满进而促进双方之间进行很好的沟通，避免问题长期处于潜伏状态而给企业的发展带来不必要的危害。冲突的各方会适度地藏匿自己的锋芒并抱着与对方合作的态度，解决表面上看起来比较棘手的问题。建设性冲突很可能是一些模拟的冲突，冲突中谈及的问题很可能是一些虚拟性质的、目前并不存在但将来可能会发生的问题。在建设性冲突解决对策的探索过程中，很有可能激发一些新观点，从而激发管理者创新，这是建设性冲突的意外收获。通过化解问题推进企业的进步，在增加企业凝聚力的同时促使企业各部门、各成员之间精诚团结。

如果企业中已经出现了一些对抗性质的冲突，管理者不能对之视而不见。冲突产生后必须解决，但不一定需要马上解决或者直接解决。一些冲突在冷却一段时间后再进行解决往往会达到事半功倍的效果。在处理冲突问题上可以很好地展现管理者的管理艺术。处理冲突除非实在别无他法，一般不主张实行强制解决。以下一些方法在处理冲突时可以起到很好的作用。

①适当冷处理。在冲突出现的时候，管理者适时介入，并通过行政权力解决问题，往往会使问题在表面上解决了，但当事人在管理者介入的情况下有时感情会更加冲动，这反而不利于问题得到彻底解决。适当回避双方当事人并采取冷处理的方式解决问题应该是管理者的明智选择。在双方的火气都有所下降后，对于一些不是十分严重的冲突而言，当事人双方可以自行解决。

第八章 涂抹润滑剂，消除组织内耗——准确判断冲突，展示协调魅力

②双方谋妥协。在管理者的协调下，让冲突双方做出一定程度的让步。此法与冷却处理方法不同，管理者在中间起到"和稀泥"的作用，让双方达成共识。"和稀泥"的优势在解决冲突的时候能够出现奇效。在管理者的协调下，让当事人做出让步，可能其中的一方会受到一些损失，但一定要让另一方知道这种损失的存在。没有受到损失的一方会对受到损失的一方心存感激。

四、管理者协调能力的构成

管理者一定要具有较高的协调能力，才能够及时化解企业中的各种矛盾，将企业中可能出现的内耗问题降到最低。管理者的协调能力不是先天养成的，需要在实践中不断汲取经验，并且，在与其他管理者进行交流的过程中不断充实自己的协调能力。

（一）成员沟通

管理者不但是"领航员"，而且是"协调员"。管理者一定要通过让他人能够理解的方式，在管理者与被管理者之间建立起沟通渠道，这样才能得到下属的支持和理解。没有得到下属的支持和理解的管理者就会成为真正的"孤家寡人"。所以，在促成上下级之间、同级管理者之间的沟通的过程中，管理者要做到积极、主动。管理者在与下属进行沟通的过程中，不要以强压的方式进行。虽然管理者拥有权力，但强压这样的沟通方式会使管理者在企业成员中逐渐失去人望，成员与管理者之间的合作就会名存实亡。

（二）激励下属

管理者要学会利用合理的激励手段让下属为企业的发展努力工

作，这实际上也是一种沟通能力。为此，管理者不但要有丰富的管理经验，而且要对企业的情况非常熟悉，掌握企业中的每个成员的具体情况，从而可以认真分析每个成员的需求，在实施激励措施的时候就能够针对不同的成员施以差别化的方法。这需要管理者具有较强的分析问题的能力，以便能够得出正确的结论，针对企业成员对症下药，这样推出的激励措施是最有激励作用的。管理者一定要做到：让员工有进步的欲望；在企业内创造公平的氛围；让企业成员感觉到工作具有挑战性。

（三）人际交往

管理者在与被管理者进行交往的过程中，要让被管理者感觉到受到了管理者的尊重。管理者应该为被管理者创造一定的、相对公平的交往氛围。在这样的平台上，二者之间就能够做到坦诚交往，被管理者就能够成为管理者的"铁哥们"。在上下级之间交往的过程中，上级不要有让下属对自己"顶礼膜拜"的预期。管理者并不是被管理者的偶像，在被管理者眼中，管理者就是权力的代言人，在管理者威望不高的情况下，被管理者服从的是权力而不是管理者本人的魅力。管理者"下台"后就会形成"人走茶凉"的局面。所以，管理者应该基于健康的人际关系在企业中营造出良好的交往氛围，这是管理者交往能力的体现。

（四）公平的心态

管理者也是有七情六欲的，但管理者不能将个人的私欲与企业的发展结合在一起。管理者的欲望应该代表企业所有成员的欲望。在面对所有成员的过程中，管理者应该根据制度行事，对任何企业

第八章 涂抹润滑剂，消除组织内耗——准确判断冲突，展示协调魅力

成员都不能偏袒，不能按照个人关系的亲疏远近在内部"画框框"。管理者能够保持公平的心态，就能够在企业中出台公平的制度进而营造公平的氛围。公平的环境是建立和谐人际关系的平台。

第三节　刺猬都有势力范围

生物学家曾经做过这样的实验：在寒冷的季节将十几只刺猬放到户外的空地上，被冻得浑身发抖的刺猬为了取暖只好紧紧地靠在一起，但相互靠拢后又因为忍受不了彼此身上的长刺对自己造成的刺痛很快又分开了。每只刺猬由于自己身上的长刺使其与别的刺猬之间的距离不能太近也不能太远，太近身体会被刺痛，离得太远又冻得难受。刺猬们于是在寒冷的野外就会聚了又散，散了又聚。刺猬们在这反复聚散的过程中最后终于找到了一个适中的距离，在这个距离内，每只刺猬可以相互取暖又不至于被彼此刺伤。

上述实验现象后来延伸到管理学中，称之为刺猬法则。刺猬法则中的适度距离实际上就是一个企业中人际交往中"心理距离"。管理者的责任就在于使员工之间保持适当距离的同时维护好企业的利益，如前所述，在所有员工之间、员工与管理者之间形成"亲密有间"的关系。"亲密有间"可以使所有员工之间保持适当的心理距离，但又不至于无法合作。

第八章　涂抹润滑剂，消除组织内耗——准确判断冲突，展示协调魅力

管理者在实践中不能忽视"刺猬法则"的存在，管理者有责任使企业中的每个个体的"刺"尽量缩短，否则，就会影响员工之间的合作进而影响企业的发展。管理者缩短员工的"刺"的办法就是设定比较合理的制度，包括合理地安排工作岗位、适度的奖惩措施、相对客观的绩效考核标准、透明的管理制度等。这些都会在不同程度上影响着员工的行为表现。各种制度设计得相对合理，员工就会将其全部或者主要精力集中在工作上。员工不需要过分担心自己的报酬及各方面的待遇，因为这些都是按照制度自动生成的。员工的奋斗目标明确，而且可以全身心地投入工作，员工之间及员工与管理者之间的戒备之心就会减弱。

实际上，"刺"无处不在，我们每个人身上都有"刺"，只是在面对不同的对象时"刺"可长可短而已。"刺"的存在是一种本性，刺猬的刺是一种真实的存在，而人的"刺"只是一种抽象的比喻而已。没有不存在"刺"的世界，也没有不存在"刺"的人。但是，只要有合理的制度，就会将"刺"尽量缩短并实现个体之间的良性合作，使企业的内耗降到最低。

企业中上下级之间的层级关系会使成员之间产生一定的心理距离。这种距离的存在会使下级感觉到被管理的压力。为了减少管与被管之间产生不必要的麻烦，上下级之间会有意识地缩短这个距离。在距离拉近的过程中，管理者让被管理者感觉到平易近人、和蔼可亲，被管理者让管理者感觉到服从命令。但是，这种距离很难把握，管理者有意拉大这种距离时就暗示了其缺乏自信，被管理者有意拉大这种距离的目的在于挣脱管理者对其的约束。所以，上下级之间

准确把握这种距离的关键在于能够对彼此做出准确的判断。聪明的管理者会施展其管理技巧拉近这种心理距离，使自己能够做一个善解人意的管理者。在缩短这个距离的过程中，管理者在很大程度上起着主导作用。为此，管理者需要做到这几点：及时疏导下级的压力；对下级进行适当安抚。在批评员工时可以运用诸多技巧，诸如旁敲侧击、正调反唱、耐心求教等。用宽容的心态对待下属，下属感觉到管理者与自己有意亲近，也就无须再过多地惦记工作以外的事情，于是，会将自己的全部精力用在工作上。

第四节　缺乏沟通导致事倍功半

　　小强明天要参加小学毕业典礼，在家长的极力说服下，小强打算精心打扮一番。小强在妈妈的陪同下买了条裤子，美中不足的是裤子稍微长了一些。这当然不是问题，因为妈妈和奶奶都是缝补高手，这个问题就交给妈妈和奶奶解决吧。

　　晚上，妈妈和奶奶都在忙着做饭，将裤子稍微长一些的事情忘记得一干二净。睡觉前，妈妈忽然想起儿子的裤子还没有裁剪。于是，她赶忙拿出各种应手的工具对裤子进行加工，之后将收拾好的裤子整齐地放在儿子的身边，非常高兴地到自己的房间睡觉去了。

　　半夜里，奶奶被窗外的大风惊醒，赶紧起床关好门窗，忙碌之余忽然想起孙子明天毕业典礼上需要穿的裤子还没有裁剪好，赶忙拿出各种缝补工具将裤子裁剪、加工了一番，一切弄妥后将裤子整齐地叠放在孙子的身边。

　　第二天早晨，小强穿上自己心爱的衣服后发现有些不对劲，觉得裤子太短了，赶忙问妈妈，妈妈说她昨晚裁剪了长出来的一截，完全是按照尺寸做的，不会有错的，怎么会短了许多呢？正在纳闷之际，奶奶走了过来。奶奶问明原委后想起自己也做了妈妈已经做过的事情，同一条裤子被裁剪了两次，小强穿上当然就会短许多。

妈妈和奶奶的目的都是为了让裤子更适合小强穿，但由于双方在同一件事情上没有进行沟通，最后的结果却是小强无法穿新裤子参加毕业典礼了。

上文故事中的小强最后穿不了新裤子的原因在于妈妈和奶奶没有在裁改裤子这件事情上进行沟通，双方都是在信息隔绝的情况下做着同一件事情。简单的故事折射出一个非常重要的管理学道理：只有建立在充分沟通基础上的密切合作才能够形成高效率的团队。妈妈和奶奶实际上就构成了一个简单意义上的团队，两个人具有一个共同的目的，即将裤子改好。但是，两个人分别是在对方不知道的情况下各自完成了工作。所以，才造成了裤子被裁剪两次的后果。

一个团队中每个成员都具有为组织做贡献的意愿，但成员之间如果没有有效沟通，即使每个成员的工作非常出色也会产生冲突，使得最后的结果与预期的结果相左。企业的发展不是按照某个成员的意志进行的，而是按照所有成员的意志的合力发展的，合力的方向就是企业的发展方向。现代企业在管理中非常强调团队合作，团队由一群人组成，但不是简单地将一群人聚拢在一起，人群中的个体需要有机地联系在一起。个体相互之间有合作、竞争、明确的分工，完成相应工作要有时间限制，最重要的是有有效的沟通。只有这样，才能保障不会有更多的人力重复做同样一件事情，从而最大限度地避免了人力资源的浪费。一个规模较大的企业会有数量众多

第八章 涂抹润滑剂，消除组织内耗——准确判断冲突，展示协调魅力

的个体存在，个体之间的信息沟通就会存在障碍，这时就会出现由于信息不对称引发的矛盾。为了尽量减少由于信息不对称对企业发展造成的危害，就需要进行严格的制度设计以确保工作上的沟通有效、及时。在上面的故事中，如果在给小强修改裤子的过程中，妈妈和奶奶之间建立了完善的信息沟通渠道，并且，改裤子之前双方进行了必要的沟通，就不会发生让裤子变短而不能穿的现象。

信息不对称是产生如上问题的主要原因。有一个非常简单的例子可以说明这个问题。有时候，人们在家中找一些常用的东西找不到，不是因为记忆力不好，而是因为家中的其他成员将你要找的东西放在了其他地方，而这个地方是你所不知道的。所以，你费了很大的精力去寻找该件东西，但终究不能找到。哪怕家中只有3个成员，一个人用了一件东西之后随便放置在其他的任何一个地方，另外两个人都是不容易找到的。为此，家庭中的所有成员都要非常严格地遵循"某件东西放在一定的地方"的"管理制度"。每一名家庭成员用完一件东西后必须放回原处，如果这件东西需要改变放置的地方，则需要让家庭中的所有成员都知道。从这个意义上讲，不同家庭成员将用过的东西放在一定的地方就是彼此之间的密切合作，成员之间通过"将某件东西放在一定的地方"就使信息对称了，每名成员找到东西的过程就是高效率的。

企业为了达到高效管理和信息对称的目的，需要按照适合企业特点的方式进行组织结构的建设，不同的组织结构方式在上传下达方面的情况不同，这就需要管理者认真分析企业的特点，按照最小成本和最大收益的原则进行资源配置，在企业发展中避免付出不必

要的成本。

　　在团队管理中，需要及时地在成员之间传递信息，如果无法做到这一点，团队成员之间就无法实现成功的合作。沟通是指两个人或者两个主体之间相互地对某种信息的传输或者接受。沟通的内容包括当事人双方彼此之间的态度和感受。沟通扮演着3个层面的功能：在不同成员间进行信息传递；激励成员高质量地完成自己的工作；遏制团队中不良现象的出现和蔓延。为了提高企业运行的高效率，需要在团队成员之间建设必要的沟通的渠道，并且要通过一定的制度的形式得到保证。除了通过正式的方式进行沟通外，还需要具备一定的非正式沟通技巧。沟通的目的在于合作，而合作是需要建立在既定规则基础上的，沟通本身就应该被包括在团队规则范围内。团队中的每名成员需要懂得自己是整个团队中的一个环节，必须与他人保持紧密的协作才能发挥自己的作用。否则，不但不能实现团队的目标，而且还会成为团队发展的瓶颈。

第五节 "受气包"巧用招降服"身边虎"

一、案例简介

B公司的组织变革中，C部门原任经理离职了，小李成了C部门的经理，成了公司的中层管理者。小李由一个普通的员工成了一个管理者，上要面对上司，下要面对下属，还要处理好与同事的关系，哪个方面的关系处理不好就会使自己的工作受阻，小李认为自己步入了"受气包"阶层。

在这次人事调整中，小李原来的同事老张成了小李的下属。老张在B公司中已经工作了6年，比小李年长20多岁。老张与原来的部门经理交情甚好，原来的职位比小李要高。现在成了小李的下属，老张心里边很是不服气，一点都不将小李放在眼中。工作上的事情，老张都直接向公司总经理S报告，小李的工作一时难以开展。小李的工作非常被动。但是，总经理S并没有换掉小李的想法，而是希望小李改变工作方法，与下属和同事进行沟通，尽快营造一个良好的工作环境。小李于是开始对自己的处境进行了详细分析，希望从中理出头绪并找到解决问题的办法。思考之后，小李认为问题主要在自己头上。小李在上任之前实际上对老张就有看法：老张与总经理私交很好，年龄比自己大，老张的技术水平不高。老张原先是小李的上级，现在却是小李的下属，心里自然有些不舒服。小李认真分析后开始振作起来，他认为只有从自身做起，才能够解决自己面对的问题。为了协调与老张之间的关系，小李开始更多地了解老张的工作。老张与小李的关系有了缓和，由对峙变为了合作。小李在一次正式谈话的场合表态，承诺要给老张安排能够做出业绩的工作。老张虽然技术水平不高，但人脉很广且健谈，小李特别为老张安排了公关方面的工作，老张工作起来如鱼得水。小李在与老张谈工作的时候，从来不会用领导的口吻与老张说话，在老张眼中，小李就像一个小弟弟一样。老张气也顺了，心也平了。小李通过自己的方式"降服"了身边的"老虎"。

二、案例分析

（一）管理者犹豫不决

上文案例中的老张原来的职位比小李高，年龄也比小李大很多，生活阅历和工作经验都胜过小李。小李是人事调整过程中的幸运者，有升职后的愉悦，也有无奈。老张就是小李的无奈。小李面对老张这样的员工有些发怵，认为自己是不能"降服"老张的。对于老张，小李在是否采取"措施"方面犹豫不决，进而对自己工作的开展形成了较大的负面影响。小李做事缺乏主见，几乎让自己丧失了"重整河山"的时机。好在他随后进行了反思并付诸了行动，让自己从困境中迅速走了出来。

（二）不清楚下属的工作

从上文案例中的情况可以发现，小李之前对老张的能力并不熟悉，只是简单知道一些老张人际关系方面的信息。小李对下属的工作能力做不到了如指掌，这也是小李的工作陷入困境的原因之一。在一个企业中，每名员工的情况不尽相同，各自都有自己的长处或短处。小李虽然与老张一直是同事，但在老张对自己的工作形成困扰的时候，起初并没有冷静下来认真思考问题，所以，一直没有找到打开"锁头"的金钥匙。小李后来感到自己的工作方法确实存在问题，不清楚下属的工作、不了解下属的工作能力，管理者就没有办法实施针对性的措施。管理者首先应与下属建立合作关系，然后才能指导下属的工作，让下属愿意听从自己的指挥。管理者了解下属工作的过程，也是与下属沟通的过程。

（三）心态调整问题

下级变成了上级，老下级和老上级都感到尴尬是非常正常的事情。老张的心态还没有及时调整过来。作为一个普通员工，还经常想着做中层管理者的事情。企业发展过程进行结构调整进而进行人事调整是很自然的事情，很多人都要面临角色的变化。原来是管理者，角色变换之后成了普通员工；原来是普通员工，角色变换后成了管理者。除了职位的调整，心态调整也是企业成员需要面临的现实问题。管理者要从指挥别人的心态快速转变到听别人指挥的心态。所以，人事调整也包括了心态调整的问题。除了老张的心态要及时调整外,小李也有心态调整的问题。小李虽然走上了领导岗位,但没有很好地履行起领导的工作职责,对下属没有进行行之有效的传、帮、带。

三、案例启示

(一)树立自信

对于上述案例中的小李而言,最重要的就是树立自信,要有正确地行使权力并对下属进行管理、指导的自信。从普通员工变为管理者,身边的环境会发生变化:自己具有支配组织资源的权力;原来的同事成了自己的下属;原来的领导成了自己的同僚;交往的人群也由普通员工变为了管理层。新的环境都为自己正确地发挥权力的作用提供了条件。小李这样的新任管理者在施政的时候往往会产生这样的顾虑:我说话别人会听吗?尤其是在面对老张这样的下属的时候,小李更会有这样的顾虑。有顾虑的原因就在于,小李没有自信。小李从"家庭的成员"变成了"一家之主",就是C部门这个大家庭的主心骨。

(二)岗得其人

上文案例中的老张也并不是一无是处,虽然技术水平并不过硬,但口才好、交际广是老张的强项,这也是企业发展不可多得的资源之一。老张的职业生涯应该说也是九曲回肠,庆幸的是,老张遇到了像小李这样的好领导。小李经过对老张的了解后,明白其优势,也清楚其劣势,将其安排在能够充分彰显其能力的工作岗位上,这就是岗得其人、人尽其才、人岗匹配。小李刚刚走上管理岗位,就能够做到知人善任，这既是小李的美德，也是小李的智慧。常言道："没有无用的人，只有不会用人的人。"这是对管理者的批评，也是对管理者的警诫。企业中的任一成员，从一个方面看可能能力不行，但从另外一个层面看就是企业发展的精兵良将。管理者应该善识人、善用人。小李将老张派上了合理的用场，不但缓解了自己与老张之间的关系，而且让老张也心存感激。"岗得其人"不仅让管理者感觉到管理工作得心应手，而且能够让员工在自己愿意做事情的过程中受到激励。将个人间的情感因素融入工作中去，老张的工作动力就会更足。

（三）注意态度

上文案例中的小李能够很好地处理与老上级老张的关系，也是能够让自己的工作稳住阵脚的关键因素。虽然身为管理者，但对下属非常谦恭，这就会在很大程度上缩短管理者与被管理者之间的心理距离。温和的态度是处理人际关系的润滑剂。同样的一句话用不同的方式表现出来，就会收到不同的效果。心理学研究表明，当甲对乙持有否定态度的时候，虽然甲在一定程度上会掩饰内心的想法，除非甲是非常专业的演员，否则，在眼神或者其他细微的举止方面也会表现出对乙的负面看法。小李在与老张相处的过程中做对了几件事情：替老张安排合适的新工作岗位；与老张交流中注意说话方式。这让老张感觉到：小李虽然在职位上是自己的领导，但在情感上敬重自己是前辈。小李在与老张交流的过程中，情感的因素多了一点，领导的成分少了一点，这就让老张在心理层面容易接受小李。

第九章
火车跑得快,全凭车头带——强化领导管理,为组织把脉

导读

第一节　领导是一种精神，管理是一种责任
第二节　理论领悟
第三节　领导有方方可操琴作乐
第四节　大鸟不与猫头鹰争腐食
第五节　一把手要敢于把"刀"架在自己脖子上
第六节　制定出的制度要让员工心服口服

第一节　领导是一种精神，管理是一种责任

领导是引导组织达到预定目标的过程。从本质上讲，领导是人与人之间的互动过程。领导与管理存在很大差别，前者的任务在于方向上的引导，作用对象是人，着眼于全局与战略问题；后者的任务在于落实计划，作用对象除了人之外更多的是事务及信息等，着眼于具体工作。因此，在企业发展中不能将领导与管理混为一谈。

领导思考的重点既然是企业发展的全局性、长远性问题，就需要给领导更多的思考时间，使其能够有更加宽松的心态思考企业的长远发展。领导需要基于管理做出决策。"经营管理之父"法约尔认为必须将计划职能与管理职能分开，计划是由领导做出的，领导应该负责宏观战略问题，而管理职能则只涉及组织发展的具体问题，管理职能的责任在于将领导的意图具体化。两个方面既有严格分工，也需要紧密合作。

"火车跑得快，全凭车头带。"优秀的领导能够鼓舞士气、凝聚人心，从而提升企业的竞争力。福耀玻璃工业集团股份有限公司

的曹德旺认为，管理者需要具有企业家精神，具有企业家精神的企业家应该具有如下特点：勇于创新、吃苦耐劳、淡泊名利。这样的企业家应该明大德、守公德、严私德和积阴德。其中，积阴德就是"做了好事不一定需要别人知道，只要明白这是自己应该做的就可以了"，这实际上就是企业家的社会责任感。领导一定要具备企业家精神，这样的领导才会具备一流的管理水平。从这个逻辑看，领导是一种精神，管理是一种责任，这种精神和责任是通过企业的发展状态表现出来的。

第二节　理论领悟

一、领导的概念

关于领导的概念非常多，但诸多概念中离不开如下这个基本含义：领导是指引、带领组织成员并通过自身影响力影响组织成员达到预期目标的过程。将这一表述拆解开后，可以看到该职能包含着领导对象、领导权力和领导影响等三层含义。

①领导对象。在一个组织中，需要理顺组织成员之间的关系的时候才会有领导的必要。在组织中，领导者一定要与群体或组织中的其他成员发生关系，这些人就是被领导者。没有被领导者，领导工作就失去了意义。

②领导权力。在一个组织中，领导者与被领导者之间的权力是不对等的。领导者拥有相对强大的权力，可以影响组织中其他成员的行为，在组织中扮演着支配其他成员行为的角色，组织中其他成员却没有这样的权力。

③领导影响。即领导者对被领导者施加影响。领导者要通过个

人魅力、领导风格、思维方式、创业精神等各方面的优秀品质对被领导者形成正面影响，在组织发展过程中形成健康向上的工作氛围。

二、领导的作用

领导的作用表现在三个方面：协调组织关系，指挥组织运转，激励成员工作。

①协调组织关系。协调组织成员的关系及活动，使组织成员步调一致地朝着共同的目标前进。组织在发展中的任何事情包括制订计划、建立组织机构、配备人员等都要靠人来完成，而这些人或者职能部门之间往往会有不同的目标追求或者不能有效地集中力量做事情，这就需要领导在其中发挥作用。领导的作用就在于引导组织成员有效理解组织目标，使全体人员步调一致地实现组织目标。领导者需要及时发现组织中存在的矛盾，并通过有效的方法协调好这些矛盾，使矛盾不能扩大。

②指挥组织运转。领导者通过引导、指挥、指导或先导活动帮助组织成员最大限度地实现组织的目标。组织的利益与组织成员的利益应该是一致的，如果将组织成员的利益与组织的利益分开，就会在组织成长的同时造成组织与个人之间的矛盾。所以，领导者应该能够很好地将组织成员的个人利益与组织的发展目标有效地结合在一起。人们期望在愉快的气氛里工作，并受到领导者的重视，通过努力实现个人目标。通过领导工作，让员工感觉到个人与组织紧密联系在一起，员工需要自觉地服从组织目标，增加员工对组织的信赖和感情，从而把个人目标与组织目标有机地结合起来。

③激励成员工作。调动组织中每个组织成员的积极性，使其以高昂的士气自觉、自动地为组织做出贡献。汇聚在同一个组织中的成员具有不同的需求、欲望和态度，领导的工作就是把人们的关注点引向组织目标，并使所有人满怀信心地为实现目标做贡献。领导者的责任不仅在于让组织成员做"所能为者"，而且要做"可能为者"，需要通过一切手段调动组织成员的积极性，使组织成员能够积极地投入到为组织的发展而工作的过程当中去。领导的本质不在于其掌握多少权力，而在于通过其掌握的权力代表组织的利益，为组织中的所有成员谋福利。领导的责任不在于向下属发号施令，而在于其通过自身掌握的权力能够对下属产生多大的影响力。

三、领导的要素

领导包含的要素非常多，应该说任何对领导的魅力产生直接或者间接影响的因素都可称得上为领导要素。一般而言，领导的要素包括个人影响力、对员工的理解、激励鼓舞员工、文化氛围建设等多方面。

①个人影响力。根据前文所述可知，个人影响力包括权力性影响力和非权力性影响力。权力性影响力包括依托传统因素遗留下来的影响力，即由于领导者在科层制度下传承得来的权力因而具有的影响力，这实际上就是一种强制权力；领导者由于所在职位而具有的影响力；领导者具有提供奖金、提薪、表扬、升职和其他任何令人愉悦的东西的权力因而具有的影响力。领导者只有具备如上的这些影响力才能够对自己的下属产生约束效力，通过自己具有的支配

资源的权力对组织成员的行为产生影响，以保障组织成员按照自己的目标（即组织的目标）做事。非权力性影响力包括了领导者本人的人格因素、知识因素、能力因素、感情因素等，这样的影响力不是通过行政任命得到的权力，领导者由于具有自身的人格魅力而拥有了该类权力。不同的领导者的非权力影响力有很大差异，在实际管理工作中产生的影响也有很大不同。

②对员工的理解，包括理解员工的心理与行为规律，懂得调动员工的积极性与创造性。很多专家认为领导的艺术性高于科学性，领导者为了将管理的艺术性发挥得淋漓尽致，就需要在管理心理学方面下功夫。从心理学方面更好地洞察管理学的道理，从而更好地把握组织成员的心理规律，让管理实践不再是一个生硬的、刻板的、让组织成员被动接受的过程。从员工的内心需要出发，将管理过程与激励措施很好地结合在一起。

③激励鼓舞员工。激励是领导的一项重要职能，通过多种方法高效地调动员工工作的积极性，包括物质手段和非物质手段。领导者需要掌握更多的激励手段，让组织成员受到激励和鼓舞，将员工的个人工作动因与组织的发展紧密结合在一起。

④文化氛围建设。组织文化氛围对员工的成长和发展有着重要作用，好的组织文化氛围有利于形成健康向上的组织文化并引导企业高效发展。组织成员在力争向上的组织氛围中会相互感染，从而相互之间产生激励作用。组织的氛围需要领导者带领组织成员刻意去营造，不是领导者的孤军奋战。

第九章 火车跑得快，全凭车头带——强化领导管理，为组织把脉

四、领导理论

领导者虽然不必精于技术专长，但一定要会合理使用人才。领导者的责任在于探索能够激发员工工作积极性的工作方法，自己要成为员工的助手。领导者需要创造合理的管理方式。管理学中的领导理论就是要在这方面做些探索。所以，领导者的责任不在于自己直接做多少工作，也不需要自己动手做所有工作。如果领导者是自己着手做所有工作而没有充分调动组织成员的积极性，这并不能说明领导者工作认真、积极，只能说明领导者缺乏领导才能。主要的领导理论有坦南鲍姆与施米特的连续统一体理论，费德勒的随机制宜理论，勒温的领导风格理论，利克特与阿吉里斯的人际关系理论，阿吉里斯的不成熟－成熟理论，布莱克与穆顿的管理方格理论，科曼的情境领导理论，科特的领导素质理论。

五、领导方法和领导艺术

管理学是一门科学，但在管理实践中还要特别依托领导者的管理艺术，才能够将管理进行得有条不紊。所以，领导方法和领导艺术是管理学的重要组成部分。领导方法是指领导者为实现预定目标而在管理工作中解决实际问题的基本方法和途径，其本质是领导者在管理中必须遵循的实践规律和原则。领导者在实践中需要讲求领导方法，才能将管理工作做到位。

在实践中存在着两种对立的领导方法：实事求是的方法和主观主义的方法。主观主义的领导方法的问题主要表现在：做事凭借主

观意愿；片面执行上级指示；工作方式保守，因循守旧；工作态度强硬粗暴；擅长做表面文章；忽视下属员工的意见。这种方法是领导者从自身的主观愿望出发考虑问题的领导方法，会脱离实际，管理效果会存在问题。与此相反，实事求是的领导方法则强调：注重客观实际；考虑问题全面；具有开拓、创新精神；做事认真、细致；充分尊重群众意见。

  为了使领导方法更好地发挥作用，就需要充分借助领导艺术，这是领导者综合才能的表现。领导艺术表现为领导者创造性地运用已经掌握的科学知识和领导方法处理管理中出现的各种问题，在处理问题的过程中充分体现领导者的智慧、学识、胆略、品格、能力。领导艺术至少应该包括如下几个层面的含义：建立在领导者个人素质的基础上；与实践密切联系；领导者具有很强的创造性；领导者处理问题灵活；以处理工作中的复杂矛盾为职责。

第三节　领导有方方可操琴作乐

子贱是孔子的学生，有一次奉命做地方官吏。子贱到任以后时常弹琴自娱而不管政事，其管辖的地方却得到了很好的发展。曾经管理此地的官吏非常困惑，觉得自己在任时整天忙里忙外而不能达到百姓安居乐业的效果，子贱为何整日操琴自娱就能够达到这样的目的呢？子贱的回答是："你的管理思路是靠自己的力量达成目标，我却是借助别人的力量完成任务。一个人的力量非常有限，而大家的力量很强大，我只要提出正确的管理思路让大家去做就可以了。"

子贱的话非常对，管理者的责任在于管理，即管理组织内部的所有成员按照组织的发展意愿行事，而不是管理者自己每天忙得焦头烂额。现代企业的管理者往往将所有的事情都揽在自己身上，所以会整天非常忙碌，而这些工作其实完全可以不由自己做。管理者之所以会将这么多的事情揽在自己的头上，不但可以表现出自己为组织的发展兢兢业业，而且可以将权力集中在自己的手中。每个人都会有权力欲，但适度地授权不但可以提高工作效率，而且可以为建立完善的组织制度奠定基础。在组织的规模相对较小时，管理者可以做到事必躬亲；随着组织规模的增大，管理者想做到事必躬亲就显得心有余而力不足。事必躬亲一方面会使自己非常忙碌，另一方面还会使自己的下属非常清闲。本来应该由下属承担的事务却由管理者一人承担，不但管理者的精力不够用，而且还会使得很多事情办理不好，以致会出现延误企业发展的事情。管理者将大权集中在自己的身上，还会招致下属的不满。管理者的这种工作方式会使下属失去更多展示自己才华的机会。

子贱能够非常悠闲地操琴自娱，说明他已经深谙集权与分权的道理。管理学认为，集权与分权是相对的，集权是权力在较高管理层的相对集中，分权是在集权条件下的管理者对权力的适度下放。没有绝对的集权，也没有绝对的分权。绝对的分权就是放羊，绝对的集权就是独裁。

适度分权不但可以充分调动下属工作的积极性，而且能让员工在集思广益的工作氛围中充分发挥聪明才智，达到"众人拾柴火焰高"的效果。管理者的责任在于通过设计合理的管理制度让下属按照企业的发展意愿做事。管理者以及管理层的思想就是企业的发展轨迹，管理行为在于在合理分工的基础上让所有的组织成员各行其是；同时，辅以奖罚分明的收入分配制度，以便更好地调动大家工作的积极性。

在上面的故事中，前任地方官看到子贱非常悠闲地操琴自娱只是表面现象，子贱在操琴之前应该是比较繁忙的，因为子贱需要经

第九章　火车跑得快，全凭车头带——强化领导管理，为组织把脉

过周密地布置才能分派给下属合适的工作任务。如何分派给下属任务以及分配给每个人多少任务就是子贱的管理技巧了。如果给下属分派的任务不合理，必将产生内耗现象，这自然不是子贱所需要的。为了不至于产生这样的失误，就需要在分派任务之前经过精心的考虑并做出非常细致的布置，让下属之间的职能不交叉，同时也不会出现没有人管的现象。子贱为了达到这样的效果，需要绞尽脑汁地思考。在思考成熟并将任务分派下去后，子贱自然就会轻松许多，因为每一项任务都有相应的人去做，子贱所需要做的就是让相应负责监督职能的人员对每名履行相应职能的下属的工作进行检查并保障其工作的质量就可以了。每项工作都能够按部就班地进行后，子贱相对就显得比较"清闲"了。人们看到子贱的清闲，是因为没有更多地注意到他在清闲背后周到、细致的工作。子贱虽然表面上看很清闲，但在心中都时刻计算着每名成员完成相应工作的时间表，子贱的责任在于按照这样的时间表对每名下属的工作进行验收，以保障各项工作能够在密切配合中有条不紊地进行。

有一个车间主任，每次下班后他都是最后一个离开车间。临走之前，他还要检查一下电灯是否关掉、门窗是否关好等非常琐碎的事情。后来，这件事情被公司的主管上级知道了，主管上级对该车间主任不但没有表扬，而且对之进行了非常严厉的批评，说如果再发生类似的事情就会免掉其车间主任的职务。这让车间主任很意外，自己对工作兢兢业业，怎么上级还这样对我呢？

实际上，上面故事中的车间主任的主管上级对其这样要求不算错。车间主任作为基层的管理者，应该对车间内的工作进行明确的分工，责令每个人完成相应的工作即可。检查电灯是否关掉、门窗是否关好等诸如此类的事情完全可以安排相应的人员完成，自己没有必要亲自做这些事情。主管上级之所以这样做，就是看到车间主任犯了事必躬亲的错误。表面上看，车间主任非常兢兢业业，但实际上不会管理。一个车间会有很多日常事务需要车间主任处理，车间主任一定要该抓的事情抓牢、该放的事情放开。主管上级那样要求车间主任的目的不在于对其进行惩罚，而在于让其改变工作思路，通过建立切实可行的管理制度让该车间的运转效率更高。

与上面故事中的车间主任的做法相比，子贱的做法符合管理学原理，所以，他能在自己非常"清闲"的同时还将各种事情都处理得井井有条。该自己管的事情自己管，不该自己管的事情就不要硬管。否则，就会出现事倍功半的结果。

管理者不一定要每天忙得团团转，适度分权让每个人都能够安心地为企业的发展效力才是管理之道。

第四节　大鸟不与猫头鹰争腐食

　　《庄子》里有一则庄周与惠施的故事。战国时，魏国的相国叫惠施，庄周想与惠施见面谈些事情。惠施听人传言说庄周这次来魏国是为了取代其在魏国的相国职位，非常紧张，派很多人马四处搜找庄周并寻机杀之，但终究还是没有达到目的。惠施正在惶恐之时，庄周居然找上门来。庄周给惠施讲了这样一个故事：南方有一种大鸟一直向北飞，飞到了北海，在整个飞行的过程中坚持的原则是只在梧桐树上栖身休息、只食用鲜果用来果腹、只饮用甘甜的清泉解渴。相比之下，猫头鹰就不一样了，弄到了一只死了好几天的老鼠还当作一顿美餐呢！在猫头鹰正享受其美味的时候，那只大鸟飞到了猫头鹰的头上，猫头鹰赶紧护食，还以为这只大鸟要与之争夺那只死老鼠呢！

　　上面故事中的猫头鹰扮演了一个非常不光彩的角色，猫头鹰映射了惠施，以为庄周要与其争抢魏国相国的职位。从庄周所讲述的故事可以看出，庄周根本就看不上相国这个职位。猫头鹰认为死老鼠是美食，但在大鸟的眼中，猫头鹰吃的只是一堆腐肉而已。猫头鹰以为大鸟会与自己争抢腐肉，其实，大鸟根本就看不上这样的腐肉。在庄周的眼中，惠施的相国职位就是"腐肉"。根本就不必护着，因为庄周根本就不会与之争抢。

　　很多企业中会出现这样的情景：一些低能的人在自己的职位上不能干出出色的业绩，但为了保住自己的职位而每天忧心忡忡，睁大双眼看着下属，好像这些人都要与自己争抢职位一样。看见有比自己才能更加突出的人，就机关算尽地对之进行"管理"，以便能够保住自己的职位，压制优秀人才的成长。所以，这些人虽然整天觉得自己高高在上，但因为害怕别人取代自己而疑神疑鬼。于是，会将自己的心思花费在对付人上面，而不是将工作做得更好。其实，每个人的想法有很大的差别。有些人确实想一心做"官"，享受一下管理别人和让别人听从自己管理的感觉。当然，在享受到这些无形的东西之后还能得到一些物质上的利益。但是，在另外一些人看来，这些都是"猫头鹰得到的腐肉"，即使"猫头鹰"不对之进行精心地看护，这些优秀的人才也不会与之争抢。管理者的这种状态不但会压制优秀下属的成长，而且还会延误企业的成长。

　　管理者最担心的是自己的职位被他人觊觎，因为这是自己苦心经营多年才得来的。但是，管理者需要具备与其职位相应的才能。否则，将不能在相应的职位上待得很久。低能的管理者不愿意让出其管理职位只是一厢情愿。优秀的后备人才就像雨后春笋一样，虽然自己的头上有块大石头压着，但其百折不挠的精神和顽强的生命力必将会把石头顶到一边去，赢得应该属于自己的一片天空，现任

第九章　火车跑得快，全凭车头带——强化领导管理，为组织把脉

管理者的百般阻挠也终将会成为历史。为了企业的发展，用优秀人才替代平庸的人才是大势所趋。其实，在任管理者刻意压制下属成长的过程中，其他的下属也会看在眼里。于是，管理者在企业中的形象就会大打折扣，不会有下属真正愿意死心塌地地为其工作的，这也就是很多企业管理效率低下的原因所在。

上面的故事中，庄周给惠施讲了猫头鹰和大鸟的故事。其实，现实中不会有下属为自己的主管上级讲这样的故事，下属不但不愿意讲，而且也不能讲，上级自然也不会为下属提供讲故事的环境。下属需要做的就是不要与主管上级发生冲突，要学会与自己不喜欢的领导打交道的技巧，不能像杨修那样做事太过于招摇。由于管理者与被管理者权力的不对称，下属的最好选择就是避开管理者的锋芒，努力为自己的生存创造尽量好的环境。从管理者所角度来看，不要为"腐肉"而争，应该提高自身实力，用自己的魅力影响身边的下属才是企业管理工作的真谛。

企业内各种类型的成员都存在，不仅有君子，也有小人。小人在企业内一般扮演如下角色：阿于奉承、欺上瞒下、善用骗术、狐假虎威；谣言惑众、无事生非、捕风捉影、歪曲事实；借题发挥、暗箭伤人、挑拨离间；结党营私、收买人心、阳奉阴违；嫉贤妒能、诡计多端、贬低别人、抬高自己；变幻无常、见风使舵；浑水摸鱼、渔翁得利、疑神疑鬼；见利忘义、多吃多占；落井下石。企业内部多了这样的势利小人，组织成员之间就会争权夺利，整个企业就会被搅得鸡犬不宁。这时，管理者就需要对这些势利小人进行提防并维持企业的正常发展，保证优秀员工努力工作并得到其应该得到的

回报。考虑处理这些小人应该采用什么策略是非常有必要的，比如以下这些：让君子与小人保持适当的距离；在小人面前说话时要留心眼；适当吃些小亏，以防与小人结下仇结……下属一定要学会与自己不喜欢的领导打交道。同样，管理者也一定要学会与自己不喜欢的下属打交道，下属虽然在人品上可能是小人，但也许在专业上可能是佼佼者。善于利用小人的优秀方面是管理者必须具备的素质，但要把握一点，不能让小人担任领导。

第五节　一把手要敢于把"刀"架在自己脖子上

一、案例简介

某集团新调整后的领导班子认为下属的热电厂的问题一直没有得到根本解决的原因在于：领导们在利益问题上不愿从自己头上开"刀"。经过认真讨论后，领导班子认为热电厂目前需要解决的关键问题并不是制订宏大的未来计划和提出振奋人心的口号，而是要在员工中树立好的形象，让员工对领导信服，这样才能得到员工的支持和拥护。

员工最关心的就是房子问题，热电厂一年前盖了800套房，因为种种原因一直都没有分下去。热电厂的领导班子认为，领导干部应该先人后己，只要干部不搞特殊，员工的工作就容易做。为了给员工做出榜样，领导班子做出决定：干部与工人按照同样的标准分房，市区的房子优先照顾年纪大的员工和对热电厂发展有突出贡献的员工。为了达到"城门立木"的效果，厂长和副厂长主动将自己本来应该分得的大房子让给居住条件有困难的员工，自己仍然居住在原来的小房子中。员工看到了领导干部的高尚品格。领导想着员工，员工就会关心生产，热电厂的生产状况明显好转。

热电厂的领导班子不但关心员工的居住问题，还非常关心员工在生产过程中的安全问题，安全与每一名员工的幸福生活是直接相关的。厂长认为，领导干部不能总是坐在办公室中，一定要深入生产第一线，才能够让员工感觉到领导与自己站在一起，广大员工的安全意识就会得到加强。领导班子对去年厂内出现的安全事故进行分析，得出的结论是：这些安全事故都是出现在后半夜。一些值班人员觉得后半夜不会出问题，工作上的麻痹大意导致了问题的发生。为了加强管理，领导班子做出"领导干部要跟零点班"的制度，每天后半夜的时候，领导干部要到生产一线巡视，对全厂的30个工作岗位进行全面查看。干部的行为就是员工行为的指挥棒，干部非常专注安全问题，员工就非常在意安全。很多员工都说这样的干部是与员工贴心的。

热电厂的领导干部积极与员工谈心，让员工畅所欲言，对提出有价值的意见和建议的人进行奖励。在采集上来的意见中，反映夜班伙食、车间开水、子女入学、子女就业以及煤气、水电等方面的建议占了大多数，很多意见提得非常具体。在一次值夜班的过程中，烧锅炉的工人师傅发现由于煤的质量差导致锅炉出现严重结焦问题。这个问题如果不进行及时处理，就可能出现爆炸的危险。在危急的情况下，厂长、副厂长亲临一线带领大家连续战斗三十多个小时将安全隐患排除。员工们看到干部与自己战斗在一起，心里很感动，员工与干部之间没有了心理距离。此前，员工与干部之间的心理距离是很大的，一些干部出于自保不敢严格管理，厂里歪风邪气盛行。厂长认识到，只有领导干部挺身而出，敢于和歪风邪气做斗争，才能够保障工厂按照正常制度运转。为此，厂领导班子做出了几项重要决定：完善各项规章制度，明确干部的领导责任，建立领导干部问责制度；有人无理取闹时不能妥协、退让，对各种违规违纪问题进行严肃处理；强化对员工的思想政治教育工作。热电厂通过制度制约、干部带头、强化思想、赏罚分明等措施，很好地纠正了厂子里的歪风邪气。

二、案例分析

（一）领导以身作则

上述案例中的热电厂管理者做到了以身作则。欲望是每个人都有的，管理者由于能够掌握更多的信息和更多的资源支配权力，所以，在利益分配方面具有更多的机会。能够主动放弃这些机会自然就体现了管理者的高风亮节，员工对这样的管理者是心悦诚服的。房子是人生中的一件大事，厂长在这种关乎个人利益的重大问题上都能够做出巨大让步，将机会让给其他员工，这不仅能够让直接受益的员工感动不已，而且没有直接受益的员工也会对领导产生敬佩之情。人们评价管理者不是看管理者说了什么，而是要看管理者做了什么。管理者说了的话就一定要做到，说了的事情不做，就会让人们对管理者产生"放空炮"的印象，人们就会认为这样的管理者靠不住。这样的管理者得到的是一些利益，但失去的是员工的信任。管理者要想从员工那里得到信任，就需要像案例中的管理者那样主动让渡利益。能够主动将"刀"架在自己脖子上的管理者最能够赢得员工的支持，管理者能够动真格的，员工就会动真格的。管理者言必行、行必果，员工就会在实际行动中与管理者相配合。管理者暂时让渡了一套大房子，会换来员工十足的干劲，在未来的发展中让企业有更多的大房子。管理者用个人的"退"换取了企业的"进"。

（二）心系员工利益

企业中的员工首先是经济人，然后才是社会人。根据马斯洛的需要层次理论，人们只有在满足了低层次的需要后才能有更高层次需要的追求。谋生是员工到一个企业工作的基本需要，所以，管理者在员工利益问题上不能有半点马虎。即使是一分钱，只要是从管理者那里得到的，这就是制度上的一分钱。在员工的印象中，管理者就是制度的象征，虽然只有一分钱，管理者对其认真对待，就充分表现了管理者对员工的尊重。管理者与被管理者在同一个企业中生存，双方相互依存，虽然管理者具有支配被管理者的权力，但需要赢得被管理者的配合，才能够将自己的意志变为下属的行动。管理者心系员工的利益，表现了管理者主动寻求下属合作的愿望。管理者和被管理者首先都是经济人，然后才是社会人，双方之间的情感沟通是建立在利益分配基础上的。合理的利益分配制度是管理者在员工中间树立良好形象的前提。在一个企业中，管理者不能因克己奉公而当"冤大头"，也不能因为掌握权力而"占大头"，这两个"大头"之间的尺度处理不好，就会将本来应该是合作关系的管

第九章　火车跑得快，全凭车头带——强化领导管理，为组织把脉

理者和被管理者摆在对立的位置上，被管理者失去了企业主人翁的感觉，管理者与被管理者之间充斥着无处不在的博弈。博弈的结果是：管理者对被管理者进行严格的约束，被管理者消极怠工，企业开始出现"半夜鸡叫"式的周扒皮管理方式。

（三）汲取群众的智慧

管理者的智慧来自于实践，只有多与员工接触才能够找到解决问题的方法。上述案例中的工厂多在后半夜出现事故，管理者在探索解决办法的过程中，广泛地与普通员工交流，得到了很多有价值的建议。管理者的工作越细，从员工中得到有价值的建议就越多，工作中的潜在问题就越能够得到及时解决。为了让出台的制度做到"药到病除"，管理者就需要主动为自己的工作增加砝码，要经常听取员工的建议或意见。管理者要抱着与被管理者合作的态度才能够从被管理者那里得到有价值的建议。

（四）领导身先士卒

一个企业中，如果领导干部不敢正面应对歪风邪气，一般的员工更会对歪风邪气退避三舍。上文案例中的管理者敢于挺身而出，跟歪风邪气做斗争，这是管理者应该承担的责任。干部是"领头羊"，只有领导干部身先士卒，下属才能够紧随其后，在企业中形成一股进步的合力。"火车跑得快，全凭车头带"，在企业的发展中，成员即使有再大的闯劲，也要在管理者的指挥下行动。管理者是企业发展的主心骨，员工不能做管理者应该做的事情。在企业的发展中，管理者要走在队伍的前面，所以，管理者的脚步就是企业发展的调子。只有管理者前进的速度快了，整个企业才能够以较快的速度前

进。上文案例中的管理者在分房子、值夜班以及向邪恶势力做斗争等各个方面都走在了普通员工的前面，这无形中就对员工提出了要求。员工只有步调一致并且能够与管理者的思路相吻合，才能够通过自身的行动推动企业的发展。

（五）为员工治心病

管理者只有给员工治好了心病，员工才会没有负担地走上工作岗位。员工在工作中最关心的问题就是利益问题、安全问题和发展问题。上文案例中的管理者通过有效地解决房子问题摆平了员工的利益问题；通过领导值夜班以及解决厂里存在的"邪气压正气"的问题，让员工在安全的环境中工作。员工心情舒畅才能够全身心地投入到工作当中去，所以，管理者要想让员工以饱满的热情投入到工作当中去，就需要通过优化工作环境和完善组织制度让员工工作起来更积极、主动。新加入企业的成员都是既定环境的接受者，初来乍到者人微言轻，即使看到了企业中存在的问题，也不会直言表白。既定的制度设计即使影响了工作效率，也很少会有人站出来打破这种局面，每个成员都会"忍辱负重"。下属如果将这层窗户纸捅破，管理者可能就会将矛头指向下属，很可能给这样的下属穿上"小鞋"。即使问题解决了，受益的是大家，受损失的却是自己。因此，一般人不会做出上述选择。但是，不科学的运转模式会成为所有员工的心病。管理者觉醒并主动治愈这个心病是最好的选择，不但管理者自己体面，而且员工也不会有"小鞋"穿。上文案例中的管理者严于律己，从做好企业这块大面包角度考虑问题，让员工没有了心病，每个员工都是积极向上的。

第九章 火车跑得快，全凭车头带——强化领导管理，为组织把脉

三、案例启示

（一）身教重于言教

管理者的一言一行都会影响员工，管理者的优良品德会潜移默化地影响身边的人。"桃李不言，下自成蹊"，管理者不用更多的说教，只要把自己的实际行动展示给下属，下属就会对管理者的要求心领神会，身教重于言教。下属并不需要夸夸其谈的管理者，需要管理者多做少说，将思想变成行动，而不是纸上谈兵。管理者一定要对企业的未来有好的规划，管理者的思路就是企业的发展轨迹。员工就是管理者的影子，员工的每一个行动实际上都会受到管理者的影响。

管理者要求下属做到的事情，自己首先应该做到，这样的管理者在下属中间才会有足够的威信。管理者的形象有多高，其对下属的影响力就会有多大。管理者不一定需要在专业技能方面远远超过下属，但一定要懂得让下属按照自己的意愿做事的方法。就像《西游记》中的唐僧一定要懂得让孙悟空按照自己的要求做事一样，唐僧逢寺必拜，三个徒弟也就学会了虔诚，三个徒弟最后都成佛了，这与唐僧的言传身教是不能分开的。下属首先模仿的是管理者的行为，但在长期相处过程中就会逐渐由形似到神似，神似是管理的最高境界，这样的企业就能够拧成一股绳，形成一个同甘共苦的团队。

（二）让员工敢说话

员工是工作在一线的人，管理者作为企业发展的"领头羊"，发挥着搭桥铺路的作用。管理者为企业的发展设计制度就像给员工

311

设计鞋子一样。管理者是"鞋子"的制作者，但并不穿在自己的脚上。员工没有权力设计"鞋子"，只能穿着管理者设计的"鞋子"，"鞋子"穿在脚上合适与否只有员工才能感受出来。所以，让员工敢说话，才能设计出让员工穿着舒服的"鞋子"。聪明的管理者就是要在员工的建议下不断做出"新鞋"，即管理者只有出台让员工认同的管理制度，才能够形成较大的凝聚力。适合企业发展的制度并不是管理者心中凭空杜撰出来的，而是在集思广益的基础上管理者与被管理者合作的结果。被管理者能否将真心话说出来，直接关系到管理者出台的制度是否合理。

管理者能否让被管理者说出真心话，不但有管理技巧的因素，也有管理态度的因素。如果管理者害怕下属七嘴八舌，下属就没有表达自己真实想法的机会，问题就会长期积累下来，企业就会带病运转。穿着这样的"鞋子"走路的员工就会感到非常不舒服，走路的速度会很慢，而且身心方面也会受到伤害。长期积累下来，小问题就会变成大问题，企业就会积重难返。让员工敢说话是管理者在帮助自己，在为员工创造好心情的情况下，让员工愿意为管理者做事。

（三）跟邪气做斗争

如果管理者不敢跟邪气做斗争，企业中就会出现"正不压邪"的问题，员工就会认为管理者在有意纵容邪气。邪气会对企业的发展形成严重障碍，让一部分员工通过旁门左道占有别的员工本来应该享有的机会和利益。管理者跟邪气做斗争，所有的员工就会跟邪气做斗争。邪气在企业中就会无处藏身。魔鬼出在细节里，员工虽然会关注管理者在宏观制度的设计层面的行为，但更关注细节层面。管理者越将细微的层面做得好，就越能够赢得下属的认可。管理者没有魄力，员工就没有魄力，这就是人们常说的"兵孬孬一个，将孬孬一窝"。管理者是企业的核心，没有管理者的号召，员工即使有同样的想法也不会化成做事的行动。跟邪气做斗争需要管理者首先有魄力，同时也需要员工紧密配合，在企业中形成向邪气发起进攻的风气，人们就会做正事、说真话了。

（四）不搞小圈子

员工不能容忍管理者搞小圈子，即在企业这个正式组织之外弄出一个或者几个以利益为核心的小圈子。这个圈子内的成员不但能够垄断权力，也垄断了利益，其他员工是不能挤入这个圈子的。这个小圈子圈住的是利益，但也让管理者失去了形象、失去了人心，下属不会信任这样的管理者。上述案例中的管理层在出台制度的时候都是公开透明的，这会让下属非常放心。人们不希望企业中有小圈子，小圈子会让人们不敢多说一句话、不敢多走一步路，不敢多说一句反映问题的话，人们平常只会说好话、官话、套话、假话、大话，不希望在不经意间"伤害"了其他的人，这样是不利于企业发展的。企业中有了小圈子，员工就会明哲保身，企业中就会出现一团和气的局面，在这种和气的背后会隐藏很多问题，进而会让企业小病不断，管理者做任何决定的时候都会思前想后、左顾右盼、畏首畏尾。管理者有了小圈子之后，考虑问题时总会将圈内的人员排在前面，这样就会让小部分人的利益侵害大多数人的利益。管理者通过失去多数人欢心的方式换取少数人的欢心，终究会众叛亲离。

只有打破圈子，集中所有人的智慧将企业做大，让所有人的收益都能增长，这样的企业才有发展前景。

（五）构建情感纽带

纵观上述案例中的几件事情，管理者实际上都是身体力行地与员工建立起情感纽带的。管理者通过实际行动为员工做出了表率，员工与管理者的心就贴在了一起。前文述及，员工不是要听管理者说什么，而是要看管理者做什么。管理者的心只要是朝向员工的，即使管理者做了不说，员工也会看在眼里、记在心上。

管理者与被管理者之间的情感是在漫长的时间内培养出来的，管理者做的每一件事情都在不同程度上影响着二者之间的情感。虽然管理者具有支配员工的权力，但员工在执行管理者的指示时有自由度，这种自由度决定了员工不打折扣或者在多大程度上打折扣执行管理者的决策。赵云将阿斗从千军万马中救出，整个过程中是没有打任何折扣的。赵云之所以这样舍生忘死，是建立在先前与刘备的交往基础上的。"冰冻三尺，非一日之寒"，管理者与被管理者之间的情感也是需要慢慢培养的，二者之间的联系除了制度纽带之外，还需要有情感纽带。制度纽带连起来的是行为，情感纽带连起来的是心。两个纽带双管齐下，就能够将管理者与被管理者牢牢地绑在一起。

第六节 制定出的制度要让员工心服口服

一、案例简介

老刘原本是C厂的厂长，由于老刘治厂有方、成绩卓著，上级领导将老刘由C厂调到了A厂，希望老刘能够将A厂的局面扭转过来，让A厂也成为与C厂一样的先进企业。

到A厂走马上任后，老刘就召集相关人员进行座谈，通过收集口头和书面的材料了解A厂在管理中存在的问题。老刘觉得，如果不深入了解A厂存在的问题，很难让A厂的局面得到根本改观，只有了解了各方面的信息后才能对A厂"动手术"。

老刘认为，A厂制定的新制度一定要让厂里所有的员工都心服口服才行。在调查中老刘了解到，厂里原来有规定，凡是上班迟到的人都要扣奖金。老刘认为，这一貌似公平的制度实际上欠妥当，因为有很多干部会游离于这项制度之外，在上班的途中眼看就要迟到了，就先去上级领导那里兜一圈，然后再回到自己的工作岗位上去，这样就能够为自己打遮掩，从而不受惩罚。而一般员工就不具备这样的便利条件了，如果迟到了就只能等着受罚。所以，制度的公平性就成了表面文章。老刘通过了解得知，A厂多半是女工，成家立业的女工还担负着繁重的家务劳动，有的人距离厂区较远，上班过程中需要换乘公交车，有时候即使很早出门也不免迟到。所以，对所有员工实行一刀切的"迟到受罚"的制度并不公平。老刘认为这项制度需要改革。当老刘有这种想法的时候，有人就告诫老刘不要轻举妄动，改掉这项制度后会纪律松弛，并且告诉老刘：A厂的罚款只是形式，迟到一次才罚一元钱，这比其他厂实行累进制的惩罚措施宽松多了。老刘并没有听这些人的劝告，认为这种欠妥当的制度必须改。一元钱看起来不多，但这会严重影响员工眼中的领导形象。老刘打定主意后，开始在厂里推行新制度，规定迟到不再扣罚奖金，但早退一定重罚。新制度中明确规定：凡是没有到下班的时候就洗澡，被抓住者要扣罚全年奖金，这项制度从宣布之日起开始执行。

新制度刚刚出台之后就有人"顶风作案"，有人报告老刘，说有十几名女工在下班前去洗澡，请示老刘怎样处理，老刘决定按照新制度严肃处理。第二天，老刘在厂区走路的时候，正巧遇到被扣罚奖金的小李骑自行车同向走，老刘问小李："对你的处罚服气吗？"小李头也不回地向前猛骑自行车，老刘赶紧追上去再三追问，小李没有下车，扭头甩给老刘一句话："你们这些男人到女澡堂看过吗？"老刘被小李的这句话说懵了：男人怎么能进女澡堂呢？老刘决定到女澡堂看个究竟。当天下午趁着女澡堂还没有开放，老刘到女澡堂转了一圈，发现只有5个淋浴喷头。老刘顿时认识到了其中的问题，

第九章　火车跑得快，全凭车头带——强化领导管理，为组织把脉

全厂有 200 名女工，即便每个人冲澡 5 分钟，全部人洗完澡也需要几个小时，员工下班之后回家心切，谁也不愿意在厂里多耽搁时间，提前几分钟洗澡自然有合理的因素。老刘开始纠结起来，对几名女工的惩罚已经宣布了，难道需要将公布的惩罚通知收回来吗？如果这样做了，不就等于领导向员工公开认错吗？这会不会降低领导的威信……老刘考虑再三，还是将已经发出的成命收了回来。好多女工都说："老刘是个真正为员工着想的好领导，如果改善了洗澡设施，就不会再出现这样的问题了。"

二、案例分析

（一）领导有挡箭牌

在上文案例中，厂里的领导都可以用"到领导那里溜一圈"作为自己的挡箭牌，从而能够将迟到这件事遮掩过去。普通员工对基层领导的这种做法都心知肚明，但又不能提出反对意见。这种便利条件是普通员工所不具有的。所以，"迟到罚款"这样的厄运永远不会出现在基层管理者的头上，这样的制度到头来就成了约束普通员工的紧箍咒，管理者却可以逍遥自在。这样的惩罚措施实际上只是对员工的惩罚而不是对管理者的惩罚，员工自然会产生不公平的感觉。在这样的制度下，管理者实际上已经事先圈出来一块制度真空，在这个小天地中可以游离于制度之外，表面上为自己设计了制度，而实际上制度对于自己而言是虚拟的。在触犯了既定制度时，管理者可以拿出挡箭牌，并且堂而皇之地将事情敷衍过去，而普通员工只能进行解释。管理者变成了执行制度的强者，而员工则成了

317

执行制度的弱者。管理者在制定制度之前为自己制造好了盾牌，员工只能成为箭靶子。员工在"疼"与"不疼"之间自然就会有不同的行为反应。如果管理者将挡箭牌放下，与员工共同遵守制度，人们就不会再有怨气了。

（二）制度并非治人

上文案例中的老刘推出新制度之前，A厂原来的规定是迟到的员工受罚，目的虽然是让员工按时上班，进而保证工厂的生产效率，但这种制度过于强制，员工毕竟受到了经济上的损失。这种用经济处罚的方式约束员工工作行为的方法过于老套。在老刘推出新政之后，虽然撤销了迟到受罚的措施，但对"早退"开始进行严厉处罚，对员工进行约束仍然没有挣脱开经济处罚的窠臼。用经济方法对员工进行制裁，只能让员工外表上言听计从，但心中不一定服气。所以，当老刘与被罚的女工对话的时候，女工非常不愿意理睬老刘。在女工看来，这样的领导就会说"官话"，从来不为员工做实事。员工受到了不应该受到的惩罚，只能默默承受，心中的怨气没有发泄的机会。老刘在新制度中撤销了一条惩罚条文又增加了一条新的惩罚条文，而且后者较前者更重。人们只有感觉到制度公正了，才能尊重管理者。女工对老刘不屑一顾，说明老刘的新政已经将很多员工的心伤透了。人们在不能据理反驳的情况下，只能无奈地承受。老刘的新政是在不明女澡堂的情况下推出的，新政只能起到"治人"的作用，而不能达到"管人"的效果。"管"与"治"之间还是存在着较大的距离的，"管"能够让员工心服口服，"治"只能让员工口服心不服。

(三)冷面孔也有柔情

老刘执意要对原先的惩罚措施进行改革,但改革后的措施实际上仍然是以惩罚为主的。老刘在推出新政前虽然搜集了很多相关信息,但从案例中的情况看,这些信息都属于二手信息。向老刘汇报信息的中层领导有可能避重就轻,故意隐瞒事实的情况也会存在。不同的人对同一件事情的看法往往会有较大的不同,员工认为是重要的事情,在管理者看来也许是不重要的。老刘最为可贵的地方在于,发现新政存在问题的时候马上收回成命。作为管理者,老刘在员工心中就是一个"冷面煞神"。但是,老刘见到被罚的员工的时候,主动上前询问员工的想法,这一点是很多管理者不能做到的。老刘实际上是一个双面领导:一面是制度的化身,要为工厂发展制定铁的纪律;一面是感情的化身,要深入到员工中间了解新政的可适性。老刘的目标在于出台一种让员工认可且能够让员工受到约束的制度,制度需要根据实际情况制定。老刘这个"冷面人"实际上并不是员工心中想象的那种"冷面煞神",他是一个热心肠的人。从案例中看到,老刘并不想做一个脱离群众的管理者,希望自己出台的新政能够得到员工的认可和支持。被罚的员工心中不服,说明新政存在这样或者那样的问题。受到惩罚的人不会说老刘好,没有受到惩罚的人也会对老刘心存芥蒂,因为说不定下一个受到惩罚的人就是自己,因为"早退"问题对于绝大多数员工而言是不可避免的。老刘需要对新政进行微调,这样才能在"冷"制度中体现"热"温情。

(四)令出并非即行

一般用"令出即行"表示管理者的雷厉风行,但这样的"令"

必须是正确的"令"，并且需要得到员工的认可才行。案例中的老刘表面上风风火火，在出台新政之前也掌握了足够的信息，但还是有不全面的地方。老刘可贵的地方就在于，了解到新政存在的问题后就有收回新政的想法。虽然老刘也曾犹豫过，但最终并没有让面子成为自己的拦路虎。老刘的目标在于将事情做好，并不在意自己的面子。在老刘看来，只要出台的新政让员工意，赢得了员工的支持和配合，并且促进了企业的发展，这就是自己的面子。老刘追求的目标在于让员工口服心也服，而不是出现员工表面上服气、背地里"骂娘"的情形。这种让企业中存在"暗冰"的制度就会让员工说假话，不利于工厂的发展。"令出可以不行"的做法让老刘在员工中树立了新形象，让员工真正读懂了老刘的心。收回一个成命，换来的是员工与老刘的心贴心。在心灵沟通的基础上，人们就会将企业中存在的问题反映给老刘，老刘随后出台的制度就会更加符合工厂的实际情况，并且能够一针见血地解决工厂中存在的问题。相比之下，之前老刘的工作就像是踩在棉花上。老刘到 A 厂前是个非常出色的管理者，到 A 厂后出现了决策失误。老刘开始对自己的工作反省：只有符合员工愿望的新政才能做到"令出即行"。要做到这一点，老刘就需要付出更多的心血，走到员工中间去，与员工进行面对面的对话。

三、案例启示

（一）制度面前一视同仁

企业中的制度应该是针对所有成员的，不能让某些有特权的成员有绕过制度的可能。上文案例中的某些管理者通过"在上级那里溜一圈"的方法巧妙地绕过了"迟到受罚"这项制度,前文分析表明,这样的制度设计实际上已经给这些管理者打开了一个缺口,让他们巧妙地躲过了惩罚。所以,这样的制度实际上就成了专门为普通员工设计的制度,管理者可以游离于这样的制度之外,而普通员工就只能默默承受了。制度应该是一张网,将组织中的所有成员都要网在其中,不能有漏网之鱼。公平的制度就在于让所有人生活在"同一片蓝天下"。如果制度成了划分人群的分界线,既定的制度设计就会在组织成员之间人为地创造不公平,组织进步的动力进而会被削弱。制度的本质在于约束和激励,而不在于为某些人开绿灯。管理者虽然是制度的发起者,但更应该是制度的履行者。只有管理者带头践行制度,制度才能见效。制定制度不能留下死角,不能让组织成员与制度博弈。

(二)上兵在于伐谋

在管理实践中,聪明的管理者在于用谋而不在于与被管理者"硬碰硬",要通过巧妙的方式让被管理者服从自己的指挥。管理者的智慧在于管理,而不在于专业技能,下属拥有的专业技能很可能会超过管理者,管理者要通过合理的方式让这些专业技能超过自己的下属甘于为自己做事。

《孙子兵法》中提到:"上兵伐谋,其次伐交,其次伐兵,其下攻城。""谋"是上等策略,在两军对垒的时候是这样,在企业管理中仍然是这样。打铁需要自身硬,管理者所拥有的谋略不是空穴来风,智慧要建立在较高的素质基础上。否则,谋略就会演变成心计，管理者如果通过玩心计让下属臣服，下属就会服在嘴上、伤在心里。表面上看，管理者出台的制度在按部就班地运转，但被管理者实际上也会通过玩心计的方式与管理者博弈，掺水的制度就会被弱化。聪明的管理者干好自己的分内之事并且用自身的行动为员工树立榜样，这就是管理者最大的智慧。在设计制度的过程中尽量不让制度有"缝隙"，因为这些缝隙会为管理者"预留"出开"小车"的机会。管理者也许认为这不是大不了的事情，但在员工眼中就是"官官相护"，管理者的"小聪明"会耽误企业发展的"大事情"。

（三）冷血中见柔情

管理者为了保障企业的发展，首先需要建立"冷血"的制度，这种制度要给所有人相同的"待遇"，在触犯制度之后都要受到同样的惩罚。但是，"冷血"的制度并不意味着无情。制度本身虽然是刚性的，但制定制度的人是有血有肉的。上文案例中的老刘，如果在思考是否将已经出台的不合理的制度收回来的时候，最后决定继续维持不合理的做法，这样的制度就变成了"冷血"制度，几名女工就会由于老刘继续维持"原判"而成了不合理的制度的牺牲品。但是，老刘并没有这样做，而是主动征求被罚者的意见，这就是"无情"制度中的"有情"。在意识到制度不合理后，老刘非常果断地收回了已经发出的处罚通知，这更是制度中的"柔情"。老刘的做法让员工能够清楚地看到老刘心中所想，制度的目的并不在于对员工罚钱，而在于让员工受到约束，从而能够更好地促进企业的发展。员工在老刘制定的制度一"放"一"收"中能够切实感受到老刘的难处，这就是老刘管人的智慧。虽然起初的时候好心没有办成好事，但最终目的是要办好事，所以，就要不断改变制度，让制度与实际情况相符合。制度在递变过程中也展现了管理者为企业谋发展的态度，管理者的智慧也在不断得到丰富。

（四）走向"田间地头"

管理者总是听下属汇报，就有可能让下属蒙上自己的双眼，得到的信息不准确，做出的判断也就很难切合实际。管理者一定要走向"田间地头"，用自己的眼睛观察没有"化妆"的世界，才能够从实际情况中审视端倪。

上文案例中的老刘虽然尽力掌握全面的信息，对工厂存在的问题进行解决，但所有思路都集中在人力资源管理方面。实际上，做好人力资源管理工作之前需要做好很多基础工作，只有基础工作不存在问题了，人力资源管理才会如鱼得水。澡堂的问题没有解决，女员工就会提前下班。"提前下班"的问题看似是个管人的问题，实际上是一个管事的问题。澡堂问题不解决，就不能解决提前下班的问题。只有挖掘这些深层次的原因并使其得到解决，表面问题才能不再发生。解决脸上出现粉刺的问题并不在于在脸蛋上涂脂抹粉，而在于通过内服药物的方式使病人得到调理，内分泌问题解决了，粉刺自然就会消失。管理者走向"田间地头"就是要找到"粉刺"产生的原因，这就是管理者的责任心。管理者多用心一些，"粉刺"就会少一些，企业就不会带病运转。

第十章

响鼓还需重锤敲——用好激励管理，整合战斗团队

导读

第一节 "画饼充饥"与"能摘到的桃子"
第二节 理论领悟
第三节 看录像前后的反差
第四节 小鹰在悬崖上的表现
第五节 与其抱怨,不如改变
第六节 "二次分配"打破"铁饭碗"
第七节 高薪酬并没有带来高绩效

第一节 "画饼充饥"与"能摘到的桃子"

激励是管理实践中的热门议题，人们一直在讨论激励方法、激励力度、激励时间、激励对象、激励制度等问题，但永远不会得出标准答案，因为不同企业的具体情况不同，对于不同文化背景的员工也需要运用不同的激励方法。

从激励的形式来看，激励既包括物质激励，也包括精神激励，但精神激励最终也需要转化为物质激励才有效，否则，精神激励就成了"画饼充饥"的激励措施。

激励措施往往会与考核制度紧密结合在一起。在激励措施不到位的情况下，高薪不一定带来高效。在激励措施到位的情况下，即使没有提薪也能够提升工作效率。因此，激励既需要制度维系，也需要企业管理者展示管理艺术的魅力。企业管理者可以通过员工的工作状态审视激励措施带来的效果。激励措施需要严格分层，让不同层级的企业成员在这种层次化的激励制度中找到自己的定位。

在员工奋斗目标的设计上也要讲求艺术，只有"跳一跳能够摘到树上的桃子"的激励措施才是有效的，否则，激励就变成了无效激励。

  为了彰显激励的魅力，管理者要看到被管理者的优点。但是，在管理实践中，管理者往往不容易做到这一点。管理者眼中的员工倾向于X-Y理论①中的X理论中对员工的定义，发现更多的是员工的缺点和错误，这样的管理者很难对员工提出表扬。于是，企业中的管理者与被管理者成了对立的两极。但是，管理者与被管理者应是合作关系，管理者需要通过被管理者的行动实现企业的预期发展目标。因此，不善于表扬员工的管理者实际上是缺乏管理艺术的，员工与管理者之间很难形成默契的合作关系。情感和制度在管理实践中是不可或缺的两味药，这需要管理者恰到好处地进行搭配。

---

  ① X-Y理论由道格拉斯·麦格雷戈在他著作的《企业的人性面》一书中提出。X理论倾向于"性本恶"，Y理论倾向于"性本善"。X理论认为人天生懒惰、没有雄心大志、彼此间存在矛盾、唯利是图，Y理论认为人天生勤奋、能够自我控制、主动承担责任、具有创造性。

第二节　理论领悟

一、什么是激励

激励就是激发与鼓励的意思，就是利用某种外部因素调动人的积极性与创造性，使人有一股内在的动力，朝着所期望的目标努力的过程。激励的本质就在于激发人的积极性，使人以较高的工作效率完成工作，在完成组织目标的同时也为自己赢得较多的报酬。构成激励的要素是多方面的，一般认为主要涉及动机激发、主观需要、外部刺激和创造能力等几个方面。所以，为了使激励发挥作用，就需要将激励措施有效地与人的工作动机、自身的需要及其拥有的创造潜力等因素结合起来，在满足这些条件的情况下对当事人施加适当的外部刺激，就可以使激励措施达成相应的目标。在理解激励时需要把握好以下几个层面：明确被激励的对象；弄清楚使激励得以发挥作用的办法；研究激励发挥作用的机制；要让激励措施产生持续性的作用。

二、激励的作用

在适当的情况下针对特定的对象施以相应的激励措施，就可以达到让其努力工作的目的。激励措施的目的是高效地达到组织目标，与组织目标不相关的激励措施对于组织的发展而言是没有任何意义的。现代管理学认为激励具有非常重要的作用，主要体现在下面叙述的4个方面。

①充分调动员工的工作积极性。在多种激励手段的影响下，能够让员工感觉到"英雄有用武之地""英雄得到了英雄应该得到的尊重"。激励可以让员工的智力和体力得到最大限度释放，促进员工提高劳动生产率。在适当的激励措施下，能够产生"能者多劳，并且能者多得"的效果，能够让能人贤士身先士卒。这不但可以让员工成为榜样，而且还会激发其他企业成员提高自我能力和素质的欲望。

②将企业目标与个人目标统一起来。就管理过程而言，为了激发企业成员的工作积极性，应该将个人目标与企业目标统一起来。长期以牺牲个人利益为代价换取企业的发展是每个企业成员都不愿意做的事情。个人目标与企业目标不一致时，前者往往会阻碍后者的实现，企业成员更加倾向于扩大个人利益，这时就会在不同程度上损害企业的利益。激励的功能在于让两者得到统一，一个目标的实现为另外一个目标的实现创造条件而不是制造障碍。

③打造团队精神。好的制度不但可以为企业成员的发展创造较好的个人发展空间，而且还会使管理者省去很多不必要的麻烦。管

理者在处理一些问题的时候就不会犯难。企业成员之间会发生利益冲突，但这种冲突可以通过较为完善的制度协调，满足企业成员在物质、精神及其他方面的需求，从而鼓舞员工的士气并协调员工之间的人际关系。好的企业氛围会使分散的个体紧密地团结在一起，使企业具有强大的凝聚力，就会形成一个强大的团队。

④激发员工的工作潜力。一些专家认为，组织绩效是员工的工作能力、适当的激励手段和恰当的工作环境的函数。几个参数中，任何一个方面的改善都会使激励效果增强。管理者的责任就在于想办法使影响组织绩效的各参数发挥尽量大的作用。在合适的企业氛围中使企业成员的工作潜力得到最大限度的发挥。

三、典型的激励理论

管理心理学在长期发展中逐渐形成了比较系统的激励理论，可以将这些理论分为三大类型，即内容型激励理论、过程型激励理论和行为改造型激励理论。内容型激励理论主要阐述了激发动机的诱因，主要包括马斯洛的"需要层次论"、赫茨伯格的"双因素理论"、麦克利兰的"成就需要激励理论"和奥利弗的"ERG理论"等。过程型激励理论主要包括"期望理论"和"公平理论"等。行为改造型激励理论主要包括"强化理论"和"归因理论"等。

四、激励手段

为了激发企业成员的工作积极性，管理者就需要采取多种激励手段激发其工作积极性，将其个人目标与企业的发展目标紧密地结合在一起。让员工在为企业的发展做出贡献的同时也得到相应的报偿，这样就会使员工保持持久的工作动力。除了金钱激励外，员工更多地会关注其他的激励方式。管理过程中的激励手段多种多样，包括物质激励、精神激励、员工参与管理及工作内容丰富化等多种方式。

①物质激励。员工到企业中谋职，首先要得到物质回报，以满足自身的基本生活需要，所以，用金钱的方式激励员工往往能够达到一定的效果。企业可以通过奖金、优先股、股票期权及红利等方式对员工进行激励。

②精神激励。虽然物质激励对绝大多数员工而言可以达到很好的效果，但精神激励也非常必要。

③员工参与管理。给员工创造参与决策的机会或参与处理其他事务的机会，让员工在参与中展现才能和实现自我价值，激发员工的工作积极性。

④工作内容丰富化。通过丰富员工的工作内容，让员工感受不一样的工作环境，处理多样化的问题，历练员工处理实际问题的能力，为企业发展培养后备人才。在此过程中，员工会有被重视的感觉。

五、激励员工时应该注意的问题

在管理实践中既不能单纯利用物质激励，也不能单纯利用精神激励，而是要将物质激励与精神激励很好地结合起来。下面7个方面是激励员工时应该注意的。

①激励目标必须同时体现企业目标和员工需求。

②注意引导性。通过合理地引导将激励措施转化为被激励者的自觉意愿，从而达到激励效果。

③激励应适度。适度激励包括两层含义：激励的措施要合理；激励过程中的奖惩要适度。

④激励应该有明确性。明确旨在目标明确、激励措施应公开、激励的指标要直观。

⑤激励要注意时效性。及时的激励可以使员工的创造力尽量发挥出来。

⑥要注意激励的方向性。激励可以分为正激励与负激励。正激励就是对员工的符合企业目标的期望行为进行奖励。负激励就是对员工违背企业目的的非期望行为进行惩罚。在激励措施实施的过程中要注意正、负激励同时实施，以达到较好的功效。

⑦激励应对症下药，即激励要符合员工的需求。员工的需求因人而异，有针对性地采取激励措施可以达到更好的功效。

第三节　看录像前后的反差

某心理学家曾经进行过这样一个实验，让两支篮球队进行比赛以揭示"翁格玛丽效应"。首先，两支篮球队经过集训后进行了几场比赛，两支球队各有胜负。为了使接下来的比赛更加精彩，心理学家决定将双方比赛的录像分别给两个球队观看，以便让他们各自从录像中汲取经验教训。但是，给两支球队的录像剪辑有所不同。给甲球队的录像带全部是展现甲球队队员比赛中出现的失误；给乙球队的录像带全部是展示乙球队队员比赛中的精彩表现。几天后，两支球队又进行了新一轮的比赛，大家都希望他们比前一阶段有更加精彩的表现。但是，比赛结果出乎人们的预料：双方在这一轮进行了5场比赛，但与前一阶段互有胜负的结果大不相同，5场比赛都是乙球队以绝对的优势战胜了甲球队。

在第一阶段的比赛中，两支球队势均力敌；但在经过一段时间的休整并观看比赛录像后，两支球队的表现与先前有了很大的差别。心理学家后来对其中的原因进行了分析，发现将注意力全部集中在过失方面，就会使队员产生厌倦和疲惫的情绪，队员会认为自己一无是处，在下面的比赛过程中感觉到身心疲惫，因此，往往会失败。相反，如果将注意力主要集中在队员的优点方面，则会进一步激发队员的激情和自信，从而使队员在比赛中的表现更加积极，这样的参赛队伍在比赛中的胜算就会多一些。

心理学家的这个实验具有非常重要的意义。管理实践中有一个定律，即"翁格玛丽效应"。"翁格玛丽效应"的本意就是心理暗示：你很行，你能做得更好。自己给自己打气或者别人给自己打气可以增加当事人的信心。

玛丽是美国一位大器晚成的女企业家，其开办的玫琳凯化妆品公司20年间由开业时的9个人发展为上万人，年销售额数亿美元。玛丽认为自己的企业的成功法则是：管理者鼓励员工的最好方式是提出表扬。"翁格玛丽效应"实际上就是管理者对下属的信任度和期望值。下级取得了成绩时上级要及时给予鼓励和表扬，下级会感到领导对自己的信任和看重，从而在管理者与被管理者之间建立起相互尊重与信任的关系，而这对一个团队的成长是非常重要的。当然，在表扬之余，管理者也要看到下属的错误，当下级出现失误时更需要"翁格玛丽效应"的激励，具体的方法是：首先不要谈错误，要先看看员工哪些地方做得挺不错，表扬了员工的优点后再提出批评意见，而在批评之后又给予表扬。玛丽将这种方法总结为"先表扬—后批评—再表扬"。"翁格玛丽效应"在管理过程中发挥了很重要的作用，这种方法会使员工在以后的工作中加倍努力。

一般的管理者很容易看到下属的不足，习惯于依托自己的权力优势对下属进行批评。所以，管理者在下属眼里的形象就是挑刺的代言人。下属为了保住自己的饭碗，往往忍气吞声地接受管理者的批评。姑且不管管理者批评得是否对，下属在管理者眼中总是一无是处就注定了管理者与下属之间不会形成很好的合作关系。久而久之，下属就逐渐演变成了管理者完成管理目标的工具。管理者与被管理者之间的隔阂一般是由管理者造成的，管理者或者是为了展现自己的权威或者是为了压制下属，管理者的传统形象就是对下属的"管"而不是"理"。"好的越来越好，坏的越来越坏"这种优点和缺点逐渐放大的效应在企业的日常管理中经常出现。

　　幼儿园的小朋友如果偶尔做了一件好事，老师对其进行了表扬。可能老师做这件事情是不经意的，但对小朋友的影响会很大，小朋友会认为做类似的事情就是在做好事，于是会做更多类似的事情，以期得到老师更多的表扬。老师对其表扬越多，小朋友做好事的意愿就会越强。当小朋友长大之后也许会觉得这些小事情非常幼稚，但在潜移默化中会影响他以后的做人准则。老师对小朋友的表扬实际上就是一种心理暗示：做类似的事情在以后还会得到表扬。小朋友为了得到更多的表扬，就会做更多的类似事情。所以，做好事的小朋友做的好事就会越来越多，而没有得到表扬的小朋友则缺乏主动寻找做好事的机会，以致做好事的数量远远小于做过好事的小朋友。同样，渔民很多时候利用鱼鹰捕鱼，鱼鹰是捕鱼的高手，每次捕捉到鱼后渔民都会喂鱼鹰食物，捉到小鱼时喂鱼鹰较少的食物，捉到大鱼时则喂鱼鹰较多的食物，这样的激励方式显然是对鱼鹰的暗示：捕捉到大鱼可以从主人那里得到更多数量的奖赏。于是，鱼鹰多倾向于捕捉大鱼。无论是鱼鹰还是小朋友，在潜意识中受到了心理暗示的影响，好的行为不断得到加强。企业管理中，管理者也应该将这种心理暗示运用到员工身上。管理者发现员工的长处后应及时对其提出表扬，不应对员工的优点闭口不谈。管理者对员工的各种表现一目了然，但员工可能一时没有发现自己身上的某个方面是亮点，经过管理者的点拨可能就会刻意在该方面发展，以后就有可能成为企业内这方面的专门人才。

暗示在本质上就是一种激励方式。暗示激励很多时候比直接激励发挥的作用更好。

"翁格玛丽效应"是管理者通过含蓄的方式表达自己对下属的期望值。员工在某些方面已经有一定的表现，但表现并非很好的时候，管理者会暗示其向更高的目标看齐，就会激励员工更加奋发努力。当员工在实际工作中出现失误时，管理者暗示其尽快改正，而并非强硬地指手画脚，员工会更加容易接受。心灵沟通和含蓄地表达自己的期望值是员工容易接受的。"表扬—批评—表扬"的管理艺术不但使员工看到自己的优点和进步，而且也能让其看到自己的失误和不足。员工在总结经验中进步，不仅使管理者的管理成本降低，而且能够激发企业的凝聚力。

第四节　小鹰在悬崖上的表现

　　樵夫到山中砍柴，无意间拾到一只小鸟。这只小鸟长得怪怪的，毛都没有长全，看上去就像刚出壳的小鸡一样大。樵夫将小鸟带回家中给小孩子们玩耍。调皮的小孩子们将这只小鸟放在自家的老母鸡孵化的鸡群中，让老母鸡一起喂养。老母鸡并没有发现这只小鸟与别的小鸡有什么不同，于是像喂养自己的孩子一样喂养着这只小鸟。小鸟渐渐长大后显现出了本色，原来这只小鸟是一只小鹰。小鹰不时地盘旋在低空，在由空中向下俯冲的一刹那也会引起鸡群的骚乱，但小鹰这样玩耍只是在鸡群中显示自己与小鸡的不同，从来没有想到自己能够在空中盘旋更长的时间。

　　小鹰逐渐长大，樵夫一家人担心它会吃掉鸡群中的小鸡，樵夫一次次地将小鹰带到较远的地方打算将其抛弃，但每次都会以失败而告终。小鹰依靠其较强的辨识能力每次都能够安全地回到樵夫的家中。小鹰越长越大，樵夫一家人也越来越担心，但又不忍心将小鹰杀掉，怎样才能够摆脱小鹰呢？

　　很长一段时间后，有一位老人碰巧到樵夫家中问路，知道了这件事情后,老人说:"让我试试,我也许可以让小鹰重返蓝天,永远不再回来。"

老人带着小鹰走到山上陡峭的绝壁前,然后将小鹰狠狠地扔了下去。小鹰飞速地向山涧底部坠落下去,但等快要到山涧底部的时候,小鹰似乎觉醒了,快速地扇动起翅膀来,并且慢慢地从山涧底部飞了上来。小鹰非常自在地在天空中翱翔,越飞越高,最后终于飞出了大家的视野,再也没有回来。

小鹰与小鸡一起进食,共同成长,虽然小鹰并没有发现自己与小鸡的不同,但在樵夫一家人的眼中,小鹰对小鸡而言是一个严重威胁。小鹰具有吃小鸡的本性,而小鸡对于樵夫一家而言是财富,在小鸡与小鹰的选择中自然会毅然决然地站在小鸡的一边。但是,小鹰并不情愿离开自己生活的家园,每次被樵夫扔掉之后还是要回来。小鹰回到樵夫的身边是为了保证自己生活无忧,而樵夫抛弃小鹰是为了保证小鸡具有稳定和安全的生存环境。小鹰长期与小鸡生活在一起,使小鹰一直不知道自己具有远远超过小鸡的本事,当然也不知道自己完全能在大自然中自食其力。

小鹰每次被放飞后又回来是因为小鹰已经适应了长期以来的生存环境,并且在对自己认识不清楚的情况下不愿意去尝试新的生活方式。故事中的老人认识到樵夫前几次抛弃小鹰并没有让小鹰真正感觉到无助。老人走到悬崖边将小鹰扔下去,小鹰在迅速下落的过程中如果不自救,自然会毙命。小鹰实际上在降落到山涧底部的一刹那才意识到自己会飞翔,在其展翅翱翔的时候不但能够保住自己的性命，也意识到自己的出色能力。凭借这种能力，小鹰可以在天空中任意翱翔，而这一点是小鸡不能做到的。老人成了小鹰才能的唤醒者，也正是这种唤醒使小鹰从此飞出了樵夫一家人的怀抱。小鹰认识到自己具有小鸡无法比拟的能力后，就会充分利用这些才能经营自己的一生。

一个企业中的优秀员工和非优秀员工就像故事中的小鹰和小鸡一样，如果我们把樵夫当作企业管理者，老人则是慧眼识才的伯乐——管理者中的优秀管理者。企业中的优秀员工与非优秀员工混杂在一起，管理者用对待非优秀员工的方法对待优秀员工，长此以往，优秀员工也无法感觉到自己的优势所在。在管理实践中，如果管理者发现某些下属与其他的下属有所不同，为了保证既有的运作方式不变或维护长期以来视为企业"财富"的非优秀员工，管理者就要通过各种方式"排挤"优秀员工，因为这些优秀员工会被管理者认为是"小鹰"。"小鹰"会"吃掉"那些非优秀员工，而这些非优秀员工则是管理者在企业中长期以来赖以维持生存和发展的支撑。实际上，这时优秀员工并不知道自己对那些非优秀员工构成了威胁。管理者为了维持企业的生存和发展，就要消除企业中存在的潜在威胁，将这些还没有觉醒的优秀员工像扔掉小鹰一样抛弃。但是，这些优秀员工并没有意识到事态的严重性。这时，就需要有故事中的老人作为这些优秀员工的领路人并将这些员工置于"危难之地"，让其真正感觉到处境的危险，唤醒其本能并释放出自己潜在的能力，就像小鹰在山涧接近底部的时候才知道展翅飞翔一样，只要有觉醒就会有进步。当这些优秀员工感觉到自身的潜能时就不会再对原来的企业"死缠硬磨",而是像小鹰一样高高地在天空中翱翔,找到能够让自己充分发挥才能的空间。作为樵夫似的管理者确实表现得有些小气,如果能够将小鹰驯化,并且能够让其与小鸡杂交出新品种,也许会给樵夫创造出更大的财富。但是,樵夫确实没有这样的经营理念。樵夫只知道保存自己既有的实力,并按照老掉牙的发展轨迹向前走,身边即使有这样能够让企业有所突破的机会也很难把握住。企业发展中的管理者少一些"樵夫"、多一些"老人"会更好。

第五节　与其抱怨，不如改变

　　有父子两人，儿子对自己的父亲抱怨说自己的生活多么艰难，日常生活中的诸多困扰让儿子已经放弃了对生活的抗争。

　　父亲是位厨师，这一天，他将儿子带进厨房，当着儿子的面，在3口锅中放入水并生起火开始烧煮，3口锅中分别加了胡萝卜、鸡蛋和咖啡粉。父亲做这些事情的时候一句话也没有说，儿子感到父亲的行为有些莫名其妙。过了一段时间后，父亲分别将煮过的胡萝卜、鸡蛋和咖啡粉舀到碗中，对儿子说："你看到了什么？"儿子不解，回答："我看到了胡萝卜、鸡蛋和咖啡。"父亲并没有多说话，只是让儿子观察一下胡萝卜、鸡蛋和咖啡粉跟先前有何不同，儿子非常果断地回答父亲："胡萝卜比先前更软了，可以非常轻松地剥去胡萝卜的外皮；鸡蛋比先前更硬了，虽然外皮没有什么变化；咖啡粉已经完全融入了水里面，已经看不见纯粹的咖啡粉了。"父亲对儿子的回答非常满意，补充说："胡萝卜先前非常坚硬，但经过烧煮变得软了；鸡蛋虽然原来就坚硬，但经过烧煮后变得更坚硬了；咖啡粉比前面两种东西更加独特，经过烧煮之后改变了水的品质。3种东西放入水中烧煮，经过'逆境'——烧煮之后发生了不同的变化。其中，鸡蛋和咖啡粉的蜕变是值得学习的。"

儿子开始还对父亲的行为不解，但现在谜底揭开了，父亲实际上是给他上了一堂人生哲理课，父亲的目的自然是想让他学习鸡蛋甚至是咖啡粉的精神。

故事中的父亲并不是一位哲学家，他只是通过3种食品经过烧煮之后变化的事例给儿子展示了人在逆境中应该具备的精神：不能够倒下去，而是应该与逆境做斗争，战胜逆境甚至改变逆境。父亲用3种食物代表了经历磨难后3种不同类型的人的表现：有的人在困难面前倒下了——胡萝卜，有的人在困难面前变得更加坚强了——鸡蛋，有的人甚至改变了逆境——咖啡粉。一个企业总会存在一些不尽如人意的地方。企业的发展环境时刻不停地发生着变化，这对于企业成员和管理者都是考验，如果管理者不能很好地应付这种考验，就可能在困难面前倒下。遇到困难，管理者需要做的不是怨天尤人，而是认真分析情况，找到让企业获得新生的机会。

现实里在逆境中求生存和发展的例子比比皆是。

企业发展并不会一帆风顺，管理者需要具有抗御风险的能力，使企业在逆境中获得发展。逆境管理的主要思想着眼于企业在经营活动中的管理失误行为和管理秩序与功能的波动现象，目标在于揭示企业在顺境状态中对可能出现的问题进行识错、防错机理和在逆境状态中的治错、化错机理。管理职能包括预警职能、矫正职能与免疫职能，也就是说，管理具有前瞻性、预警性的特点，管理的着眼点不在于现在，而在于未来。预警功能，即对管理行为与管理周期活动进行监测、识别、诊断与警报的一种功能，对可能的错误行为或可能的波动失衡状态进行识别与警告，以此来规范企业管理系统的秩序。矫正职能，即对管理失误和管理波动进行预控和纠错的功能。免疫职能，即对同类同性质的失误行为和管理波动进行预测或识别并制定出有效对策的功能。当管理过程中出现失误征兆时能准确地预测并迅速运用规范手段予以有效制止或回避。管理者这些职能能科学地落实，才能防患于未然，让企业不惧逆境，且能化危机为机会。

第六节 "二次分配"打破"铁饭碗"

一、案例简介

浮云公司为了激发生产一线员工的工作积极性，改革了一线工人的工资制度，工资发放权从原先单纯由公司统一控制转变为公司和基层双层控制。原先的工资分为等级工资、浮动工资、岗位工资和超时奖励等4个部分，这几部分工资全部由公司掌控。原先的工资制度在分配过程中实际上仍然沿袭了平均主义的分配方式，没有员工愿意拼尽全力为公司做事。虽然公司在进行分配的过程中要充分参考基层提供的信息，但由于各部门都要将信息汇总到公司，在信息传输方面经常会出现一些疏漏，工资发放时间也是时早时晚，有的时候还会出差错，很多员工对公司的工资发放制度都有怨言。为了稳定员工队伍和激发员工的工作积极性，克服信息传输中的时滞问题，浮云公司开始着手下放工资发放的权力，公司将这种改革称为"班组'二次分配'制度"。在这种制度下，员工的工资被分解为固定工资和浮动工资两个部分，固定工资部分由公司控制，车间班组对浮动工资部分进行控制。两部分之和构成工人的总工资。固定工资这部分具有平均主义的分配特点，对所有的员工一视同仁，在这部分工资中不能看出员工贡献的差别，只是因员工的年龄、资历等差异而有所不同；浮动工资是"活"工资，这是真正能够体现出按劳分配的部分。班组中一般都有十几个人，但在日常管理中涉及的方面比较全，诸如产量、质量、物耗、纪律等，班组在管理中关注的是细微的方面，可以很好地将日常管理、绩效考核及工资分配等结合在一起。班组在一周结束的时候就会将本周中每个员工的表现贴在墙上公布出来，并且以积分的方式呈现，员工可以对自己的得分认真核算，员工没有任何疑问后，该周的结果记录在案，作为浮动工资发放的依据，每名员工的情况都不会出差错。

  为了落实"二次分配"制度，浮云公司做了很多细致的工作。第一，培养了一批能力过硬的班组长骨干，这些人要敢抓敢干、办事公道。第二，建立了岗位责任制，在生产任务、产品质量、操作规程等方面都做出了详细的制度规定。第三，建立了民主评议和民主监督制度，这样就保障了基层管理者能够克己奉公、忠于职守。第四，在班组中建立了公开、透明的考核制度，实行日监督、月评议，在制度上杜绝了不公正因素的出现。第五，科学划分了岗位，对各个岗位的特点、难易等进行了类别划分，并与工资挂钩，员工可以根据自己的能力选择自己胜任的工作岗位。在"二次分配"制度下，员工有了开口说话的机会，能够得到自己应该得到的报酬。工资分配制度改革后，大家都说："'二次分配'就是好，制度精细、考核明确、分配公平，这样的制度我们服气。"

二、案例分析

（一）分配权力下放

浮云公司在工资分配方面由原先的"一次分配"完善为"二次分配"，将工资分配权逐步下放给班组，让班组在工资分配上具有更多的决定权，这样使工资分配方式更加人性化，员工与主管之间的信息传输链条变得更短，从而使管理者与被管理者信息不对称的可能性降低。在原先的分配方式下，班组需要将收集到的信息传输到公司层面，公司层面核对无误之后再与工资挂钩，期间的时滞较长，而且容易出现差错。在分配权下放之后，每个班组变成了一个相对独立的团体，班组中的员工由原先在整个公司中吃"大锅饭"变为在本班组中吃"大锅饭"。任何不公平的行为都会被班组中的成员看在眼中，所以，分配权力的下放实际上是分配责任的下放。班组的管理人员在分配方面肩负的责任会更加大了，分配员工工作的权力也更大了。分配权力下放，会让人们干活的积极性更高。班组中每名成员的收入会与日常工作中的表现紧密衔接。班组长会更加尽心地调配人力资源，让合适的人干合适的事，不同员工的收入状况会逐渐拉开。班组长之间的竞争，会让班组长更加爱惜本班组的人才，让优秀的人才涌现在第一线。所以，"二次分配"产生的效果是单独一个"钱"字不能说清楚的。

（二）双层工资结构

按照一般的思维方式，一个公司中只设一个财务部门，由这个部门负责对全公司的员工发放工资。但是，浮云公司打破了这种格局。工资虽然还是由公司中专门负责发放工资的职能部门发放，但发放工资的号令不再由公司高层单独说了算，公司高层只负责固定工资部分，班组则负责规划浮动工资部分。浮云公司中有各种不同的部门，每个部门在浮云公司中扮演的角色和发挥的作用都有差别。整个企业是一盘棋，任何一个部门如果在这盘棋中不能够很好地发挥自己的作用，就会对整个企业造成较坏的影响。双层工资结构会让班组的每名员工在不同班组之间进行比较，看到别人的长处、认识自己的短处，从而在不同班组之间会形成较好的竞争，这无形中就会促进浮云公司的发展。浮云公司的双层工资在本质上就是结构工资，固定工资部分由公司控制，浮动工资部分由班组控制，从而让班组在调动员工积极性方面能够发挥较大的作用。浮云公司在制定这个"双层工资"制度的过程中，在"固定层"的控制上需要掌握一定的艺术。如果"固定层"较厚，则其在员工的工资总额中所占比例就会较大，"浮动层"相应地就会较薄。如果"浮动层"很薄，就让班组的"二次分配"失去了意义。所以，在双层结构的层次上面要进行艺术化的设计，既要让公司所有员工的固定工资相对较高，又要让双层结构具有很好的激励作用。

（三）落实基层管理

在双层结构分配制度下，浮云公司将工资分配权的一部分下放到班组管理者手中，班组管理者对班组内的成员就具有了较大的利益支配权。如果班组管理者在人品方面存在问题，管理者不像案例中谈及的那样刚正不阿，班组中就会形成以管理者为核心的圈子，班组内部成员之间就会形成较大的利益冲突。当这种怨气没有办法通过班组向更高层的管理者反映的时候，双层分配制度就为不公平的分配埋下了伏笔。所以，为了让双层分配制度得以实施，浮云公司需要在制度层面进行整体设计，落实基层管理是让双层分配制度得以贯彻实施的重要前提。常言道："打铁还需自身硬。"如果班组管理人员本身不合格，浮云公司的创新型分配制度就会泡汤。分配制度的前提是干部选拔制度，公司一定要将刚直不阿、克己奉公的成员选拔出来，担当班组的管理者，让班组运行在"明媚的阳光下"，让原先死气沉沉的班组变得朝气蓬勃。班组管理者出台的任何制度都是从班组的整体发展角度考虑的。浮云公司的高层管理者要掌握班组对双层分配实施情况的反馈信息并进行适当调控，让班组管理者能够真正地将浮云公司的管理思想落实下去。公司的所有制度最终都要在基层得到落实，只有高层管理者的"言"与基层管理者的"行"相一致，才能够让班组成为企业这个大厦的牢固基石。

（四）全面衡量绩效

浮云公司实行双层分配制度之后，班组为了落实制度，开始建立了对员工进行全面考核的制度，在产量、质量、物耗、纪律等方面都要涉及。没有严格和公正的考核制度，公平的分配就无从谈起。浮云公司非常注重对员工日常表现方面的信息积累，这是对员工负责的表现。为了做好薪酬分配，公司需要在考核制度、岗位设计、工作分析等方面进行详细考虑，建立起相对完善的考核制度。在此基础上，员工才能得到公正的评价。双层分配制度既然将浮动工资的决定权下放到班组，班组就应该承担起对成员的日常考核职责。

管理者既要看到员工优秀的一面，也要看到其缺陷，员工也许在一两天内能够伪装自己，但在常年的工作中就能够展示出一个真实的自我。双层分配制度就是要建立在真实的员工表现的基础上，尽量减少或避免各种可能存在的误区。

（五）操作公开、透明

双层分配制度虽然是浮云公司的一次创新，但如果在一些细节上处理不到位，就很容易在班组内部形成利益小团体，大家就会感到制度不公正。浮云公司在双层分配制度的设计中很大程度上杜绝了这方面的问题。公司上上下下都说这种制度设计是非常公正和透明的，员工们对公司的新制度都非常满意。一般而言，员工非常关注个人利益问题，并且总是倾向于与他人做横向比较，而不是与自己做纵向比较。公司把制度设计得就像一个透明的金鱼缸，员工做什么样的工作，日常有什么样的表现，其他员工都看在眼中、记在心上。如果操作不透明，很容易让员工感到新制度存在问题，从而使新制度在推行中遭遇阻力。但是，由于新制度公开、透明，每个人的工作表现怎么样、班组记录的信息属实与否等员工都能做到心中有数。如果有信息不实的问题，公司还有举报和反馈的制度，这样就能够保障信息不失真。浮云公司在这件事情上这样认真，就是要让所有员工都感觉到：公司在这件事情上是要真戏真做，而不是玩花架子。透明的制度让员工将全部精力放在工作上，为公司形成健康向上的文化奠定了基础。

三、案例启示

（一）部门应单独核算

原先没有实行双层分配制度的情况下，浮云公司各部门之间可以在公司的指导下进行物资调拨，不同部门的经营状况在一定程度上就会隐蔽起来，无论是好的部门还是孬的部门都会在公司的总体调度下运转，不同部门实际上就是在吃浮云公司的"大锅饭"，各个部门员工的收入相差不大。但是，在双层分配制度下，不同部门员工的收入就会出现差距；部门之间发生经济联系的时候，也不能通过无偿的物资调拨的方式进行，彼此之间要进行单独的经济核算，这样就会对不同部门的员工产生较好的激励与约束作用。在这样的经营方式中，部门之间的差距进一步拉开，这实际上是部门管理者能力的较量。分配制度没有变化前，部门管理者的能力被"埋没"起来了；但在新分配方案下，不同部门的收入差距本质上就是管理者能力的体现。

（二）监督班组管理者

双层分配不仅是制度松绑，也是利益下放。这样的制度创新会让班组管理者在支配利益层面具有更多的选择权。因此，对班组管理者进行监督就显得非常有必要了。企业要创造顺畅的信息沟通渠道，能让员工把班组管理者的不规范行为及时反映给高层管理者，高层管理者要对相关问题进行调查并对有不规范行为的班组管理者进行处理。通过这种方式在管理者与被管理者之间形成互动，也让管理者感觉到：虽然自己具有管理部门成员的权力，但自己在履行权力的过程中，部门成员也对自己进行着监督，管理中如果出现了任何不符合规范的行为，就会收到上司的"传票"。这种有效的监督机制促使班组管理者不仅要尽心尽力为公司做事，也要全心全意为下属做事。在此过程中，部门成员越过班组管理者向上级反映情况的沟通通道保持畅通就非常有必要。任何一个下属都有权力向高层管理者直接反映情况。对于情况属实的问题，高层管理者要迅速做出反应。高层管理者要通过顺畅的沟通方式向反映情况的下属询问反馈意见，如果班组管理者处理问题的方式已经得到了下属的认可，相应的问题才算得到解决。这种双向反馈的处理问题的方法使高层管理者的眼睛能够清楚地看到基层组织的运转状况，保障班组管理者能够尽心尽力做事，能够约束他们在制度范围内有效地行使权力，不敢越雷池一步。

（三）对制度进行量化

浮云公司在工资分配方面进行了制度创新，所有员工都对这样的制度表示满意，这说明该公司在新制度的操作过程中将工作做到了员工的心坎上。双层分配制度听上去很简单，但操作起来很复杂。这需要浮云公司从整体上改变原来的工作思路，在用人、监管、分配、协调等各方面都要做出相应的制度安排。许多管理者往往认为管理就是讲话、做指示，实际上讲话、做指示等只是一个工作思路而已，只有将这样的工作思路转变为工作中的具体方法才能够将之贯彻执行下去。将管理思路进行量化从而得以可操作化是非常复杂的事情，这需要集中公司中所有人的智慧。要让具体的做法真正能够反映出科学的管理思路，这不但是高层管理者的工作，也是基层管理者的工作，而且主要是基层管理者的工作。高层管理者只需要通过相应的监管措施对基层管理者的行为进行监督和约束即可。在将管理思路进行量化的过程中，不同管理者的具体的操作方法也会不同，但不同操作方法需要消耗的精力及能否赢得部门成员的积极参与也是有差别的。能力不同的管理者对制度量化的愿望也是有差别的。如果管理者在量化与非量化之间可以打擦边球，制度量化就失去了意义。将制度进行量化就是要避免这种可能性，让刚性的制度没有弹性，不让情感的因素从制度的缝隙中挤进去。

（四）薪酬结构要合理

上述案例中的双层分配制度就是要在工资分配制度中设计出一个"双层饼"。这个饼的厚度就相当于员工得到的收入，饼越厚，员工得到的收入就会越多，但饼的两层要安排得相对合理。根据案例所述，浮云公司的这张饼分为"固定层"和"浮动层"两个层次，"固定层"要不断加厚，同时两个层之间要保持合理的比例关系。如果"固定层"很厚而"浮动层"很薄，则双层分配就失去了意义。如果"固定层"很薄，各个部门之间就会各自为战，公司就会失去凝聚力。双层分配的目标并不是让浮云公司散掉，而是在强化不同部门之间竞争的同时强化公司的整体发展实力。所以，公司在进行薪酬结构的设计时要在科学性与艺术性之间进行较好的权衡，在部门发展与公司发展之间寻求平衡，但分配结构要保持适度变化，在循序渐进中让员工的思维方式逐渐发生变化并扭转到双层分配的制度当中来。图10-1所示为不同发展阶段的分配"层"结构。

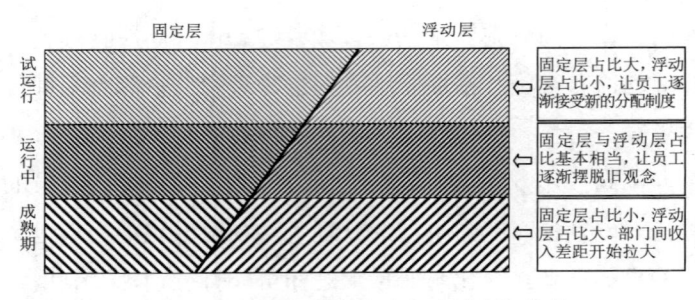

图 10-1　不同发展阶段的分配"层"结构

（五）拿多拿少有道理

根据前文所述，双层分配的目标就是要让浮云公司这平静的湖水掀起波浪，在员工中间形成有高有低的分配格局，在浮云公司内部形成向好的员工和向好的部门看齐的风气，在浮云公司内部形成比学赶帮超的局面，从而拉动公司的成长，用稳妥的方式逐渐打破"铁饭碗""铁交椅""铁工资"的现象。员工在企业中工作，首先要通过劳动赚取应该得到的报酬。员工得到什么样的待遇，管理者一定要能够说出个子丑寅卯，并且能够让员工心服口服，这样的工资分配制度才能够在员工中间产生较好的激励作用。为了激发员工的创造力，管理者就需要对员工论功行赏，多劳者多得，少劳者少得，不劳动者不得。员工间表面上比的是收入，实质上比的是能力。管理者就是要通过收入分配方式让能力较强并为企业发展做出较大贡献的员工得到较多的收入，让员工在这种合理的分配制度下将蕴藏在自己体内的智慧和能力变成公司发展的竞争力。

第七节　高薪酬并没有带来高绩效

一、案例简介

　　X 公司在创业初期发展非常迅速，不但规模大扩张，而且业务量也在翻番，员工的工资待遇自然也是水涨船高。但是，随着公司的发展，总经理 W 发现员工的工作积极性并不像先前那样高了，员工们在有些事情上越来越斤斤计较。不但普通员工之间经常会出现这样的现象，而且中层干部之间也每每发生这样的事情。

　　一次，办公室的小王向 W 反映，因为一个工作问题某个部门的员工 R 和 D 吵了起来，双方都认为这项工作是对方应该完成的。实际上，这项工作一直都是由 R 做的，但 R 根本就没有得到做这件事情应有的回报。R 认为这项工作本来应该由 D 完成，长期以来自己做该项工作是由于顾着情面不好说破而已。小王还说，现在一些中层干部承担的责任不是很大，领取的薪水却很高。而有些部门作为公司的核心部门，领导整日非常繁忙，但薪水几乎与那些闲得发霉的部门的领导领取的薪水一样多。高薪且清闲的管理者还为此每每在其他管理者面前夸耀说是因为其工作效率高。基层的员工也存在这样的问题。

小王是 W 的秘书，作为公司高层管理者身边的办事人员能够直接向领导反映这样的问题，说明小王也正在受着不公正的待遇。小王虽然职位不高，但每天要处理全公司的日常事务，加班是家常便饭，但这些并没有在小王的工资中得到体现。虽然小王的工资水平比同行业同岗位人员的工资已经高出了很多，但就 X 公司而言算是中下水平。

W 经过调查发现，X 公司的工资虽然总体较高，但只是平均工资高，公司的各层管理者的工资远远高于基层员工的工资。而员工的工资基本上是根据工作年限发放的，有些工作能力强而且在部门内部挑大梁的员工与其他人的工资并没有大的差别，这些人实际上是在做很多义务工作。很多员工经常发牢骚："工资高不高，看看职位就知道，位高钱就多，人微钱就少，发钱论工龄，不看贡献好与孬。"看来，工资光高还不可以，需要对工资的发放方式实行改革，只有让多干活和干好活的员工能够得到较高的工资，他们（包括管理层）才能成为公司未来发展的顶梁柱。否则，事情很可能会向更坏的方向发展，公司很可能一夜之间就会垮塌，治病应该重在预防。于是，W 开始考虑公司的薪酬制度改革问题了……

二、案例分析

（一）岗位责任不清晰

在上述案例中，员工们在工作上斤斤计较，说到底不是员工本身的问题，而是公司对某些工作岗位在职责方面的要求不清晰。正如 R 所言，R 之所以长期以来一直干着自己不应该干的工作，是由于顾着情面不好意思把事情挑明。D 一直将 R 不应该干的工作认为是 R 应该做的事情，而且在 R 挑明这件事情的时候 D 丝毫没有领情的迹象。员工之间斤斤计较是由于公司的制度设计不合理。所以，在岗位设计过程中划定职责范围就显得非常重要了。岗位的职责要求是选人和用人的基础，也是对员工进行绩效考核进而发放工资的基础。没有明确的岗位责任就会使员工在工作中出现互相扯皮的事情。员工是在承认既定工作量的前提下拿到自己的工资的，当对既定工作岗位增加工作量时，就需要给员工增加工资，对于增加的工资是否符合员工的预期目标，员工可以据此对是否留任既定工作岗位进行抉择：如果增加的工资能够满足员工的要求，则员工可以继续留任在既定工作岗位上；否则，可以选择离开。在没有与员工言明待遇的情况下给员工分配了本来应该由其他员工承担的工作，或者有些员工由于有能力做某些工作而没有给其安排相应的工作，同时，一些员工虽然没有能力做某些工作而被分派了相应的工作。这样一来，有能力的员工主动承担了没有能力的员工的工作，久而久之，承担工作的员工的那份工作变成了理所当然。原来责任分明的岗位职责变得不清楚了。短时期的帮忙是可以的，但长时期的工作责任转移就不应该是帮忙了，而应该实现岗位和岗位待遇的对应。X 公司在这方面的工作并没有做好。

（二）高收入倾向于管理层

上述案例中员工的顺口溜已经充分说明，X 公司收入分配中过多地倾向管理层是存在的主要问题之一。不仅如此，由于不同岗位的管理者承担的责任不同，承担较清闲工作的管理者反而享受着较高水平的薪资，这自然会令那些整日忙得手忙脚乱而不能享受更高待遇的管理者不满。但是，由于管理者与被管理者之间的权力不对称，没有受到公正待遇的中层管理者只能暗自叫苦，他们心存的怨气就可能在工作中表现出来。在普通员工看来，管理层高高在上，而且工作非常轻松，享受着高工资并可以对下属发号施令。当管理层之间及管理层与普通员工之间的工资差距过大的时候，虽然普通员工领取的绝对工资已经非常高，但普通员工还是怨气非常大。员工的怨气来自于跟不同岗位的员工的工资相对比。按照亚当斯的公平理论，A、B两位员工的工资及其付出的劳动之间的比值相等时，即$W_A/I_A=W_B/I_B$（W表示收入，I表示付出），两位员工都会感到自己受到了公正的待遇。当$W_A/I_A>W_B/I_B$时，A感到受到了公正的待遇，而B感觉没有受到公正的待遇。$W_A/I_A<W_B/I_B$时情况正好相反，B感到受到了公正的待遇，而A感觉没有受到公正的待遇。案例中的员工本身的绝对工资虽然在同行业中已经达到了较高的水平，但这时员工所关注的是不同员工彼此之间的相对所得而不是绝对所得。

（三）员工间互相拆台

既然员工关注的不是薪水的高低而是彼此之间的薪水对比，所以，在薪水已经很高的情况下大家已经转移了自己的关注点。由于彼此之间的薪酬对比使多数员工感觉到不公平，所以，大家工作的积极性不是很高，而且往往会在一些小问题上斤斤计较。不但如此，员工之间还会出现相互拆台的事情。员工之间基于小摩擦而产生的冲突属于对抗性冲突。管理学将冲突分为对抗性冲突和建设性冲突两种类型，而对抗性冲突对企业的发展是不利的。员工通过各种渠道相互诋毁、相互拆台，会严重削弱企业的成长力。

三、案例启示

X公司的诸多问题都源于薪酬制度设计不合理，探索恰当的对策、解决目前薪酬制度中存在的问题势在必行。

（一）明确岗位责任

根据前文所述，岗位责任不清晰进而薪酬支付不合理是造成X公司出现诸多问题的原因。员工不知道自己应该做什么或怎样做，以致做了不应该是自己做的事情（得不到报酬不说，别人还不领情），或者没有做自己应该做的事情（别人不会替自己做，从而导致自己失职）。前一种情况会因为自己多做了事情没有得到相应的回报而窝火，后一种情况则因为自己认为那些没有做的事情应该由别人做但没人做而自己又受到责罚而窝火。不管怎样，出现哪种情况都会导致当事员工心情不好。为了解决这些问题，最重要的办法就是明确岗位责任。在企业发展之初由于规模比较小，每个岗位也没有太具体的职责，各岗位的责任容易明确下来，企业内的员工数量少，也不会有相互扯皮的现象。企业规模扩大后，不但管理层次在增加，而且管理幅度也在增加，管理者与被管理者之间的信息不对称的情况就越来越明显了。大问题、小问题进行解决的链条都会延长，岗位责任不明确就会成为企业发展的顽症。那么，应该怎么做呢？首先，要进行岗位分析，明确岗位责任，建立规范的岗位说明书，如果有了新情况则岗位说明书要及时更新。岗位说明书的意义在于不仅清晰地界定了各岗位的责任，还以此为依据确定相应岗位的薪酬，让员工得到应该得到的、不能得到不应该得到的。只要岗位说明书操作可行，就会使所有员工心服口服。其次，要进行动态的岗位评价。岗位说明书只是为做事情提供了比较充分的依据，员工完成任务的质量如何还需要进行充分的岗位评价，通过岗位评价对员工完成任务的质量分出等级，对不同等级进行相应的奖惩。对岗位进行评价要让专家级的局外人实施，需要建立动态的专家库，做相应工作的时候从专家库中随机抽选专家做相应工作。岗位说明书和岗位评价都非常严谨，公司的制度就相对比较完善，员工就不会在做事情的时候相互扯皮了，员工需要做的只是执行制度规定的任务即可。

（二）改变激励方式

公司规模比较小的时候，大家的关系是建立在个人感情基础上的。公司规模小，人们不会产生过多的基于利益之上的斤斤计较。公司规模扩大以后，这时再单纯凭借感情纽带维持员工之间的关系就不能奏效了。从某种程度上讲，企业的发展需要靠严格的制度而不是感情来维持，虽然在严厉的制度中适当渗透感情因素是允许的，但绝对不能用感情来取代制度。正像案例中谈及的，X公司的待遇其实已经非常好，但员工之间还斤斤计较，原因不仅在于利益纠葛方面，还在于面子。根据马斯洛的需要层次理论和赫茨伯格的双因素理论，人们在低层次的需要得到满足后更看重高层次的需要。员工多干了活而没有得到相应的回报不仅是利益问题，还在于员工的工作没有在制度层面得到认可，员工自然就会有怨言。所以，企业在合理激励员工的同时，还要为员工树立更高的目标，这样也会减少员工之间相互扯皮的情况。员工在企业发展势头很好的情况下生活过于"安逸"不是一件好事，在员工中间引入更高目标的竞争机制，不但可以强化员工之间的合作，而且可以增强企业"肌体"的"抗病"能力。在激励措施的改善方面要着力做好如下几方面的文章：福利项目多元化；在强调外激励的同时强化内激励，通过强化员工的责任感及成就感等激励员工之间相互合作；加强团队奖励。

（三）重塑薪酬制度

上述案例中的事实说明 X 公司的薪酬制度已经在一定程度上失去了意义，所以，需要对员工的工资结构进行调整，实行重业绩、轻岗位的工资制度。由于每位员工所处的岗位不同，所以，在设计岗位工资的过程中要体现差别。针对每个岗位的特点和员工本身的学历、能力及工作年限等确定其基本工资。这个基本工资要包括能力工资和资历工资两个部分，能力工资根据以往年度内员工的工作表现进行确定；资历工资主要取决于员工的工作年限，工作时间越长则资历工资就越高。由于该公司的经济效益很好，所以，这部分基本工资在员工的总收入中应占到非常小的部分，员工工资的主要部分应来自于绩效工资。绩效工资主要取决于员工（包括管理者）在相应岗位上的工作成绩，该工作成绩由一定时间内的员工的考核记录决定，考核结果可以累计。如图 10-2 所示，在新的薪酬制度体系下，将员工的总收入划分为绩效工资和基本工资两个部分，薪酬设计的基本思想是降低基本工资的比重、增加绩效工资的比重，并且在绩效工资中要重点强调工作的质量。员工的基本工资包括能

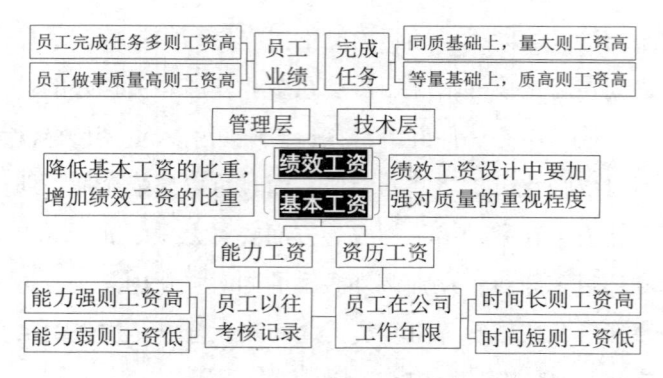

图 10-2 X 公司薪酬体系改革方案

力工资和资历工资,这部分工资是员工的保底收入,员工在工作岗位上完成相应的工作,以及达到相应的技术等级就能够得到相应的收入。在满足了员工基本收入的基础上,还要充分体现员工(包括管理者)对企业的贡献,所以,绩效工资应该作为企业薪酬制度的重头戏重点对待,目的在于激发员工的创造力和工作热情。企业应按照岗位说明书对员工进行考核,按照考核的结果确定员工的工作质量等级并给予相应的物质奖励。在新的工资制度下,还要设计管理岗位的工资确定方式,管理岗位的工资要依据员工的工作状况进行设计。如果员工完成工作情况普遍较好,则管理人员的工资就相对较高;反之,则工资就较低。这种工资设计方式的目的在于奖励管理层与员工之间的合作,管理层的工资由员工的工作业绩决定就在很大程度上会让管理层人员非常注重管理成效,否则,自己的收入在下一个年度就会受到严重的负面影响。管理者对员工的放纵就是对自己收入的不负责任。管理者不会以自己的收入受到影响为代

第十章　响鼓还需重锤敲——用好激励管理，整合战斗团队

价而懈怠自己的工作。所以，员工在处理与管理者的关系时就会非常认真，管理者在进行管理时也会不留私情，企业的各项管理制度就会真正落到实处。

第十一章
家有千口，主事一人——正确的决策是组织的命根

导读

第一节　齐桓公与吕布的启示
第二节　理论领悟
第三节　破釜沉舟瓦解秦军的围剿
第四节　正确抉择让"罢官"知府获升迁
第五节　贪婪让思想与躯壳一同蒸发
第六节　如何选择让公司业绩滑坡的"替罪羊"

第一节　齐桓公与吕布的启示

　　管理就是决策，决策贯穿管理过程的始终，这充分说明了决策的重要性。企业在发展过程中会不断面临决策的问题，决策影响着企业的未来。壁虎在遇到危险时能够将尾巴断掉，这种断尾求生的决策是明智之举，用较小的损失能够换取长远的未来。齐桓公不听管仲的话，在管仲死后将已经被流放的易牙、竖刁和开方再度召回，而这样的决策使自己很快断送了江山，奸臣在齐桓公死后封闭消息，以致齐桓公全身生蛆而不得掩埋。听取管仲之言是一种决策，不听管仲之言也是一种决策，但不同决策导致的后果显然存在较大差异。

　　《三国演义》中的吕布武艺超群，但由于每每做出错误决策而最终导致身死白门楼。吕布原先是丁原的部将，但为了财富将丁原杀掉投靠了董卓，后又因貂蝉将董卓杀掉。后来，吕布战败被曹操俘虏后，在白门楼又想投靠曹操。曹操问及一旁的刘备如何处置吕布，刘备说："公不见丁建阳、董卓之事乎？"仅这一句话就让吕布吊死在白门楼。吕布的每次决策都是错误的，人们根据其先前的所作所为可以推断其日后的行为，决策错误是造成吕布之死的重要原因。

　　从以上两个小故事可以看出，决策表面上是一种行为，但实际上是由决策者的内在能力和素质决定的，决策者的综合素质决定了决策的含金量。

　　为了保障企业能够健康发展，科学的决策显得尤为重要。因此，决策需要遵循科学的程序，辅以科学的方法。如果说决策是个函数，那么这个函数是由多种变量决定的，管理者在进行决策之前需要充分考虑这些变量，通过"定性决策＋定量决策""确定型决策＋风险型决策"等多种决策方式做出最佳决策。从理论上看，一个严格的决策过程需要顺次经过以下几个基本步骤：调查问题、确定目标、拟订方案、评价方案、选择方案、实施方案、监督反馈。不同类型的决策，其成本也有差异，企业需要根据实际情况选择合适的方式进行决策，既要保证决策的效率，也要保证决策的效果。

第二节 理论领悟

一、什么是决策

著名管理学者西蒙对决策理论的提出做出了重要贡献。西蒙认为，决策是管理的心脏。随后，很多管理学者对决策的内涵不断进行完善和发展，使决策的内涵不断丰富。一般而言，决策就是企业为了实现既定目标以使未来行动目标优化或至少达到某种满意程度，在两个或两个以上备选方案中选择一个最佳方案并组织实施的过程。它包含以下几层含义：目标明确，选择方案，过程完整，行为超前，切实可行。

①目标明确。决策是围绕一定的目标进行的，决策就是为了实现这样的目标而进行的抉择。任何决策都要以实现企业的总目标并使目标优化为出发点。决策者往往会面临多个选择，决策的原则就是花费尽量少的成本做最多的事情。所以，决策的质量就会影响企业的未来发展状况。

②选择方案。为了提高决策的质量，决策者需要综合各方面的

情况将各种可能考虑进来，在此基础上可以设计多个备选方案。不同方案具有不同的优势，需要决策者在多种可能性之间进行抉择，所以，决策的中心含义是"选择"。如果只有一种方案，这时的决策就成了在做与不做之间进行的决定，这与原始意义上的决策的含义就相差甚远了，决策于是就失去了应有的意义。

③过程完整。一般来说，决策应包括决策前提出问题、搜集资料、预测未来、拟订方案、优选及决策实施中的追踪反馈等在内的完整过程。其间如果缺失任何一个方面，都可能使最终的决策失去科学性，进而导致企业受到损失。只有各个步骤都按部就班地完成，才能够保证决策的科学和合理。

④行为超前。决策是根据现在的情况对未来的情况进行的抉择，要求决策者具有超前意识，能够凭借自身的经验、丰富的知识及敏锐的观察力做出正确的选择。决策水平的高低是管理者全方位素质的展现，决策者要力求充分占有各种资源，做出最佳的决策。决策者需要具有良好的判断力，并且能够较好地将可能会出现的各种问题事先进行预判并提前采取一些防患性措施。

⑤切实可行。决策虽然是在不可知中进行赌博，但并不是盲目地赌博。管理者的决策应该距离成功并不遥远，并且基本上是确定的。管理者的目的是为了进行成功抉择，这就要求决策者的决策要切实可行。决策是科学判断而不是捕风捉影的判断，不能明知不可行而为之。决策不能好高骛远，需要在切实可行的基础上进行。可行指的是能解决预期的问题、具备执行方案的条件、能够达到预期的效果等。

由以上分析可知,决策的过程是复杂的,所以,很多决策并不是能够轻易做出的。人们对决策看重的原因在于决策对企业的发展具有很重要的作用:决策是企业管理工作成败的关键;好的决策才能够保证企业的各项职能顺利进行。为了有更好的未来就需要从现在做起,做好任何一项决策。

二、决策的基本程序

虽然不同行业、不同决策者、不同事务的决策稍微有差异,决策的环节也会有所不同,但从一般意义上讲,决策应该包括以下几个基本程序:调查问题、确定目标、拟订方案、评价方案、选择方案、实施方案、监督反馈。下面就简要阐述一下决策的基本程序。

①调查问题。没有调查研究就没有发言权,调查分析是决策的基础。决策的第一步是分析现状并发现其中的问题,任何决策都是从发现和提出问题开始的,只有发现问题后才能够做出对症下药的决策。发现问题后必须明确问题发生的时间、地点及可能产生的影响、原因、严重性和必要性等,管理者在处理这些问题时可以分出轻重缓急并尽快理清解决问题的头绪。管理者在调查问题的时候不应该将眼睛只盯在某一点上,在处理相关问题时需要通观全局,从整体的角度思考和比对,并且尽量发动企业全体成员参与到问题的调查当中来,从而运用集体的智慧更加容易快速地发现问题的关键原因所在。

②确定决策目标。调查问题的目的在于从一团乱麻似的问题中理出工作的头绪,集中精力做最需要做的事情。决策目标是指企业

在进行充分的调查研究的基础上预期达到的目的，决策目标弄错了，就相当于搭乘的列车班次错了，如果返回去重新买票坐车，成本就非常大了。确定决策的目标是决策中最重要的环节。在确定决策目标时要注意以下几个问题：目标要尽量数量化和具体化，以便于操作；充分考虑各种可能性之后确定目标；要明确目标实现的前提条件；在确定目标的过程中要分清主次。

③拟订决策方案。为了使决策行为有弹性，就需要在统合考虑多种情况的基础上酝酿出多个可供选择的备选方案。所以，决策目标一旦确定就要在收集企业内外部各方面相关信息的基础上拟订备选方案，此间力求收集到的资料丰富、准确，在此基础上就可以考虑尽量多的可能性并因此拟订更多的备选方案，在众多备选方案中选择出的方案就相对合理、有效。决策者在对多个方案进行比较的过程中，发现方案的优劣并比较实施方案的成本。

④评价各种方案。选定备选方案后就要对备选方案进行评价，评价过程也是很重要的。如果在评价过程中带有主观偏见，就会使评价失去了意义。决策者需要根据企业的发展状态选择合适的评价方法，客观、公正地对诸种方案做出客观的评价。评价的方法有经验判断法、数学分析法、实验法等。经验分析法是根据决策者以往的经验进行判断的方法，不同决策者由于经验及知识背景不同，评价同一方案的结果也不同。数学分析法是运用一定的数学模型对方案进行分析判断的方法，该方法表面上看起来更加客观，但如果数学模型选择不合理或最初的调查数据不够客观，评价的结果也不会合理。实验法是指人们根据一定的科学研究目的，利用科学仪器设

备，在人为控制或模拟的特定条件下，排除各种干扰，对研究对象进行观察的方法。很多情况下只需要对方案进行定性评价即可，相对于定量评价，定性评价可以节省很多成本。

⑤选择最佳方案。选择最佳方案就是对各种备选方案进行权衡之后，决策者最终选择最优方案的过程。根据方案的重要程度不同，在选择最佳方案时可以采取集体决策或者主管领导拍板等不同形式。重大决策需要多次召开会议由所有企业高层最后集体决策商定。对于一般性的决策而言，由主管领导通知一下有关人员而主管领导自主决定即可。

⑥实施已选方案。方案定下来后就要付诸实施，决策的结果是否正确需要通过实践进行检验。在方案实施的过程中，要注意确定合适的人选实施方案。方案的实施者选择不恰当，也会为企业造成不必要的损失。

⑦监督反馈。前面各种工作还是理论论证，实施方案才是真正的操作。为了适时把握方案实施中的信息，监督反馈过程是不可缺少的。在方案的执行过程中，及时反馈给决策者相关的信息，以便于决策者及时判断方案的优劣。方案执行中出现的一些小问题需要在现场控制中得以解决。如果未出现各种问题，这当然是最理想的状态。如果出现了重大问题，则需要立刻中止决策方案的实施，以免方案继续执行给企业带来重大的损失。

三、决策方法

西蒙认为，管理就是决策，决策贯穿管理的全过程。在管理学的发展过程中，人们总结了多种非常有效的决策方法，主要可分为定性决策方法和定量决策方法两种类型。

（一）定性决策方法

定性决策方法不是通过数量化方式进行的决策方法，而是通过整合各方面的信息，在充分讨论的过程中逐渐形成比较一致的观点，从而形成对具体事务的决策结论。定性决策方法表面看上去不如定量决策那样精确，但这种通过统合思想进行的决策往往在决定事务的发展方向方面具有重要的作用，与定量方法结合起来往往会达到事半功倍的效果。德尔菲法和头脑风暴法是两种比较成熟的定性决策方法。

①德尔菲法。德尔菲法的本质是通过多轮匿名函询专家意见，总结整理专家的意见后再发给各位专家，以便专家提出新的判断，等到几轮讨论后专家的意见趋向一致，提供给决策者进行最后决策。德尔菲法一般经过如下几个步骤进行：明确研讨论题；选择与会专家；确定调查表格；确定预测过程；做出预测结论。在整个过程中，德尔菲法表现出专家匿名、多轮讨论、统计结果的特点。

②头脑风暴法也叫思维共振法，指的是与会专家通过信息交流，大家在毫无拘束的前提下畅所欲言，产生思维组合效应，从而创造共振思维的管理方法。一般而言，头脑风暴法分为3个阶段进行：质疑既有思想；编制意见评价表格；总结归纳各种意见。头脑风暴法如果控制不好，在讨论中大家会偏离主题进而浪费大量时间，为了避免在讨论中发生类似的事情，必须坚持如下原则：明确具体要求；不能诽谤他人；鼓励提出可行性建议；讨论环境不能受约束；

发言要力求简短；专家不能念发言稿；严格控制与会人数。

（二）定量决策方法

相对于定性决策方法而言，定量决策方法是根据具体的数量指标利用数学模型对事务进行决策的方法，一般分为确定性决策、风险性决策和不确定性决策等3类。

四、决策中应该注意的问题

为了使决策具有科学性和可操作性，在做出决策的过程中需要把握以下几点要求。

①把握关键问题。在做决策的过程中需要考虑很多因素，但这些因素并不是同等重要的，往往某个关键因素决定着其他的非关键因素。这时候，如果能够很好地把握关键因素，在做决策的时候就能够达到事半功倍的效果，不但能够使决策的科学性得到提高，而且还会减少很多不必要的麻烦。

②认准决策的目标。决策都是围绕一定的目标进行的。如果偏离了预定目标，决策就失去了意义。为了达到认准决策目标的目的，就需要决策者充分考虑各种因素并力求掌握更多的信息，在决策过程中尽量发挥群策群力的作用。

③从多个方案中进行抉择。决策应该是从多个备选方案中选择出一个最为合适的方案的过程。选择方案的过程就是比较的过程。各个方案应该是不同的专家从各个方面考虑后得出的结论。在比较方案的过程中发现各方案的优势或劣势，从所有方案中选择一个最为合适的方案。

④决策者要承担一定风险。决策并不总是有百分百的把握达到预期的结果的，所以，任何决策都有一定的风险。决策者就是要通过自己的综合实力将这种风险降到最低，但降低风险并不能够消除风险，决策者拥有决策的权力，也就应该承担决策的风险。决策者不应该因为预测中有风险而在决策过程中畏首畏尾，以致有可能耽误企业发展的良好机会。

⑤组建咨询专家团。决策虽然最终由核心管理者拍板，但决策方案的给出需要由咨询专家团完成。组成咨询专家团的成员必须是来自各个岗位的一线管理者或骨干员工，这些人考虑同一个问题的时候思考的侧重点会有差异，这样就会将问题尽量考虑得比较全面，避免遗漏本不应该遗漏的问题。

五、决策时需要坚持的原则

虽然在决策过程中会尽量考虑各种可能发生的情况，以免出现一些不必要的问题，但决策中还是不免会出现这样或者那样的问题。为此，在做决策的过程中坚持一些必要的原则是非常有必要的。总结长期以来的管理经验，我们可以概括出如下所述的几条决策原则。

①保证决策的系统性。决策不是断章取义，而是站在企业整体发展的角度进行的。在决策过程中不能因为企业某一方面的决策对其他方面的决策形成障碍。企业本来就是一个整体，企业发展过程中每一个方面的情况都会影响到其他的方面。所以，在做出任何一个微观决策的时候都要着眼于企业的整体发展。

②决策应该达到比较满意的效果。"决策的结果相对满意"是

决策的一个标准，决策是站在相对完善的信息基础上进行的，不可能占有所有信息，同时也不可能将所有的方案都试过之后才做出决策，所以，决策的标准应该是"比较满意"而不是"最满意"。决策都是在一定的条件下进行的。在某个时间段内或者某种环境条件下是比较理想的决策，在条件发生变化后就可能成为不理想的决策。

③决策的结果应当具有可行性。决策是站在实践角度而不是站在理论角度谈的。决策的结果应该是可行的。如果决策的结果虽然现在不可行而在未来某个时间段是可行的，这也不能算作是合理的决策。决策的结果是着眼于企业现在的状况的，是为了解决现在的问题并着眼于未来发展的。决策结果的可行性是针对企业目前的发展状况而言的。

④适时反馈决策结果。决策一旦定下来就要在企业内部各部门间、各成员间进行广泛宣传。企业的成员实际上对决策结果也是非常期待的。好的决策结果对于所有的企业成员而言无形中是一种激励。企业成员可以将决策结果与自身的奋斗方向很好地结合在一起，从而将企业的发展方向作为自己奋斗的动力，这样就会将企业行为与员工的个人行为紧密结合在一起。

⑤在占有充分信息的基础上进行决策。决策虽然不能够占有全部信息，但应该尽量占有相对较多的信息，为此，决策者应该通过各种渠道收集相关信息，力争使占有的信息尽可能地全面。只有建立在占有充分信息基础上的决策才是相对科学的决策。在搜集信息的过程中应该尽量撇开决策者自身的主观因素影响，避免由于主观倾向造成一些信息在统计时被疏漏掉。

第三节　破釜沉舟瓦解秦军的围剿

秦朝末年，赵王歇被秦军围困在巨鹿，楚将项羽主动请缨与秦军激战。渡漳水后，项羽命令将士们每人携带仅够3天用的干粮并把做饭的锅碗全砸掉，把渡河的船只全部凿沉，连营帐都烧了，对将士们说："我们这次打仗有进无退，我们一定要一鼓作气把秦兵打退。"项羽以破釜沉舟的气概鼓舞全军将士。楚军将秦军包围起来，经过多次激战终于活捉了秦军首领王离，打败了围困巨鹿的秦军。

漳水之战造就了一个成语，即"破釜沉舟"。破釜沉舟看似是"一锤子买卖"，但更多的是寄予胜利而不是失败的希望，通过这种方式能够鼓舞所有成员的士气，所以，破釜沉舟具有实施的前提。而"一锤子买卖"则不然，其中包含的更多的是撞大运的思想，内心是没有底气的，成功或者失败完全取决于运气，胜算的把握很小。"一锤子买卖"体现的更多的是管理者的迷茫，而破釜沉舟则更多体现了管理者的豪气。

破釜沉舟还在于用足够的勇气及时把握机会。机会稍纵即逝，

第十一章　家有千口，主事一人——正确的决策是组织的命根

这需要管理者具有敏锐的观察力，能够用清醒的头脑分析企业所处的环境，并能够客观地理清有利于和不利于自己的因素。项羽及其士兵的优势在于：有骁勇的领头人、士兵能征善战、具有很高的士气。在当代企业发展中不乏这样的成功案例。

破釜沉舟的含义还在于倾其全部做最后一击，拼上自己全部家当做最后一次努力，同时将自己的全部希望也寄托在这最后的一搏上，目标在于必胜。如果不胜利，自己就没有希望；如果胜利了，自己就会有更多的机会。不胜利背后的苟存于世还不如非常英勇地离去，既然将死亡都置之度外，就没有什么可以畏惧的，战士在战场上自然会英勇奋战、所向披靡。

破釜沉舟不但需要管理者的魄力，而且需要所有成员配合。一般而言，在成功的时候，企业成员非常愿意追随管理者，在这样的管理环境中也很容易达到一呼百应的效果。但是，在团队遭受到挫折的时候，管理者想要达到一呼百应的目的就需要非常高超的管理技巧了。管理者的责任在于通过运用一定的管理措施将企业内部的所有成员紧紧地拧成一股绳，所有成员需要在以管理者为核心的情况下抱着誓死一拼的决心，并且对管理者要充满信心。在这种关键的时候，最不能发生的情况就是管理者畏首畏尾，因为机会稍纵即逝，管理者需要敢于面对现实并将自己的"安危"置之度外，不但为了自己，而且为了企业的全体成员冲锋在前，这样的管理者才会让大家心服口服，并且会成为所有成员追随的对象。

管理者必须做出正确的决策才能保证企业沿着正确的轨迹发展，但管理者做出正确的决策并不容易，为了保证管理者能够做出

正确的决策，需要做好以下几个方面的工作。

①避免好大喜功。管理者一般非常希望在下属面前展示自己的聪明才智，希望能够做出一些大事情让下属刮目相看。于是，管理者好大喜功的情况时有发生，在决策不恰当时往往会给企业的发展带来障碍甚至是损失。

②切忌模棱两可。管理者的决策一定要非常清晰。一些领导在下属向其请示问题时为了表示自己的谦恭常常会用模棱两可的话来回答下属，这会让下属无所适从，以至耽搁了企业的发展。

③不要多疑。管理者做决策虽然不能过于武断，但也要坚持自己的独到见解，只要自己的决策是经过缜密思考并且是建立在科学的推理基础上的就要据理力争。

④做到抓大放小。一些管理者处理问题非常细心，以至于处理一些问题时过分关注细节，从而放过了关键的核心问题。做到抓大放小，从而把握住核心问题是管理者应该具备的基本能力和素质。

⑤要善于把握时机。机不可失，时不再来，这说明准确把握时机的重要性，但准确把握时机需要管理者的聪明睿智。为此，要求管理者蓄势待发、当机立断，并且在环境发生变化时能够做到随机应变。

⑥做事留有余地。任何事情都不能满打满算，要在决策方案中留有周旋的余地。

第四节　正确抉择让"罢官"知府获升迁

历史上有一个叫张绍的知府，他为官非常清廉，赢得了大家的好评。

有一次，一个人由于当街杀人按律当斩。张绍派捕快抓到犯人后就毫不犹豫地要对这个犯人进行处置，这个犯人却在公堂上对张绍说："我是当今宰相的小舅子，如果你杀了我，你就要提防着你一家人的性命。你杀了我之后你也不会有好下场。"张绍见这个犯人不但不伏法，而且还在公堂上口出狂言，非常生气地说："王子犯法也要与庶民同罪，你是宰相的小舅子，我也要对你进行公正的制裁。"张绍命令自己的下属立刻处决了这个犯人。

处理完犯人后，张绍回到家中，越想越担心刚才犯人说过的话。张绍虽然在处决犯人这件事情上没有任何过错，但担心犯人如果真是宰相的小舅子，则自己不是要面临灭顶之灾吗？他非常担心自己的正义行为会使全家人受到株连。想到此，他就打定主意辞去官职，在安排家人回乡下居住的同时自己也踏上了向宰相负荆请罪的旅途。

张绍千里迢迢来到了宰相的家中，宰相见到张绍后连忙将他请

企业管理者的 15 项修炼：悟理论·读故事·品案例

到屋中并对他说："你来得正好，我正好有一件事情通知你。"张绍说："我此次来的目的就是向您谢罪并辞官的。"宰相听后非常不解，向张绍解释："你误会了，不是辞官而是升官，我要把你的官衔晋升为巡抚，难道你不想做巡抚吗？"张绍说："我杀的那个犯人不是您的小舅子吗？"宰相摇摇头，说："纯属子虚乌有。即使真是我的小舅子，你杀他也很有道理。你执法如山，所以，我特保举你为巡抚。你刚才说知道这件事，我就有些怀疑，任命你的公文还没有发出，你怎么就能知道呢？所以，刚才我感到非常诧异！"

张绍本来是向宰相辞官并谢罪的，最后反倒是升官了，这是张绍没有想到的事情。听到宰相对自己的夸奖，张绍反而不知所措起来。宰相嘱托张绍："你不要疑神疑鬼，认定正确的事情就要坚定地去做，不要有任何犹豫。你为官的风格造福了一方百姓，这是百姓的福音，也是对我的工作的鼎力支持，我从心底感激你，国家的兴旺需要更多像你这样的好官。"

在上面的故事中，张绍对犯人进行了正确处置，但由于犯人口出狂言说自己是当朝宰相的小舅子，这使做了正确的事情的张绍感到非常不安。道理很简单，张绍害怕宰相因为自己的小舅子被斩而遭到报复。所以，张绍在斩杀罪犯之后心神不宁，于是赶紧做好相关的善后安排，对自己的处境做出最坏的打算。

我们在现实中也经常会遇到类似的事情。管理者按照既定的制度对下属进行处罚，以便在所有的员工中间树立管理权威，但下属中间最难管教的往往是与自己的顶头上司有裙带关系的成员，顶头

第十一章　家有千口，主事一人——正确的决策是组织的命根

上司的"七大姑、八大姨"的存在使直接管理者很难在管与不管间把握尺度。按照管理学的一般原理，管理者需按照既定的管理制度对被管理对象实施管理，但由于裙带关系及私人感情等的存在会使直接管理者在进行管理时没有底气。直接管理者即使刚直不阿地执行完管理制度也会心存犹豫：自己的上司会不会对自己进行报复？直接管理者存在这样的想法也是非常合乎情理的。故事中的张绍能够将自己的安危置之度外而严格执法，这是非常难能可贵的。一般的人听到罪犯大声嚷嚷自己是宰相的小舅子，马上就会放下手中正在进行着的事务而派专人进行调查，核实一下罪犯所言是否真实。如果经过核实，发现罪犯是在说假话，罪犯不是宰相的小舅子，然后再将其斩首。其实，这种情况下的斩首行为与张绍在故事中的斩首行为已经有了很大的不同。虽然最后的结果都是将罪犯杀死了，但其中体现了当权者做决策时的犹豫。张绍能够深得老百姓的称赞，就是由于没有这个犹豫的过程，不管你是不是宰相的小舅子，我都要按照法律规定执行，哪怕做了这件事情之后我被罢官也心甘情愿。可以说，老百姓对张绍的称赞不仅在于张绍执法的结果，还在于张绍执法的过程。

在现代企业管理中，管理者具有执行企业制度的权力。为了让所有人心服口服，管理者就需要秉公办事。虽然企业成员也不可避免地会与管理者存在亲情关系、友情关系，但只有做到按照既定的制度办事，才能够真正将企业的利益放在第一位，才能够让管理者真正成为企业制度的维护者。在管理过程中，如果更多地掺杂了个人感情，就会让管理制度变味。

第五节　贪婪让思想与躯壳一同蒸发

有这样 3 则故事说明了基本相同的道理。

有一个喜欢发财的懒人。有一天，一只大鸟飞到他面前说："我可以带你去一个地方，那个地方遍地都是金子。不过，那个地方很危险，是太阳升起的地方，太阳升起后会很热。你事先准备好袋子，捡拾一些金子后我们马上离开。否则，金子太多我就飞不起来了，最后就会烧死在那个地方。"懒人听了大鸟的话后非常高兴，当天晚上就准备了足够的袋子，第二天很早就到了大鸟指定的地方。大鸟早就在那里等着了，见到懒人后，大鸟张开翅膀让懒人坐上去，飞快地向太阳升起的地方飞去。到了地方后，懒人从大鸟的身上下来，发现满地都是闪闪发光的金子，于是开始贪婪地捡拾地上的金子，以致完全忘了时间。一旁的大鸟不断催促懒人说："差不多就行了，太阳就要升起来了，我们必须赶紧走。"但是，懒人仍然在贪婪地捡拾金子，大鸟终于不能再等懒人了，自己飞走了。结果，懒人被烧死在了满地是金子的地方。

第十一章 家有千口，主事一人——正确的决策是组织的命根

一座蜂蜜工厂的仓库的地上洒了很多蜂蜜，蜂蜜的香味吸引来了许多蜜蜂前来舔食。因为这些蜂蜜太香了，使得这些舔食蜂蜜的蜜蜂个个都吃得肚子鼓鼓的。这些贪吃的蜜蜂的体重增加了很多，加之地上的蜂蜜很黏稠，它们最后都被粘在仓库的地板上不能飞走了。由于每只蜜蜂的体重都非常沉重，相互之间没有办法帮忙，最后，这些蜜蜂都死掉了。这些蜜蜂在临死前都非常痛心，后悔自己在舔食蜂蜜时过于贪心，后悔自己因为一时的快乐而葬送了宝贵的生命。

蝜蝂是一种能够背负重物的小虫子，在爬行时无论遇到什么样的东西都要捡起来放在自己的背上，无论多么吃力也要使尽全身力气背上这些东西，即使疲劳到了极点还是要这样做。蝜蝂的脊背非常粗糙，这样可以使放在上面的东西不会轻易落下来。蝜蝂就这样一路捡拾，最后终于被压得不能再向前爬行了。路人很同情蝜蝂，所以，往往会帮助蝜蝂将其身上的东西去掉。但是，蝜蝂看见东西还是会捡拾到自己的背上，一直到压倒在地上不能动弹为止——被压死了。

上面3则故事都体现了一个共同的主题——贪婪。由于贪婪，懒人被烧死了，蜜蜂被困死在仓库中，蝜蝂被自己捡拾的东西压死了。同样的道理也适于用企业管理，企业的管理者也不能过于贪婪，否则，企业就会倾覆。《荀子》中曾记录了下面这样一件事情。

孔子有一次到供奉鲁桓公的宗庙里参观，发现鲁桓公塑像的旁边有一个倾斜的器皿，于是就询问宗庙中的人——器皿是干什么用的。对方告诉孔子，这个器皿是君王用以警诫自己的。这个器皿有一个特点，就是空着时就会倾斜，倒满一半水时就正了，但灌满了水后就会倾覆。孔子于是让随从的弟子向器皿中倒水。大家看到，当注入一半水的时候，器皿就是端正的；当灌满水的时候，器皿就倾覆了；但在器皿空着的时候，器皿就倾倒了。孔子见到这个现象后非常感慨："器皿盛满了水自然就会倾倒，这实际上是昭示人们不要骄傲自满呀。"随从的弟子问孔子："有什么样的方法既能让器皿保持盛满水的状态又不倾倒呢？"孔子说了一番话，这些弟子顿开茅塞。孔子说："聪明睿智，守之以愚；功被天下，守之以让；勇力振世，守之以怯；富有四海，守之以谦。"这句话的意思是：一个人如果聪明睿智也不要张扬，而应保持敦厚虚心的态度；一个人功劳遍及天下也不要骄傲，而要保持谦逊恭让的态度；一个人即使勇力盖世，也要保持小心谨慎的做事风格；一个人如果富甲天下，需要用节俭来保持家业不衰败。

其实孔子说的话非常简单，用现在的话来讲就是做人要低调。上述故事中的器皿实际上是在里面设置了一个机关，如果装入的水过多，则会导致器皿的重心偏移从而导致器皿倾覆。当水比较少的时候，器皿的重心就会比较合适，从而使器皿保持平稳状态。这个器皿设计这样的机关正好映射了做人的道理。做人不要自满，自满就会倾覆，只有虚心才能保持正常状态。与孔子的这些思想相类似，

第十一章　家有千口，主事一人——正确的决策是组织的命根

老子也曾经说过："持而盈之，不如其已……富贵而骄，自遗其咎。功遂身退，天之道也。"意思是说：做事情追求圆满不如适时停止……一个人富贵到了骄横的程度就会给自己招来灾祸。待事情成功之后就要退出历史舞台，这是符合自然规律的道理。其实也是说明了低调做人的道理。

管理者是一个企业的核心，在所有的员工面前具有更多的优势，有很多的机会可以在众人面前表现自己。所以，很容易产生高高在上的感觉，从而不易与企业中的其他成员合作，其他成员就会对其退避三舍，管理者便会有孤家寡人的感觉。当管理者过分炫耀自己而没有感觉到自己的成功里有其他企业成员的贡献的时候，其他成员就有被愚弄的感觉。其他成员就会认为自己总是管理者的"绿叶"，本来应该从企业的发展中得到一些回报但没有得到，于是就会产生与管理者不合作的念头。管理者不管其他成员的感觉，自然会形成众叛亲离的局面。这时的管理者就像盛满水的器皿或者像贪婪的懒人、蜜蜂和蝂蝂。因此，管理者要低调、谦虚，懂得凡事适可而止，唯有如此，才能得到下属的认可与拥护。

第六节　如何选择让公司业绩滑坡的"替罪羊"

一、案例简介

A、B两个公司均是国内某著名集团的下属企业，效益水平均不高。集团领导经过多方面考虑最终决定还是要对两个公司进行全面调整，但鉴于两个公司的经营特点及公司主管领导情况的差异，打算对两个公司采取截然不同的"换血"方式。

对于A公司，打算采取"一锅端"的方式对其管理层进行撤换，即将A公司由上到下的所有管理人员全部撤换。A公司在长期的发展中形成了以总经理M为核心的独具特色的管理方式，M以外的其他管理人员全部是按照M的思维方式被提拔起来的。即使M不在，其他人员也是按照M的思维方式行事，这些人只是在简单地配合M工作。现在要撤换M，销售经理、财务经理等是M一手提拔起来的，如果不予以撤换，这些人的工作方式必然与继任的公司总经理发生矛盾，从而影响公司沿着新的轨迹发展，进而使A公司的"换血"流于形式。为此，就必须实行"不换则已，欲换就必须一锅端"的方式。

对于B公司，集团采取单纯撤换公司总经理的方式进行"换血"，即对于B公司原来的管理层只撤换总经理，不撤换总经理以外的其他管理人员。B公司不是依托总经理N的个人魅力成长起来的，公司在发展中形成了比较完善的群策群力的决策制度，N虽然是B公司的领导核心，但公司的大小事务不是由N单独拍板决定的，管理层中的每个成员都可以表达自己的观点，最终采取谁的观点由集体决定，或者说最后的决策是所有人智慧的集合。所以，对B公司的"换血"不一定必须将原管理成员全部换掉，而是只换掉总经理一人即可。

对A、B两个公司采取何种方式"换血"，集团董事会成员们产生了激烈的争论，讨论的结果为：A公司的重大决策来自总经理M，所以，采取撤换M并将其下属的其他管理者也一并换掉的方式比较稳妥；相反，B公司属于集体领导，相对比较民主，应该撤换总经理一人。M和N被调出，由谁接任A、B两个公司的管理工作呢？经过多轮讨论，最后集团董事会决定：B公司从内部提拔选任新总经理；对于A公司而言，可以用集团"空降兵"的方式撤换整个管理层。

管理层调整后，A、B两个公司都呈现出新面貌。第二年，这两个公司都实现了扭亏为盈，并且分别实现了2%和3%的纯利润。

二、案例分析

（一）文化影响"替罪羊"抉择

上述案例中，A、B两个公司由于企业文化不同，在撤换公司总经理的过程中采取了不同的"换血"机制,这反映了某集团高层的辩证思维方式。A 公司采取了"一锅端"的方式,而 B 公司则直接撤换了总经理。正像案例中提到的,B 公司的成长不取决于总经理 N 的个人魅力,B 公司是在群策群力的机制下逐渐发展过来的,公司的重大事项不是由 N 说了算的,公司重大事项的决策是集体意志的体现。既然如此,让一个新的总经理取代目前的 N 就可以了,由于长期以来,B 公司已经形成了这样的决策机制,也不会由于个人的失误将公司的发展带偏。所以,对 B 公司不必采取大"换血"的方式,只要将总经理一人撤换即可解决公司发展的核心问题。A 公司则不然,多年来在总经理 M 的领导下形成了以其为核心的领导层,那些副总经理及中层管理者完全为 M 的个人魅力折服,A 公司事实已经成了 M 的"独立王国"。所以,只撤换 M 本人并不能解决 A 公司发展中的根本问题,撤换 M 就要撤换 M 的团队。某集团对 A、B 两个公司的管理层做出这样抉择的过程实际上就是选择"由谁来担当公司替罪羊"的过程。A 公司总经理 M 的管理团队相对于 B 公司总经理 N 的管理团队而言,就没有那么幸运,前者包括 M 在内的所有人成了"替罪羊",后者只有 N 成了"替罪羊"。

(二)核心领导的个人魅力

公司的发展特点往往就是公司核心领导个人魅力的扩展或者延续,所以,就该点而言,核心领导的个人魅力对形成公司文化具有非常重大的影响作用。案例中的 A 公司在总经理 M 的带领下并没有很大的起色,这说明 M 在工作期间并没有发挥很好的作用。但是,由于 M 亲手提拔了公司的其他领导成员,在公司领导层形成了"铜墙铁壁",核心领导的个人魅力为公司的发展带来了负面影响。魅力就是影响力,核心领导在强化其影响力的同时,就会使其他管理者黯然失色,在核心领导的高压之下其他管理者逐渐失去了创造热情。所以,过分强调核心领导的个人魅力,如果其影响是负面的,就会企业失去诸多发展机会,业绩逐渐下滑。当然,某集团考虑撤换 A 公司的管理层的时候,就会将 M 与其下属视为"一丘之貉",实行"一锅端"的方式也就在所难免了。

(三) 内聘与外聘的区别

A、B 两个公司的总经理都被撤了,在由谁来继续担任 A、B 两个公司的总经理这一问题上可以有外部招聘和内部提拔两种选择。若内部有合适人选则尽量从内部提拔,因为内部人选会更适应公司文化,同时这也是一种内部激励机制。若内部无可以服众的人选,只能外聘。内部提拔和外部选聘都有利弊。内部提拔虽然可以降低招聘成本、鼓舞员工士气,新提拔的管理者也能尽快适应管理工作,但由于其长期在公司工作,不免会形成自己的交际圈层,在开展工作的过程中不免会形成新一轮的裙带关系。外部招聘在为公司带来新鲜血液、避免裙带关系的同时,也不免会增加招聘成本,同时新招聘来的管理者要一段时间才能适应新的管理环境,所以,很难尽快进入工作状态。上述案例中某集团董事会对于 A、B 两个公司并未非常机械地采取内聘还是外聘管理者的方式,而是经过反复讨论后,对 A 公司采取了"空降兵"的方式,即所有管理者全部从集团选派,这样实际上就置换了 A 公司的文化;对于 B 公司则实行内部选聘的方式,这与 B 公司的文化相匹配。

（四）公司的竞争力与"领头羊"

公司发展状况好与坏说到底是公司主要管理者的责任，所以，某集团董事会考虑再三决定撤换 A、B 两个公司的总经理。管理实践中不乏这样的案例，撤换公司高层管理者后，公司的发展方向、发展思路等都发生了巨大变化，从而也为公司的发展带来了新的机会。实际上，撤换高层管理者就是撤换公司的文化。有了好的"领头羊"，企业才能有较强的竞争力。

三、案例启示

（一）审慎撤换核心管理层

在上述案例中，某集团董事会撤换 A、B 两个公司的核心管理层采取了两种不同的方式，一个采取了"一锅端"的方式，另外一个采取了只撤换总经理一人的方法。两个公司分别采用了不同的方法对既有的管理层进行撤换，关键在于两个公司的管理文化不同。A 公司的管理者都是由总经理 M 一手栽培、提拔的，如果只撤换 M 一人，即使新任的总经理能力再强，A 公司的其他管理者也可能会将新任总经理架空。所以，对于 A 公司若不采取"一锅端"的方式，新任总经理很难开展工作。而 B 公司在发展过程中已经形成了相对民主的工作作风，公司重大事项的最终决策权掌控在所有管理者手中。所以，撤换 B 公司的总经理 N 后，新任总经理仍然会与原有的管理者形成一如既往的民主的管理氛围。由此可以看到，为了改善企业的经营状况，在考虑撤换公司管理层的时候，为了尽量降低管理成本，需要考虑实际情况使用不同的管理措施。对于核心领导个人魅力张扬过甚且裙带关系已经形成对权力的"垄断"的情形，需要考虑采用"一锅端"的方式撤换公司管理层。对于公司发展中形成了相对民主的集体决策的制度的情形，可以考虑只撤换核心管理者而其他人员保持不动的原则改造公司管理层。在选拔继任核心管理者的时候，前者可以实行"空降兵"的方式，后者应实行内部选拔的方式。前者可以尽快解决企业文化问题，后者可以起到鼓舞员工士气的作用。

（二）高管应承担终极责任

上述案例中，A、B 两个公司经营不善应该归咎于 M 和 N 两个核心管理者，由于二者的管理不力才导致了两个公司的业绩不佳，两个总经理自然难辞其咎。案例中，某集团董事会只是在两个公司的运营状况已经江河日下时才想起了找"替罪羊"，实际上在 M、N 两个总经理上任伊始就应该明确对"替罪羊"的惩罚，以便通过这种方式激励他们具有忧患意识：干好受奖、干坏受罚。在这样的激励机制下，他们就会发掘更加合理和高效的管理模式使企业的发展步入快车道。就管理理论而言，"制度设计在先、奖惩实施在后"是一般常识，但案例中的情况也算是"亡羊补牢，为时未晚"的做法，这件事对新上任的两位总经理就是一种警醒。

第十二章
句号只是对以前的总结——目标管理决定组织未来

导读

第一节　目标的层次性和动态性
第二节　理论领悟
第三节　猴子的表现与目标难易有关
第四节　愿望不同，目标也有差异
第五节　"贪心"的隐瞒导致良种不良
第六节　JS公司的目标管理方案
第七节　让"艺术"与"科学"缔结连理

第一节　目标的层次性和动态性

组织是为既定目标而存在的，目标是组织前进的方向，也是组织发展的约束条件。为了实现既定目标，就需要将目标分解，同时，要赢得组织成员的理解和支持。设计目标时也需要讲究艺术，目标要稍高于员工的能力，同时让员工感觉到通过进一步的努力可以实现。这样的目标既能发挥对组织成员的激励作用，也能够推动组织持续发展。这需要管理者根据组织的实际情况设计目标，在设计目标的过程中不能盲目攀比。

目标具有层次性，也具有动态性。层次性是指目标可以分为高、中、低等多个水平层次，让不同员工、不同部门承担相应的目标。动态性是指当组织发展到一定阶段时，目标可以相应调高，使组织向着更高的目标前进，这样可以避免目标过低或目标过高而使激励无效。动态调整目标能够体现企业管理者的能力，也是将员工职业生涯与组织发展紧密联系在一起的重要前提。组织的内外部环境在不断变化，目标也需要微调，企业管理者应该具备审时度势的能力，这样能够设计更加合理的目标，使组织能够准确把握住更多发展机会。组织就是在不断设定目标和不断实现目标的过程中得到发展的，已经实现的目标都将成为新目标的基础。因此，目标管理实际上也是战略管理层面的内容，只有近期目标设计得合理，远期目标才能够顺利实现。

聪明的企业管理者需要通过合理的方式将组织的发展目标转化为组织成员的奋斗目标，从而将组织的未来与组织成员的职业生涯整合在一起。

第二节　理论领悟

一、目标管理的提出

目标管理的提出者是美国管理学家彼得·德鲁克,他在其著作《管理实践》中提出了"目标管理"的概念。德鲁克认为,先有目标,后有工作,人们努力工作是因为已经确定了具体的工作目标,而不是因为有了工作之后才确定目标。企业为了获得长足发展,就需要首先确定明确的目标,包括短期目标与长远目标、总目标与各部门的分目标等。目标管理可以很好地将企业的总任务分解落实,责任到人的措施将员工的个人贡献与企业的发展目标紧密地结合在一起。科学管理理论之父泰勒最初提出了"任务管理"的思想,虽然这种观点与德鲁克的"目标管理"有所不同,但著名管理学家邓肯认为泰勒的"任务管理"就是"目标管理"。泰勒在其思想体系中提出了"将计划职能与执行职能分开"的观点,这实际上是在具体规定计划职能的目标与执行职能的目标。随后,法约尔将计划作为管理的一项重要管理职能提出来,并强调要给予目标和计划高度重视。德鲁克认为，目标管理就是依据目标而进行的管理。为了更加深入地阐述这个问题，德鲁克从3个层面阐述了目标管理的内涵：全过程、多层次的管理；各个领域都要设定管理目标；强调整体绩效和自我控制。德鲁克的目标管理思想在于强调员工自我控制，从而用自我控制替代了外在强制措施。"让合适的人分担合适的工作"取代了既有管理思想中的"大家共同做事"的"不分你我"的情形，使管理效率进一步提升。

二、目标管理的特征

详细了解目标管理的特征，对于合理使用目标管理方法是有重要意义的。目标管理的特征取决于目标的特征，目标具有多重性、能动性、层次性、变动性、时间性、相关性等多方面的特征。

①同一时间内多个目标重叠。企业在发展过程中需要同时完成多重目标，这些目标之间有些相互冲突，有些并不冲突。这时，在设定目标计划的时候就需要分出轻重缓急。目标具有多重性的例子非常多。例如，企业必须提供给顾客需要的优质产品（服务），同时还要为企业自身赚得丰厚的利润。这两个目标之间并不冲突，因为企业在为顾客提供优质产品（服务）的同时必然销量增加，进而企业也就能够获得丰厚的利润。目标相冲突的例子也不少。例如，企业在增加产品的销量的同时必须尽量降低成本，企业生产的产品在做到物美的同时还必须做到价廉等。企业为了发展必须合理地处理这些相互矛盾的目标。为此，企业就需要在改善经营管理策略方面做文章。目标的多重性特征需要企业管理者能够做到"一心二用"。

为了完成所有目标，要求企业管理者在紧盯既定目标的同时必须兼顾其他目标。彼得·德鲁克认为，必须在8个层面定出绩效目标，这8个方面是市场地位、创新生产率、物资和财务资源、人力资源开发、可赢利性、经理人员的业绩及培养、工人的工作与工作态度、社会责任心等。

②目标集中反映企业管理者的意图。企业管理者的思想要通过具体的工作目标体现出来。完成目标就是企业管理者在职期间的责任。目标是企业发展和存在的前提，企业管理者担负着设定企业目标的神圣职责，所以，目标是企业管理者意志的反映，也是企业意志的反映，或者说企业管理者是从企业的广大员工的意愿出发来确定企业未来的发展方向。目标不能抽象，否则，就会让完成目标的人不知所措。企业的经营思想有时过于抽象和不容易被把握，企业管理者需要将这些抽象的思想具体化，并通过具体的任务表现出来，从而将企业的意志再现为所有员工的具体行动。员工不需要做企业管理者应该做的事情，这就是所谓的"将计划职能与管理职能分开"的道理。被管理者只需明确自己的目标后实施、执行，而不需要花费很多精力辨识目标。

③目标具有轻重缓急的层次。企业在发展过程中的总目标需要分解为各个分目标，各个分目标的最终实现才能使总目标得以实现。这些分目标的设定都要紧紧围绕企业发展的总目标进行。不同层级的目标之间及相同层级的不同分目标之间相互支撑，共同促进企业的发展。低层次的目标支撑高层次的目标，高层次的目标需要被分解为低层次的目标才能得以彻底体现。

④目标要与环境变化同步。企业所处的环境在变化，企业的目标也要做相应变化。任何企业要想保证持续的竞争力，就必须不断地适应周围变化了的或者正在变化着的环境。企业的发展目标的变动性是企业能够很好适应环境的体现。

⑤目标要在限定时间内完成。根据目标的时间跨度可以将目标分为短期目标、中期目标和长期目标。短期目标是企业在发展过程中目前就应该实现的目标。中长期目标则是企业从长远角度考虑确定需要实现的目标。短期目标是中长期目标的基础，企业为了实现中长期目标，就需要首先将短期目标实现。

⑥责任目标应与考核相连接。目标责任到人后就可以很好地将员工个人的工作业绩与年终考核联系在一起。员工完成目标的程度是考核的重要依据。考核的结果能够与员工的个人收益紧密衔接在一起，所以，目标具有可考核性。目标作为员工个人潜能与企业发展目标衔接的桥梁，实现了员工收入与其对企业贡献的统一。

三、目标管理的作用

人们对目标管理非常看重，是因为目标管理方法在实际工作中发挥了非常重要的作用。目标管理的作用表现在下面所述的4个方面。

①为科学的考核标准提供依据。将员工考核分为合格还是优秀，根本的依据就是其完成目标的程度。目前，很多企业的考核流于形式，关键在于没有科学的考核标准，以至不能进行实质性的考核。考核过程没有与目标管理很好地结合起来就会造成如上问题，目标

管理在一定程度上解决了这个问题。让高质量完成目标的员工得到丰厚的奖赏，员工在这样的预期基础上就可以按照事先确定的目标尽力完成自己的工作。目标不但是对员工的激励，也是约束，对于具有较强工作能力的员工而言是激励，对于不努力工作的员工就是约束。员工在做好相应工作的同时也得到了相应的报偿；如果员工不能完成相应的工作任务，则会受到相应的惩罚，从而为科学的考核标准的确定提供了依据。有了这样的考核依据，企业管理者的工作就变得非常轻松了。

②指明了管理工作的方向。管理工作的核心就是完成目标。在这样的指挥棒的引导下，就需要企业成员结合自己的能力规划好自己的职业生涯。在什么时候完成什么样的目标就非常清楚了。目标管理为企业的发展确定了近期目标和远期目标，这些目标只有通过企业成员的共同努力才能够达成，这是企业的发展方向，在此方向的指引下，企业管理者和所有成员会形成一个团结的团队，并为实现目标而奋斗。

③提高企业的凝聚力。有了明确的目标，企业成员就会在核心管理者的领导下为完成目标而奋斗。目标就是企业及员工个人的奋斗方向。设定目标不但可以激发员工的潜在劳动热情，而且可以使大家紧密地团结在一起，从而增加团队的凝聚力。因为企业的目标是不可能通过某个人的力量完成的，只有所有成员拧成一股绳，才能够保证目标的实现。当企业目标正确反映了所有员工的共同利益追求时，企业的凝聚力就会达到顶峰。企业的这种凝聚力进而成为企业文化的一部分在企业的发展中传承。

④对企业成员形成激励。企业目标的完成过程也是所有成员实现自我价值的过程。如果没有明确的目标，企业就失去了发展方向，员工也会迷失方向。当确定了发展目标后，能够激发企业成员工作的潜在积极性。目标不但与员工的利益挂钩，而且员工也会将目标的实现过程看作自己价值的体现过程，目标实现后，员工会产生满足感和成就感。在完成了既定目标后，所有成员就会向更高的目标迈进，员工越会感到自己的不足，学习的欲望会更加强烈，这样的企业在不知不觉中就演变成了学习型组织。

四、设定目标的原则

目标设定得合理与否关系到企业的未来发展。为了使目标更加科学和合理，就需要在设定目标的过程中坚持现实性、关键性、明确性、协调性、权变性、经济性、挑战性等原则。

①现实性原则。设定的目标必须切实可行。目标是站在企业当前基础上设定出来的，不能好高骛远。因此，必须站在企业目前的客观条件的基础上设定出相对符合实际情况的目标。

②关键性原则。企业的发展目标是多种多样的，但在一定时期内，目标有轻重缓急之分。表面上看起来很多目标复杂地交织在一起，实际上最关键的目标并不多，这些关键性目标的解决可以为其他目标的解决创造条件，并且使其他目标更容易解决。

③明确性原则。目标的设定必须明确，不会出现模棱两可的问题。分工明确的企业成员之间就不会出现相互扯皮的问题。每个人按部就班地做好自己的工作，这同时也就是对企业中其他成员工作

的配合。

④协调性原则。设定每个员工的目标及各个部门的目标的时候,是在协调一致的基础上进行的。各个分目标之间不能出现相互矛盾的问题。先实现哪些目标及后实现哪些目标都需要在协调一致的基础上并根据企业的长远发展目标进行。没有协调好各方面利益就设定目标会造成严重的组织内耗。

⑤权变性原则。在设定目标的时候虽然要坚持一些基本前提,但由于企业所处的环境条件时刻发生变化,所以,设定具体目标的过程中一定要坚持权宜应变的原则。在坚持刚性原则的同时,要保持相对弹性,这样就不会使设定的目标过于僵化。

⑥经济性原则。在目前的基础条件还没有达到的时候实现较高层次的目标会显得力不从心,在完成这样的目标的过程中就需要付出更多的代价,这很可能会影响企业其他方面的工作顺利开展。所以,在设定目标的过程中一定要将可行性与经济性结合起来。

⑦挑战性原则。目标不能设定得太高,也不能太低。目标过低就会使企业成员工作懈怠,因为过低的目标没有压力,从而就不会有较大的工作动力。所以,在设定目标时要在保证目标切实可行的同时适当将目标设计得稍高一些,让所有成员感觉到具有一定的挑战性。

五、目标管理方法评价

(一)目标管理的优点

目标管理是管理学发展进程中的巨大进步,相对于传统管理理念而言，目标管理具有目标明晰、员工主动、自我控制、整体协同、领导减压等优点。

①目标明晰。目标管理使企业的发展目标更加明确，在对目标进行层层分解的过程中会让每个企业成员清楚知道自己承担的责任，在工作中就会减少责任推诿问题的发生。目标管理可以与岗位说明书、岗位责任等紧密地结合在一起，强化企业成员的工作责任心。

②员工主动。在目标管理理念下将员工的个人收入与其承担的相应责任紧密结合在一起，利益驱动下的员工会愿意承担更多的责任，这会使管理者向下属委派工作的时候更加顺利。员工在积极主动承担责任的过程中将企业的发展目标与自己的个人利益紧密结合在了一起，员工承担责任的主动性更强，员工在工作的过程中由传统管理理念下的"要我做"变为了"我要做"。

③自我控制。传统管理方式下的员工都是在企业的各项规章制度下做事，员工不但不会主动地完成各项工作，而且在某些时候还会成为企业发展的阻力。在目标管理模式下，员工会主动进行自我控制，自觉约束自己的行为与企业的发展要求相一致。所有的企业成员在工作的过程中都会自觉绷紧一根弦。

④整体协同。企业的发展总目标需要分解为各个部门的分目标，只有这些分目标保质保量地完成后企业的总目标才能够得以实现。这就需要设计各个分目标时要相对合理，使分目标之间不但不会存在冲突，而且相互之间要互补，进而产生部门之间的整体协同作用，从而在很大程度上消灭了由于部门之间关系不协调造成的内

耗问题。

⑤领导减压。管理者在进行目标管理的过程中的主要工作就是将目标设计得科学、合理。这需要管理者具备较好的管理素质，在设定目标的过程中要群策群力，以防目标设计得不合理而出现各种不可预料的问题。管理者将科学、合理的目标设计出来之后，就会将相应的责任落实到具体的责任者身上；然后，管理者需要做的就是对责任者完成目标的情况适时地进行督促。

（二）目标管理的缺点

目标管理相对传统管理方法而言确实存在诸多优点，但其缺陷也是非常明显的，主要表现在下面所述的几个方面。

①科学、合理的目标难以设定。目标管理要求数量化，人们一般认为数量化的目标比定性的目标更加精确，但目标被数量化后就会变得过于刚性，而刚性的目标在操作过程中就不好实施，责任者在完成目标的过程中就会畏首畏尾。就像《红楼梦》中的林黛玉一样，"不敢多走一步路，不敢多说一句话"。

②设定目标耗时费力。在目标管理过程中设定目标需要建立在充分调查研究的基础上。这个调查研究过程是需要大量时间和精力的。调查研究是一个非常繁杂的过程，不但需要管理者亲自过问很多细节的事情，而且需要各个部门配合完成，任何一个方面出现了疏漏，都会影响目标的科学性。所以，目标的设计过程往往不是一次就能完成的，加以企业处于动态变化的环境中，目标也要不断进行调整，这就更加加剧了目标设定的难度。

③目标做到动态调整的难度较大。企业所处的环境是动态的，

尤其是竞争对手会频繁出现。但是，企业的各项目标需要有相对的稳定性，而且频繁进行目标调整的难度很大，需要投入大量的重复性劳动，人们会由于频繁地调整目标而感到厌倦。设定目标本来应该是非常严肃的事情，但如果频繁调整目标的话，到了最后大家便不再认真对待。

④长期目标与短期目标不容易协调。目标是具有层次的，长期目标与短期目标应当协调一致，但很多时候人们会因为短期目标而忽视了长期目标。在短期目标与长期目标、分目标与总目标之间不能进行很好地协调的情况下，目标设定得越具体，则各个分目标之间的矛盾就会越大。

第三节　猴子的表现与目标难易有关

有人曾经做过下面这样一个实验。将6只猴子分别放进3间房子中，每两只猴子放在一个房间中，每个房间都放置些食物。第一间房子中的食物放在地面上，第二间房子中的食物以不同的高度悬挂放置，第三间房子中的食物放置在挨近房顶的地方。过些日子，人们到3间房子里面查看猴子的情况，发现第一间房子中的两只猴子一死一伤，伤者体无完肤；第三间房子中的猴子已经全部饿死；只有第二间房子中的猴子还活得非常健康。人们对出现如上情况的原因进行分析，但无论怎样分析也得不出结果。无奈之余，人们只好在3间房子内安装摄像头重新进行相同的实验。人们观察到第一间房子内的猴子看到地上唾手可得的食物就大打出手，谁在争斗中够狠，谁就能够得到更多的食物。但是，争斗中力量较弱的一方不甘心失败，即使自己不能得到食物，也会与力量较强的一方争个高低。于是，虽然力量较弱的一方最后战死了，但力量较强的一方也是遍体鳞伤。第三间房子里的食物由于被挂在了挨近房顶的地方，导致房间里的猴子都不能拿到食物，猴子们都被活活地饿死了。第二间房子中的食物被挂在了不同的高度上，房间里的猴子会根据自己的能力取到处于适度高度的食物。由于食物不是放置在地上，所以，食物并不能轻而易举地取得。为了得到不能唾手可得的食物，两只猴子需要相互协作取得较高位置的食物，之后再进行分食。虽然两只猴子还会因为食物打架，但在获得食物问题上，两只猴子必须精诚合作才能达到获取食物的目的。在这样的合作状态下，两只猴子最后都好好地生存下来了。

  上面这样的实验虽然发生在猴子身上，但实验的结果是可以借鉴的。企业中员工的能力是有差异的，需要根据员工的能力设置合适的目标，以保证对员工的工作积极性有较好的激励作用。目标设置得太高，所有员工都不能达到目标的要求，就会出现第三间房子中的情形。如果目标设置得太低，所有员工不用经过努力就能实现，又会出现第一间房子中的情形。只有目标设置得相对合理，才能出现第二间房子中的情形。任何一个企业都必须有自己的目标，目标是企业得以存在的前提，也是管理存在的前提，没有目标的管理就没有存在的必要。

  目标设计得合理与否能很好地体现企业管理者的水平。目标难度过低，不但体现不出员工的能力与水平，而且会在一定程度上加剧员工之间的内耗甚至"残杀"，难度太大的目标则无异于抹杀人才。目标的难度必须设计适当，并且能够循序渐进，这样才能真正体现员工的能力与水平，也能充分发挥员工的主观能动性。

第四节　愿望不同，目标也有差异

两个饿得要死的人得到了一位神仙的恩赐：一根鱼竿和一篓鱼。一个人拿了鱼竿，另外一个人拿了鱼。拿鱼竿的人奔赴海边钓鱼，拿了鱼的人开始埋锅做饭。拿了鱼竿的人由于忍饥挨饿在没有到达海边之前就饿死了，拿了鱼的人吃完最后一条鱼后也由于连续到来的饥饿而被饿死。神仙给了两个人求生的方法，但两个人由于没有掌握好机会好好合作而落得非常悲惨的下场。同样，有另外两个饥饿的人也从神仙那里得到了鱼竿和鱼，他们做出了不同的选择：两个人非常有计划地共同吃鱼，并且相互帮助着走到了海边。接下来，两个人以捕鱼为生并创造了美好的生活。

上面这个故事有些类似于我国古人所说的"授之以鱼不如授之以渔"，但上面这个故事有所不同的是：神仙不但给了饥饿的人一篓鱼，而且也给了他们捕鱼的工具，但不同的人的做法不同从而导致了截然不同的结果。故事非常简单，但从中可以体会出非常深刻的道理：如果只是为短期利益所诱惑，则无异于饮鸩止渴；如果在

411

谋求利益的过程中着眼于长期过程，则不但会给自己带来收益，而且还可能会让其他人受益。故事中的前两个饥饿的人就是为自己的短视所害：单纯选择鱼，犯了只考虑眼前而未进行长远目标设计的错误；单纯选择鱼竿，则犯了不顾眼前而只考虑未来的错误。无论是单纯选择鱼还是选择鱼竿都体现了他们的贪念，他们都认为自己比另外一个人更加聪明，而正是这种"聪明"使自己遭遇到了灭顶之灾。后面的两个饥饿者与先前的两个人做出了迥然不同的选择，他们共同吃鱼，并且是非常有计划地吃鱼，最后终于找到了求生之门。两个人在这中间都没有耍"小聪明"，他们真诚相待、相互帮助，形成了求生的合力。可以说，后面的两个人形成了一个坚强的团队，两个人在共同的目标的引导下相互帮助，两个人之间只有信任而没有猜忌。最后，他们终于走到了海边并靠捕鱼生存下来。

上面这个故事告诉我们要在短期利益与长远利益、团队利益与个人利益之间做出理性选择。单纯追逐短期利益或者长远利益都不可取，当然，由于个人利益的纷争而破坏了团队协同作战精神也不可取。在上面的故事中，前两个人一人得鱼、一人得鱼竿，每个人都认为自己占了大便宜，而没有形成后面两个人"1+1＞2"的合力。其实，这个故事还可以有另外的结果，如下所述。

①前面两个人中拿鱼的人最后被饿死，但拿鱼竿的人最后坚持到了海边。这时，拿鱼竿的人就值得表扬，因为该人深知"授之以鱼不如授之以渔"的道理。

②前面两个人中拿鱼的人由于有鱼可食，在精打细算的情况下，终于坚持到了碰到好心且有食物的人，此人得以脱险；但另外一个

第十二章　句号只是对以前的总结——目标管理决定组织未来

拿了鱼竿的人由于没有足够的食物而被饿死。从这个设想结果看，似乎拿鱼竿的人由于更加贪婪而导致悲惨的结局。

③前面两个人最后都到达了海边，由于有了足够的食物而不再担心吃喝问题，但在捕鱼领地的问题上产生了冲突，以致发生了意想不到的事情。

短期利益与长远利益相结合及注重团队作战才是上面这个故事所强调的道理。贪念重且目光短视不能谋求长远发展，根据自己的实际情况树立长远目标才是理性选择。

第五节 "贪心"的隐瞒导致良种不良

一个农民从外地买回了一批优良的麦种，第一年种下去后喜获丰收。面对丰硕的成果，这个农民喜出望外，但在高兴之余又忧心忡忡，因为农民害怕这样好的种子被他人发现。如果被他人知道自己有这样的好种子，其他人就会向自己讨要，而自己是不情愿与他人分享这样高质量的种子的。这个农民思考再三，最后想出了一个自以为是非常绝妙的做法：不对任何人讲出麦子高产的秘密，哪怕是自己的邻居也是如此。但是，事情并不像这个农民想象的那样发展，麦子并没有一直高产下去。等到了第三年的时候，这个农民的收成还不如其他种普通麦种的人家，这是他完全没有想到的事情。农民非常疑惑，于是向农业专家咨询。农业专家听完农民的讲述后为其揭开了谜底。原来，优良麦种的旁边都是普通的麦种，不同品质的麦种之间相互授粉，最后使优良麦种也变成了普通的麦种。麦种的品质变化是慢慢进行的，由于周围麦田面积远远超过这个农民的麦田面积，所以，就加速了其优良麦种品质的衰退。短短的三年时间，优良的麦种就与普通麦种毫无差别了。

第十二章 句号只是对以前的总结——目标管理决定组织未来

农民得到了优良麦种后如获至宝,并且不愿意与其他人分享。但是,让他没有想到的是,自己所种的麦子在生长中会与邻居家的麦子进行授粉,以致使得自己本来优良的麦种逐渐变得与普通麦种无二。专家的指点让农民豁然开朗,但收成降低已经是事实,农民当初的决策铸成了现在的结果。

农民的想法相信很多人也会有——将自己的成功经验保守起来,生怕其他人也会与自己一样成功。但是,这种做法实际上也会让自己受损失。如果农民将自己的优良麦种分享给邻居,一传十,十传百,就会有更多的人种植该麦种,优良麦种的种植面积就会迅速扩大。当有更多的人种植这种优良麦种的时候,麦子在相互授粉过程中就不会导致优良麦种的品质降低。让他人获得高收入的同时,农民自己也保住了麦子的品质,"予人玫瑰,手留余香"说的就是这个道理。有了好的经验就将其隐藏起来,表面看上去是明智之举,但实际上是真正的糊涂。

不懂得分享就不懂得合作,没有合作就不可能借助集体的力量实现个人的愿望。企业中也会有与上面故事中的农民类似的员工。优秀的员工在工作中会有出色的表现,但有些表现出色的员工并不会将自己的工作经验毫无保留地传授给其他员工,因为其他的员工是自己的竞争对手,当自己的经验分享给他们后,这些竞争对手的实力就会增强,从而会减少自己在企业中崭露头角的机会。企业中的其他员工为了能够取得优异的成绩,就需要不断探索,重新走已经取得突出成绩的优秀员工曾经走过的道路。于是,企业中的所有成员都要走相同的道路,每个成员都需要在通往成功的道路上试错,这也会使企业的成长速度降低。企业成员之间的这种不合作态度还会影响企业的文化氛围，每个人都会"画地为牢"，大多数人都会不求上进。在这样的大环境下，具有"农民"做法的员工拥有的"高产量"也不会保持多久，最后也会成为一个业绩平庸的人。

如果企业中的每个成员都通过"保守秘密"的方式达到保持自身竞争力的目标，所有成员从表面看上去好像是一个团结的大家庭，但由于暗存小心思，大家的心理距离实际上已经非常大了。其实，大家聚在一起共同为实现企业的目标而工作，在实现企业目标的过程中，每个人的目标也能够得以实现。在企业中，成员之间可以互通信息，在技能、知识等各个方面互通有无。每个人在企业中都充分发挥自己的长处并尽量避开自己的短处，从而实现借力发展的目的。每个成员都会在与其他成员的合作中受益，同时，每个成员也会尽量为其他成员提供有益的帮助。成员之间是"给予"的关系，而不是"索取"的关系。每个成员都毫无保留地将自己的"绝招"奉献给企业中的其他成员，最终会使所有的成员受益。奉献者在短时间内看似是为企业做了"无酬"劳动，但从长远看则会在企业内部形成奉献的氛围，每个成员都会从这种奉献中得到自己希望得到的东西。在这种氛围中，大家可以相互学习、互相促进。企业管理者在企业内部极力打造这种氛围，就会让企业内的"良种"更良。

优秀员工是企业发展的种子，这些种子是企业保持持续竞争力的前提。但是，管好种子员工并不是将其藏起来且藏在别人都不易发现的地方，管好种子员工的最好方法就是让其通过榜样和示范作用带动更多的员工与种子员工一起进步，并且将企业中有潜质的员工打造成种子员工。通过这种方式可以将种子员工的数量逐渐增多，使企业里永远有种子员工存在，而且，以后培养出的种子员工可能会比现在的种子员工更加优秀。所以，管好种子员工的有效方法就是用好种子员工，使其自身的优势在企业中能够得到最大限度的发挥，使种子员工发挥更大的作用，用他们的精神和品格影响其他员工。企业管理者在用好种子员工的过程中，还需要通过一定的制度方式对种子员工的行为进行约束，使种子员工在企业中只发挥积极作用，并且按照企业管理者的设计让种子员工在既定的程序下对其他员工产生影响。企业管理者在启用种子员工为企业做贡献的同时，也要给予种子员工应该有的待遇。

第六节　JS 公司的目标管理方案

一、案例简介

JS 公司主要经营卧室家具和客厅家具，随着规模的扩大，该公司将产品范围逐渐扩展到餐桌和儿童家具，但新产品的市场很不理想，董事长 A 针对公司生产效率不高的问题在没有与领导层其他成员集体讨论的情况下提出了今后 5 年的发展目标：卧室家具和客厅家具销售量增加 20%；餐桌和儿童家具销售量增长 100%；总生产费用降低 10%；减少补缺员工人数 3%；建设一条预计 5 年实现年销售额 500 万元的庭院金属桌椅生产线。预期通过这些具体目标的实现增加公司的收入、降低成本。但是，公司副总经理 C 对此提出了异议，认为董事长根本不了解公司具体情况，表面上看目标设计得很好，但实际上根本不适合公司的实际情况，主要表现在：第一个目标太容易达成，这原本是公司最强的业务，不费力气就可以实现；第二个目标很不现实，目前 JS 公司在该领域处于弱势，不可能实现 100% 的增长；第三个目标与第二个目标相矛盾；第四个

第十二章 句号只是对以前的总结——目标管理决定组织未来

目标也难以实现；第五个目标有些意义，可以在不了解市场的情况下改变公司现在以木材为主要原材料的生产经营格局，但怎么能确定5年内年销售额达到500万元呢？C认为事情关系到企业发展全局，发展目标的设计应该召集相关人员讨论决定，而不应由董事长A一人决定。C认为自己有足够多的理由对董事长提出质问，他希望能通过对如上问题的陈述让董事长改变即将推出的措施。C在陈述自己的看法的时候，与A发生了激烈的冲突。A认为公司目前必须实行目标管理，最直接的措施就是将目标数量化，并且他认为自己提出的数量指标已经经过慎重考虑了，虽然还与实际情况有差距，但这是不可避免的。经过再三讨论，董事长A决定做出如下让步：由各职能部门根据实际情况提出拟实现的目标，再由公司对其进行修正；对已经提出的指标做浮动处理，具体由C安排；目标必须量化；在操作中出现的问题采取边解决边运作的方式进行。C对董事长A的做法还是不完全赞同。

董事长A错在哪里了？

二、案例分析

（一）目标与能力相左

目标的设定要在适中的前提下略高于企业当前的生产经营能力，通过一定的努力能够实现。目标过高，员工会因为无法完成任务而丧失信心；目标太低，则失去了激发员工工作热情的意义。目标先进性与可行性要统一，在对员工能力进行充分认定的基础上确定目标水平，即跳一跳能够摘到树上的桃子。设定目标是为了激发员工的工作积极性，只有能够调动起员工工作积极性的目标管理才是有效的。罗伯特·豪斯曾经系统地提出综合激励方程来表达内在激励与外在激励之间的关系，即 $M = V_{it} + E_{ia}\left[V_{ia} + (\sum_{j=1}^{n} E_{ej} \times V_{ej})\right]$，其中 M、V_{it}、E_{ia}、V_{ia}、E_{ej}、V_{ej} 等分别表示激励力量、任务内在价值、对完成工作的可能性估计、对工作的重视程度、完成工作所获报酬的外在期望、外在条件对所获报酬的可能性。公式中任何一个变量与 M 都呈现正变关系，但其中 E_{ia} 和 V_{ej} 所起的作用非常大，所以，对完成工作的可能性估计对激励作用的影响很大，因为员工在实现一项目标之前总会在潜意识中进行成本收益分析，即在实现目标的所得与为完成目标而必须付出的代价之间进行对比。一般而言，企业设定的目标对于员工都存在不同程度的价值，但为实现这一目标所需付出的代价截然不同，所以，员工面对企业设定的目标会存在如下选择：如果经过努力有实现目标的可能，并且为实现目标所付出的代价是自己可以承受的，则员工愿意通过自己的努力实现目标且在目标实现过程中可以达到企业目标与个人目标相统一；如果目标设定得太容易，以至不需要任何努力就可实现，则员工会对这种目标的存在价值表示怀疑，因此，员工会对企业的目标管理措施采取不合作的态度；如果企业设定的目标太高，员工意识到即使穷尽其所有才智也不可能实现时，员工会产生成本远远大于收益的预期，由于将要付出的成本太高而获得的收益又很渺茫，员工同样会采取不合作的态度。在上述案例中，根据 C 的分析，第一个目标设置得太容易了、第二个和第三个目标脱离实际太严重以至于根本无法实现正说明了这一点；同时，第四个目标也难以实现，由于要扩大生产，又要降低成本，这无疑会对工人施加更大压力，从而也就迫使更多的工人离开公司，这样空缺的岗位就越来越多，这种情况下怎么可能降低3%的补缺员工人数呢？

（二）目标设置刚性化

从上述案例中可知，目标设定均是通过具体的数字表示出来的，用具体的数字对预期实现的目标进行描述，实现了目标量化的精确性，但精确的目标是否具有科学性要依托设定目标的依据。如果依托不可靠的依据设定出精确的量化指标，指标越精确就越不科学。量化后的管理目标的另外一个问题就是目标实现过程缺乏弹性，刚性的目标管理方法会在约束员工行为的过程中使其行为机械化，从而造成本应该能高效率完成的目标变成了低效率的目标。在目标管理过程中存在诸多障碍因素，其中目标设定最为困难。企业在市场竞争日益激烈的环境下受外部环境影响很大，目标设定看起来简单，但要看管理者的能力和素质，在目标设定过程中要求管理者做到以下这几点：充分了解企业的性质和宗旨；了解企业的组织结构；具有及时调节目标的能力，从而保证目标的严肃性和科学性。上述案例中董事长A对每个目标都设定得非常具体，但大多是缺乏客观依据的。以这样的刚性目标来约束员工行为且在员工没有机会进行辩驳的情况下执行，就使目标管理失去了指导企业进步的意义。当C提出异议时，董事长A不以为然，这就更加大了问题的严重性。设计刚性目标很有必要，但刚性约束超过一定限度时就堵塞了员工提出并执行合理建议的通道，使企业在成长过程中丧失更多机会。

（三）部门间缺乏协调

正像德鲁克指出的，企业的目标具有层次性，并且同一时期内企业的发展目标是多方面的。在上述案例中，该企业为拓展公司业务、尽快扭转不良局面，同时设定出诸多目标，但这些目标中有些是相矛盾的，比如像 C 所论述的那样：第三个目标与第二个目标相矛盾，想增加销售量就要加强产品设计和提高产品质量，还要扩大生产线，进行广告宣传，这些都要求增加生产费用，而不是削减生产费用，所以，增加销售量与削减生产费用之间是相互矛盾的。这样的目标管理会使不同部门之间不协调：或者是在实现一个目标的同时另一个目标的效果被削弱，或者两个目标中的任何一个也不能得到实现。管理过程中要坚持协调性原则，即各层次目标之间、同一层次的目标之间要协调，在保证分目标实现的同时，企业的总体目标要实现。同一企业的不同部门之间只有在充分契合的基础上才可以实现管理协同，由此提升资源整合和聚合效应，在减少企业不同部门之间交易费用的同时实现资源优化配置。如果部门之间不协调，就会在管理者与执行者之间形成信息不对称的情况，即管理者推出偏好某些部门发展策略的同时会掠夺其他部门的资源供应，造成不同部门之间资源配置水平的参差不齐，这种通过制度设计所形成的资源配置差别并不能反映资源利用效率的对称分布。相反，资源配置丰富的部门会依赖制度优势充分享受既得利益，而使企业受到损失；资源配置相对匮乏的部门会增加其紧迫感，反而会进一步提升资源的利用效率。这样效率与财富之间的不对称借助制度因素进一步扩大，在一定程度上就会激化企业内的矛盾，从而破坏部门之间的合作精神，最终导致企业受损，这一点与目标管理的初衷相悖。

（四）有悖关键性原则

在上述案例中，董事长 A 同时提出多个目标，预期 5 年内将所有目标实现，但前文已经论及，有些目标之间是矛盾的，尤其是他同时提出了这样 3 个目标：卧室家具和客厅家具销售量增加 20%；餐桌和儿童家具销售量增长 100%；建立一条庭院金属桌椅生产线，争取 5 年内达到年销售额 500 万元。所有这些目标的实现都需要投入可观成本，如果将企业有限的资金平均投向 3 个方向，其结果可能是任何一个目标都得不到实现。企业为了突出竞争优势，就需要将资源布局在某个具有充分发展潜力和竞争优势的方面。企业作为经济型组织，要以合理的成本为社会提供商品和服务。但是，必须保障以有关企业大局的、决定经营成果的内容作为企业目标的主体，面面俱到的目标会使企业无所适从。经济规律表明，企业运营的效率不在于总投入和总产出的对比，而在于边际产量和边际产出的对比。企业投入不同的资源数量，其收益的变化曲线也会呈现出不同状态。资源投入效率的高与低在企业运作之初是没有明显表现的，当企业将资源平均投入到不同方向时，每个方向上的发展曲线都很短，生产过程中不能充分体现规模经济效应，这实际上就造成了资源浪费。上述案例中的 JS 公司本来已经表现出发展劣势了，有限的资源没有集中于某个优势方面，企业会面临经营更不利的局面。

（五）缺乏检查与考核

从目标管理操作的一般程序而言，一般包括目标设立、目标分解、目标控制、目标评定和考核等几个环节。但是，从上述案例来看，JS公司明显缺乏对目标完成状况进行检验和考核的机制，这样的目标管理会造成雷声大、雨点小的现象。从一般意义上讲，考核之所以成为目标管理不可缺少的组成部分，关键在于考核的激励与约束作用，考核本身就是控制，从根本上把握着管理的性质、目标和方向。考核是通过制度建设将员工的积极性激发出来，所以，考核本身具有激励和约束的双重作用，即激励先进者和约束后进者。如果考核制度不合理，就会使员工将注意力主要集中在分配财富而不是创造财富上，这不利于企业进步，为此，合理的制度建设是推进企业高效运行的关键。如果考核的作用缺失，就会将问题回归到平均主义：平均主义分配方式的实质是将效率高的员工的部分劳动成果无偿转移给效率低的员工享用，其结果是效率高的员工不愿意努力工作（因为多劳而不多得），效率低的员工也不愿意努力工作（因为少劳而不少得）。而运用无效率的考核制度和分配方式将以企业无效率或者不进步为代价。如果缺失了考核这一重要环节，就使目标管理从总体上没有了约束和限制，从而使目标管理也失去了存在的意义。

三、案例启示

（一）目标管理与过程管理同步

严格的绩效考核是保证目标管理得以实施的基础，为了使目标管理做实，必须将考核与员工激励有机结合起来，即将目标激励与个人动因结合起来，通过激励形成目标导向的拉力引导个人行为。

①考核目标与个人目标结合起来。激励应该是一个多元化的体

系，但传统激励仅狭义地与员工的工资和奖金挂钩。其实，重要的是将激励与员工职业生涯设计相联系，在目标管理方案设计中做出目标完成与员工职业生涯发展计划相一致的制度安排，给员工足够的发展与施展空间。

②目标与过程联系起来。管理者在实践中最为关心的是管理的结果，这是考核员工最直接的依据，目标管理由于将工作中的很多方面数量化并成为衡量员工工作质量的"客观"依据，这样就会使管理者更加单纯地依据结果对员工做出评价。但是，由于工作种类不同，不同种类的工作在完成过程中遇到的市场风险不同，进而成功的可能性也会有差异。虽然看似公平的目标管理，却会对不同的员工产生差异很大的影响：第一类，员工实现了目标会得到管理者的认可，由此会得到相应报酬并产生激励作用；第二类，没有完成目标的员工，虽然有付出甚至其付出有可能比第一类员工还大，但并不能得到管理者认可，目标管理不会对这部分员工产生激励作用；第三类，已经得到管理者认可的员工并不会对未来抱有任何希望，因为他们知道完成目标不但需要自身能力做保障，市场机遇也很重要，但市场机遇在自己的业绩中是一个偶然变量，所以，他们会产生下次的付出也许不会得到管理者认可的预期，其激励效果与第二类相同。由此可见，这种只注重结果、不注重过程的目标管理方式的最终结果会使绝大部分甚至是全体员工都不会受到激励。为此，需要将目标管理与过程管理同步操作。

（二）让员工参与管理工作

目标管理的核心在于激励，通过员工的自我约束提高企业运作效率，变过程管理为结果管理。在上述案例中，董事长 A 没有经过调查研究、没有与下属充分讨论就独自推出了目标管理定额。从一定意义上讲，董事长 A 忽视了团队的存在及其重要性，没有认识到自己的决策应该由一个人的风险分散到所有员工身上。应该说企业管理者的每一个决策的实现都是以员工努力为基础的，而其决策能否得到员工的认可并使员工付诸行动取决于员工对企业管理者的决策所带来的收益的预期，预期值与员工行动成正比关系。而且，员工参与管理是对员工的一种激励手段，这不在于员工可以从中有任何利益所得，重点在于员工得到了企业管理者的充分尊重。员工参与管理是指让普通员工或中下层管理者不同程度地参与企业决策及各级管理工作的研究和讨论。让员工参与管理，可以使员工或中下层管理者感受到高层管理者对自己的信任、重视和赏识，能满足员工归属感和受人赏识的需要，从而体验到自己的利益与企业的利益密切相关，增强了员工的责任感。参与管理通过对员工个人的激励保障了企业目标的实现。员工参与管理的重要形式就是让员工提出合理化建议，由此就不会出现目标管理措施与实际相背离的情况。通过员工参与管理还可以有效地解决部门之间的不协调问题。当目标管理给不同部门带来利益纷争及不同部门之间资源调配发生障碍时，也可以通过员工参与管理的通道得到及时解决。

（三）目标设计预留弹性空间

目标管理的优势在于使管理过程精确化，但同时也使管理在一定时期内处于静态化，处于静态化的管理不利于适应企业随时变化的生存环境，也不利于充分调动员工的积极性。目标的弹性是指预期设定的目标在面对外界客观条件变化时所具有的可塑性和适应能力。企业目标的内容和重点是随着外界环境、企业的经营思想、自身优势变化而变化的,所以,目标应具有变动性。企业作为市场竞争的主体,对竞争条件的变化及对自身核心能力的思考,决定了不同时间点上企业的目标是不同的。所以,企业在发展之初首先设定其预期目标,其前提是企业的生存环境不变或基本不变,这样的分析前提就成为一个伪命题。由此可见,刚性的目标设计看似非常准确和客观,但这样的目标最终会因为不完全适应变化了的环境而导致不能实现或不能完全实现,而弹性的目标设计则可以避免这样的问题发生。

(四)分解目标,强化可操作性

目标管理的重点在于加强其可操作性,即在完成总体目标的框架下将其落实到每个部门,通过对总体目标的层层分解最后落实到具体责任人。通过自下而上与自上而下的目标管理的制度设计使所有员工都乐于接受企业目标且乐于承担责任。企业总目标按组织管理的层次进行分解,形成目标连锁体系。在目标分解过程中应该注意这几点:目标体系的逻辑要严密;目标要突出重点;通过员工自我设计与参与,变"要我做"为"我要做"。这样的目标设计过程实质上就实现了企业目标与员工目标的统一。在企业目标管理实施过程中,目标分解的过程可以由图 12-1 表示。图 12-1 中,总目标为 E,将总目标 E 分解为 m 个一级部门的分目标,E_1、E_2 以至 E_m 等分别作为甲部门、乙部门及丙部门等数个一级部门的目标。假设每个一级部门下面分设两个二级部门,分别为甲组和乙组,按

图 12-1 企业目标分解图

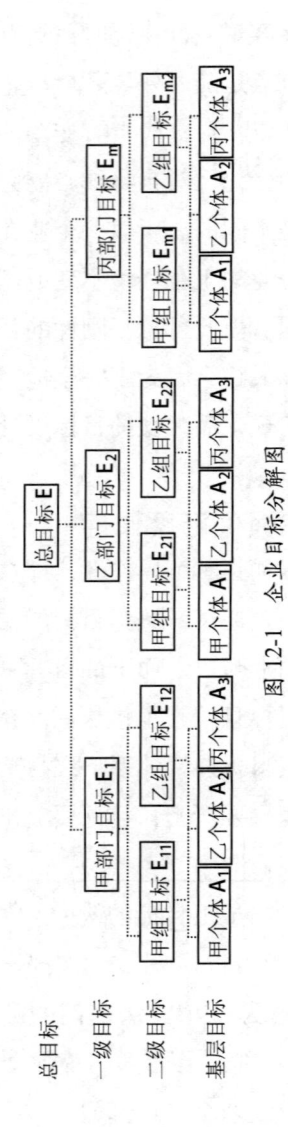

总目标：总目标 E

一级目标：甲部门目标 E_1；乙部门目标 E_2；丙部门目标 E_m

二级目标：甲组目标 E_{11}，乙组目标 E_{12}；甲组目标 E_{21}，乙组目标 E_{22}；甲组目标 E_{m1}，乙组目标 E_{m2}

基层目标：甲个体 A_1，乙个体 A_2，丙个体 A_3（各组下均分解为甲、乙、丙个体 A_1、A_2、A_3）

第十二章 句号只是对以前的总结——目标管理决定组织未来

照前面的顺序，一级部门下面每个组分配的目标为 E_{11}、E_{12}、E_{21}、E_{22}……E_{m1}、E_{m2}。A_b 表示被设定目标的第 b 个对象，$E(A_b)$ 表示被设定的第 b 个对象 A_b 的目标值，W 表示相应项目标所占的权重。按照这样的思路，每个组继续将目标分解到个体。如果目标先是由高层管理者做出，然后逐级向下分配，则是自上而下的目标管理；反之，如果由个体根据其能力将自己力所能及的指标向上汇报，然后按照由低到高的顺序逐级汇总到高层管理者，则是自下而上的目标管理。与图 12-1 相对应，两种管理方法的目标量化过程见表 12-1。

表 12-1　　　　自下而上与自上而下的目标管理指标量化设计过程

总指标	一级部门指标	二级部门指标
←──────── 自上而下的目标设计 ────────→		
$E = \sum_{a=1}^{m}\sum_{b=1}^{n} E_a W_b$	$E_1 = \sum_{a=1}^{m} E_{1a} W_{1a}$	$E_{11} = \sum_{b=1}^{n} E(A_b)_{11} W(A_b)_{11}$，$E_{12} = \sum_{b=1}^{n} E(A_b)_{12} W(A_b)_{12}$ ……
	$E_2 = \sum_{a=1}^{m} E_{2a} W_{2a}$	$E_{21} = \sum_{b=1}^{n} E(A_b)_{21} W(A_b)_{21}$，$E_{22} = \sum_{b=1}^{n} E(A_b)_{22} W(A_b)_{22}$ ……
$E = \sum_{a=1}^{m}\sum_{b=1}^{n} E_a W_b$	……	……
	$E_m = \sum_{a=1}^{m} E_{ma} W_{ma}$	$E_{m1} = \sum_{b=1}^{n} E(A_b)_{m1} W(A_b)_{m1}$，$E_{m2} = \sum_{b=1}^{n} E(A_b)_{m2} W(A_b)_{m2}$ ……
←──────── 自下而上的目标设计 ────────→		

第七节 让"艺术"与"科学"缔结连理

一、案例简介

F机床厂从20世纪80年代末开始实行目标管理,实践表明,目标管理的实行对F机床厂的发展起到了很好的促进作用。在实行目标管理的过程中,首先在厂部和各个科室进行试点,当条件比较成熟之后逐渐向全厂各个车间铺开。目标管理对于改善企业经营管理和挖掘内部潜力等方面都发挥了重要的作用。F机床厂的目标管理是分3个阶段进行的。

第一个阶段是目标的设定。目标的设定包括总目标的设定、部门目标的设定和目标的分解等几个环节(如图12-2所示)。总目标总体上可以概括为:提高经济效益、管理水平和竞争能力及突破现有产品数目、现有创汇总额、现有管理瓶颈,从而实现新的增收节支目标。F机床厂将以上的总目标概括为"三个提高"和"三个突破"。

总目标确定之后的工作就是要对总目标进行分解。在目标分解的过程中,首先由F机床厂厂务管理委员会和各部门决定,目标分

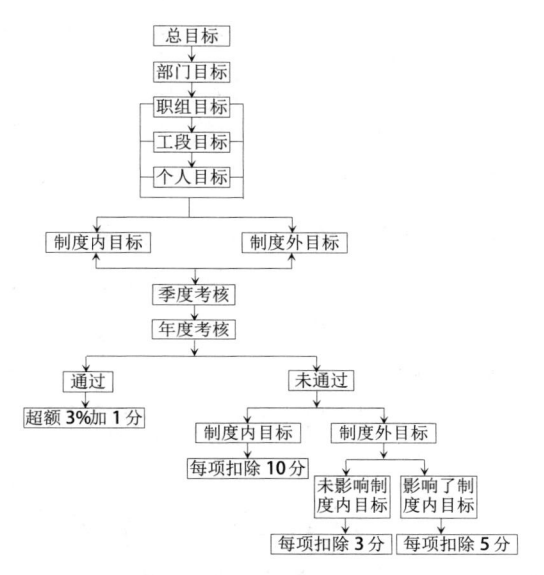

第十二章　句号只是对以前的总结——目标管理决定组织未来

```
                    ┌──────┐
                    │ 总目标 │
                    └───┬──┘
                    ┌───▼──┐
                    │部门目标│
                    └───┬──┘
                    ┌───▼──┐
                    │职组目标│
                    └───┬──┘
                    ┌───▼──┐
                    │工段目标│
                    └───┬──┘
                    ┌───▼──┐
                    │个人目标│
                    └───┬──┘
            ┌──────────┴──────────┐
        ┌───▼────┐           ┌────▼───┐
        │制度内目标│           │制度外目标│
        └───┬────┘           └────┬───┘
            └──────────┬──────────┘
                    ┌──▼───┐
                    │季度考核│
                    └──┬───┘
                    ┌──▼───┐
                    │年度考核│
                    └──┬───┘
            ┌──────────┴──────────┐
        ┌───▼──┐              ┌───▼──┐
        │ 通过 │              │未通过 │
        └───┬──┘              └───┬──┘
    ┌───────▼────┐       ┌────────┴────────┐
    │超额 3% 加 1 分│    ┌──▼─────┐      ┌───▼────┐
    └─────────────┘    │制度内目标│      │制度外目标│
                       └──┬─────┘      └───┬────┘
                    ┌─────▼──────┐    ┌────┴─────┐
                    │每项扣除 10 分│   │         │
                    └────────────┘ ┌──▼────┐ ┌──▼────┐
                                   │未影响制│ │影响了制│
                                   │度内目标│ │度内目标│
                                   └──┬────┘ └──┬────┘
                                  ┌───▼────┐┌───▼────┐
                                  │每项扣除3分││每项扣除5分│
                                  └────────┘└────────┘
```

图 12-2　F 机床厂的目标管理体系

解过程中要坚持一个原则：各部门的分目标一定要高于总目标中设定的定量目标值。然后，经过自上而下和自下而上的反复论证后，最终将各部门的分目标确定下来。在分目标设定的过程中，F 机床厂认为每个部门不应该设定更多的目标，应该将主要精力集中在某个方面。各部门的目标分为制度内目标和制度外目标两个层面，制度内目标就是厂务管理委员会下达的目标，这是部门必须完成的目标。制度外目标是非厂务管理委员会下达的目标，是完成了厂务管理委员会下达的目标之外的目标。在考察某个部门的时候，如果各部门都完成了制度内的目标，制度外目标的完成情况就具有很重要的参考意义。F 机床厂规定，每个部门完成的制度内目标不能超过

431

4项；制度外目标的数量可以适当放宽，但制度外目标的数量不能过多，否则，会影响制度内目标的完成质量。各部门的目标设定下来后，各部门就要进一步设定本部门的目标完成标准并报送厂务管理委员会审批并以目标卡片的方式备案。随后，各部门就要将目标落实到人，厂务管理委员会要求各部门都要详细设定出目标落实流程图：总目标→部门目标→职组目标→工段目标→个人目标，按照这样的流程将总目标一直细化并落实到员工个人。

　　第二个阶段是目标实施。在这一阶段中，厂务管理委员会重点抓好3项工作：自我管理、强化考核、信息反馈。这3个方面非常重要，任何一个方面做不好都会影响目标管理的深度执行。以目标卡片为依据让员工在完成目标的过程中做到自我检查、自我控制和自我管理，充分发挥员工的积极性、主动性，让员工真正地、主动地实现了由"要我做"变成了"我要做"。事前拟制的目标卡片分为两份，一份已经交由厂务管理委员会备案，一份留在部门内存留，员工可以对照目标卡片适时检查自己的工作进度，这样的自查行动是与考核紧密结合在一起的。F机床厂在目标管理过程中，打破了传统的年终考核一次的方法，而是一个季度考核一次，年终实行总评定，并将季度考核的结果及时反馈给员工，让员工及时察觉自己在工作中的不足。这样就使考核结果与员工的日常表现紧密地结合在一起了。在这种动态考核机制下，员工的责任心很强。F机床厂在目标管理过程中非常注重信息反馈工作，厂务管理委员会要求每个部门都要设计出"工作质量联系单"，与相应的员工及时进行信息沟通，让员工知道自己的优点和失误分别是什么。这个"工作质量联系单"不但把管理者和被管理者联系起来了,而且将不同的员工也联系起来了,在厂内形成了非常好的相互学习的氛围。目标管理将F机床厂塑造成了一个学习型组织。

第三个阶段就是成果评定。在成果评定过程中,F机床厂采取了"自我评价"和"上级评价"相结合的方式。厂务管理委员会规定,在下一个季度的第一个月的5日前,各部门必须将一份完整的"目标完成季度表"交给厂务管理委员会,厂务管理委员会根据部门完成的情况进行打分,每个人得到的总分是制度内目标与制度外目标得分的总和。厂务管理委员会规定,无论是制度内目标还是制度外目标,每一项的完成情况超过预定目标的3%则加1分,并且按照这种方式进行分数累加;制度外目标中有未完成的项目,但不影响制度内目标实现的扣除3分,对制度内目标形成负面影响的则扣除5分;如果有一项制度内目标没有完成则扣除10分,以示惩罚,每一分相当于奖金的1%。无论是奖励还是惩罚,每季度都重新开始,不在上季度的结果上进行累计。这种全新的目标管理方法使F机床厂的局面全然不一样了,优秀的员工有了更大的盼头,后进的员工也紧张起来了。

二、案例分析

(一)目标体系构建

实行目标管理,首先就需要完善目标管理体系,这一点上述案例中的F机床厂做得非常具体。F机床厂厂务管理委员会在此过程中扮演着非常重要的角色,厂务管理委员会就是目标管理的"灯塔"。

目标管理本身不是抽象的理论体系，而是一项实践性很强的工作，要求企业管理者不但要对企业发展目标进行宏观设计，而且要将目标分解为每个员工的任务。F机床厂在实施目标管理的过程中，首先由厂务管理委员会设计出总体目标，然后自上而下对目标进行分解，将企业的总目标细化到每个员工的个人目标，让每个员工感觉到目标管理不是虚无缥缈的事情，而是就在自己身边，每个员工都是目标管理的践行者。在目标设计的过程中，厂务管理委员会提出的几点要求是非常重要的：目标不能过多；目标要分层；目标要责任到人。这些要求都使目标管理具有很强的务实性，让企业中的所有人都参与到了目标管理实践当中来了。

（二）双向协商定夺

目标管理不能完全由F机床厂厂务管理委员会说了算，因为这既是管理者的事情，也是每个员工的事情，所以，在设定目标的时候不能完全由厂务管理委员会设定，也不能完全采取基层部门上报的方式。厂务管理委员会规定，基层部门最后设定的目标不能低于厂务管理委员会规定的目标，只有这样，才能够保障企业的长足进步。目标不是形式，而是为了激励员工，给每个员工的头上戴上一个具体的而不是抽象的"紧箍咒"。F机床厂设定目标的过程是一个双向沟通的过程，这样设定出来的目标既与厂务管理委员会的要求相符合，又与每个部门乃至每个员工的实际情况一致。目标的设定过程就是一个不断磨合的过程，虽然目标在一定程度上要相对高一些，以便能够激发员工上进，但目标的高度应该是有限度的，目标过高就会让员工感到没有希望，高目标之下的奖励措施对于员工而言也就变成了镜中花、水中月，即使奖励的额度再高，也不会对员工形成较好的激励作用。所以，设定目标要讲求一定的艺术性，既要让员工感受到目标具有挑战性，也要让员工感觉到能够承受。"跳一跳能够摘到树上的桃子"就是设定目标的诀窍。目标虽然高于员工现有的能力，但通过努力是能够实现的，这样就强化了员工实现目标的积极性。

（三）设定目标流程

目标管理方法最终呈现在人们面前的虽然是一个个目标，但目标本身实际上也就是计划。"凡事预则立，不预则废"就在很大程度上说明了计划的重要性。只有设定目标的程序是科学的，设定出来的目标才能付诸实施。F机床厂在设定目标的过程中有一个相对科学的流程，这就保证了设定出的目标体系相对严谨。F机床厂在目标体系设定的过程中严格坚持了量化原则，这与目标管理的基本操作规程是一致的。目标设定的过程就是目标的量化过程，目标不被量化就很难操作。在F机床厂的目标体系中，首先将目标进行了层级划分，厂务管理委员会层面及部门层面都有自己的目标，两个层面的目标要能够很好地统一起来。F机床厂将目标又分为制度内目标和制度外目标两个类型，对两种不同的目标都设定了差别性的奖惩措施，强化了对制度内目标未完成情况的惩罚力度，这就保障了员工在日常工作中要区别对待两类不同性质的目标，让员工在工作中能够区分出轻重缓急，将聪明才智用在企业最需要的地方。从目标设定到目标考核，F机床厂设计了一个非常完善的目标流程，让目标管理有始有终。

（四）将目标管理与考核相结合

F机床厂目标管理的制度是科学的，考核是严格的。考核阶段是对目标管理的把关阶段。F机床厂对考核制度规定得非常具体，这就让员工感觉目标管理有章可循。没有了考核，目标管理就失去了意义。F机床厂的目标管理责任到人，这就能够让不同能力的员工根据自己的能力挑起不同的重担。目标管理与考核紧密结合，就能够充分展现"能者多劳"的思想，鼓励优秀员工走在前面。考核与目标管理紧密结合在一起，也是让员工审视自己的过程，承担了高目标最终不能通过考核就会受到惩罚。所以，与考核紧密联系的目标管理方法实际上也能让员工对自己有个清醒的认识。如果原来承担的目标高了，在下一个阶段适当调低；如果原来承担的目标低了，则将其适当调高。这种动态的认识过程，能够很好地将员工自己的能力、报酬衔接起来，让有能力的人多做事并多得报酬。F机床厂的管理措施让目标成了方向、让报酬成了激励手段、让考核成了约束方法。人们不能"见钱眼开"，也不能"熟视无睹"，员工内在的激情只有与其行为统一，才能够在企业中有很好的表现。

（五）重视信息反馈

目标管理重在反馈及时，F机床厂实行"季度考核、年终总结"的方式，在季度考核中有问题的员工马上就能够得到信息反馈，以便员工在下一个季度内对自己的工作进行及时矫正，保证员工在发生"小病"的时候就能够得到及时医治，不至于酿成"大病"。及时的信息反馈能够让员工绷紧一根弦，眼睛不仅要看着别人，还要看着自己，让自己不断进步，在不断进取中变得更加完美。传统的考核方式，一般都是一年一考核，考核结果与年终奖励挂钩。这样的考核方式就完全变成了结果管理而不是过程管理。F机床厂不但重视考核，而且非常重视信息反馈，这样就将目标管理由结果管理变成了过程管理，使员工在日常工作中的每一点失误都能得到及时修正，并且在下一个考核季度内不再出现，目标管理真正对员工的日常行为形成了约束。为了做到信息反馈及时，就需要管理部门加大工作量，对每个季度内员工完成的目标与目标卡片上的标准进行核对，这是一个费心劳神的工作。只有企业管理者给自己的工作加码，员工才能够得到准确的信息，并且能够受到公正的待遇，员工因而也就会认为目标管理的制度是合理的。

三、案例启示

（一）目标分解讲究艺术

目标管理最重要的就在于责任到人，企业管理者很多时候只是提出一个相对宏观的目标，就像F机床厂的厂务管理委员会提出的目标一样。这样的目标与能够执行的目标之间还是有一定的差距的。将宏观目标进行分解，使其成为每个员工的目标，就是目标落实到人的过程。目标分为不同的层次和层面，企业在每一时期内的目标都是不一样的，所以，目标也应该有主次之分。无论什么样的目标，最终都需要落实到具体的人身上，这样才能够保障目标顺利完成。在目标分解的过程中，目标不是一个量的层面的分割，而是不同目标之间进行搭配和互补的过程。不同的目标之间，在横向上不能出现矛盾和冲突，在纵向上不能截然割裂开来。只有不同的目标之间相互协调一致，上期目标与下期目标之间有很好的承接，才能够保证企业的发展循序渐进和有条不紊，员工在完成目标的过程中也不会感到纠结。就像上文案例中谈及的，目标分解的时候不能分解过多和过细，这样也会在一定程度上影响员工的工作。目标分解过细，就会让不同的目标之间出现重叠。目标分解过粗，会在不同的目标之间出现空隙。在分解目标的过程中要做到"粗中有细""灵活控制""动态调整"，这样就不会让问题延续过长时间。目标管理措施也是在变化中不断得以完善的，只有在管理中不断发现问题并对其进行完善，才能够将目标管理做得恰到好处。

（二）考核周期应适度

目标管理的关键在于考核，适度考核能够保障目标管理稳步推进。没有考核做保障，目标管理就会流于形式。上述案例中首先实行季度考核，然后实行年度总结，这样的考核方式是比较适合制造企业的。季度考核每3个月进行一次，员工不会感觉考核过于频繁，但也能够感觉到考核的紧张感。如果工作中有问题，在3个月内就能够及时得到反馈。选择适度的考核周期，对于目标管理而言是一个重要的抉择。某些企业实行以月度为基础的滚动式考核方法，即首先实行月度考核，然后实行季度考核，年末实行年度考核。这样的考核方法虽然看上去比较严谨，但给员工的感觉是考核过于频繁，人们要花费大量的精力应付考核。虽然很多考核都是程式化的，但员工每个月都要花费大概一周的时间做有关考核的事情，这样会耽误很多工作。相比之下，像案例中实行以季度考核为基础的滚动考核方法效果会更好些。如果企业管理者感觉3个月考核一次的间隔时间有些短，也可以采取折中的方法，即每 6 个月考核一次。考核过程中有一点非常重要：考核者只是对数据进行审定，结论要客观，不要掺杂考核者自身的主观偏见。

（三）正确面对失误和成绩

目标管理方法实行责任到人，通过层层分解将总目标分解为非常细小的目标，每个环节出了问题的时候，都会有相应的责任人对其负责，这是责任与收益对等的管理方法。员工在承担相应的目标并将其如期完成后会得到相应的收益；反之，会受到相应的惩罚。所以，从这个角度看，目标管理也是一种让员工进行自我教育的管理方法。让员工勇挑重担、争取更高的收益，但也要让员工正视自己的失误或者不足。为了更好地展示目标管理的这种功能，除了要强化考核反馈这项措施外，还要让员工针对自己的实际情况提出改进措施。当员工表现比较出色的时候，管理者除了要给员工嘉奖外，还要让受奖的员工传授经验给其他员工，让该员工的经验"化"为更多员工的行为。如果员工在工作中出现了问题，管理者要用比较巧妙的方式让该员工意识到存在的问题并采取"一帮一"或者"多帮一"的方式让该员工尽快从问题中"走"出来。在处理问题的过程中，不要激化矛盾，也不要让员工丧失信心，从提高技术水平的角度为员工的发展献计献策。

（四）奖惩需区分层次

为了让目标管理注重实效，将其与奖惩结合在一起是情理之中的事情，但奖惩应该区分层次，要让员工感觉到奖惩的重要作用是教育而不在于经济处罚，要让奖惩产生激励作用。员工要按照年龄、资历两个维度进行类型划分，对不同类型的员工要施以不同程度的处罚。如图 12-3 所示，将员工按照年龄和资历两个维度在坐标系内表示出来，整个坐标系被划分为 9 个部分，分别用 5 种图案表示，每种图案代表一种受惩罚的力度。整个坐标系中，越是靠近右上方的区域，表示受到惩罚的力度越强。越是靠近左下方的区域，表示受到惩罚的力度越弱。5 种图案的颜色深度有差异，颜色越深表示受到的惩罚力度越大，图 12-3 中的箭头方向也是从颜色浅的区域指向颜色深的区域的。这样的制度设计着眼于以下考虑：对于年纪轻、资历浅的企业成员，管理者要给予其较多的试错机会，这样更加有利于年轻人的成长；而年长、资历深的员工，工作多年，对企业的各项制度规定都相对较熟悉，在相同情况下是不应该犯错误的，所以，这样的员工在相同情况下犯错误时，要承担更多的犯错误成本。所以，犯了相同程度的错误，年龄高、资历深的员工要受到更大的惩罚，而年龄低、资历浅的员工则可以受到较轻的惩罚甚至是

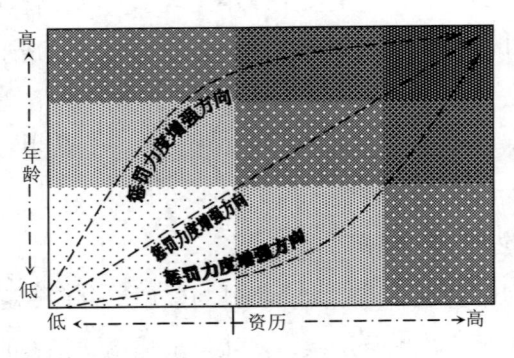

图 12-3 区分层次的奖惩制度

免责。在同一个目标管理制度下，处于坐标系的不同区域的企业成员要承担不同的任务，重奖与重罚相对应，轻奖与轻罚相对应，这样才能在更严格意义上实施目标管理。

（五）"奖罚不计前嫌"

"奖罚不计前嫌"指的是在每一个奖惩周期内员工受到的奖惩不影响下一个奖惩周期内内员工受到的待遇，即这一个周期内某员工如果受到了惩罚，在下一个周期内如果该员工进步很快，同样可以受到奖励；某员工在上一个周期内如果受到了奖励，并不意味着下一个周期内还会受到奖励。员工受到奖惩与员工自身在本周期内的表现直接相关，不累计到下一个周期内。这样的措施就会让员工不断努力工作，受到的奖励已经成为历史，受到的惩罚也不代表未来。这样做，一方面让员工不要躺在以前的功劳簿上"享清福"，另一方面也不会让员工因为先前受到了惩罚而破罐子破摔。

"奖罚不计前嫌"实际上也是一种激励措施，让员工在工作中不断有新的突破，让员工将关注点放在未来而不是过去，这将更加有利于员工的成长。在这种思路下，还要注意一点，在保障员工不被先前的失误束缚手脚的同时，一定要注意表扬员工优秀的方面。在适当的时候不定期地对员工的优秀表现进行表彰，同时配以物质奖励。这种制度可以不定期地进行，也可以周期性地举行。如果将这项制度固定下来，最好每年进行一次表彰员工的活动。对工作中有突出贡献的员工在年度考核之外进行表彰，这样可以更好地突出典型员工。

第十三章

人无远虑，必有近忧——科学预测为组织发展定向

导读

第一节　从草船借箭谈及预测

第二节　理论领悟

第三节　裴行俭的识人术

第四节　骗子借面子让皇帝穿上"新装"

第五节　公冶长与鹞鹰

第六节　牛厂长匠心独运"占卜"企业未来

第七节　胡安判断失误的代价

第一节　从草船借箭谈及预测

诸葛亮之所以能够成功地草船借箭，是因为建立在科学预测的基础上，这种预测需要诸葛亮具有非常丰富的天文地理知识。预测作为管理的一项重要职能，能够使企业立足当前把握未来。预测并非未卜先知，而是基于大量数据和运用科学的方法进行统计分析得出的结果。人们在长期的生产实践中已经积累起来了大量的预测方法，但不同预测方法的操作的便利性有较大差别。企业需要根据预测成本及实际情况选择预测方法，在保证能够达到预期效果的同时也不至于造成较大的经济压力。随着科学技术的发展，丰富多样的预测技术被开发了出来，能够更好地辅助预测工作。企业谋求可持续发展就不能不进行预测工作。预测工作做得好，企业在发展过程中就能有效规避风险和把握机会。预测是优秀企业管理者必须具备的一项能力。

当比尔·盖茨预测到将来每个人的办公桌上都有一台电脑时，这对于很多人而言是不可思议的，因为当时的电脑既庞大又笨重，尤其是计算速度超慢。但是，比尔·盖茨预测到这是发展趋势，并且他这个预测也被证明了是对的。同样，手机也是如此。20世纪80年代，一台"大哥大"需要近两万元，这远远超出了普通人的购买能力，很多人对"大哥大"望而却步。但是，手机厂商意识到这是发展趋势，因为移动电话会让人们的生活更加便利，而这种需求及其创造出来的巨大利润是促使厂商研发的强大动力。彼时，涌现出很多从事移动电话研发的生产商，该行业的巨额利润促使其他行业的资本迅速向该产业转移。可以说，能够敏锐地把握商机并捷足先登者就能够率先占领市场。

第二节　理论领悟

一、什么是预测

人们都非常希望做某件事情之前知道其结果,但这是不可能的,没有发生的事情具有很大的不确定性。人们对未来的事情做判断都只是一种预测,不能将预测的结果与事实同等看待。

预测是对未来进行的估计,是对未来事物或事物未来的发展趋势预先做出的推测,预测不是未卜先知。预测具有不确定性、科学性、近似性、局限性的特征。人们都希望事物的发展结果与预测的结果一致,为了达到这样的目的就需要在预测的过程中占有相对完全的信息。信息越完全、经验越丰富,预测就越准确。严格讲,预测是通过分析过去和现在的各种情况,在探索事物发展变化规律的基础上,对未来情况做出的逻辑推断的行为。

不同的人即使掌握的信息是一样的,但由于个人的经验及思维偏好不同,做出的预测也会有很大差异,所以,预测结果中带有强烈的主观色彩。诸葛亮草船借箭就是在对未来天气状况进行充分预测的基础上做出的科学判断，而要做出这种判断需要诸葛亮具有丰富的气象学知识。在这一点上，周瑜相对于诸葛亮就逊色了许多。诸葛亮的知识结构与周瑜的知识结构是不相同的。虽然周瑜也非常聪明，但并没有预料到诸葛亮有这样的"绝招"。所以，诸葛亮对天气的预测不是算卦，预测不是算卦，预测是建立在充分的科学依据的基础上的，算卦则没有科学依据，这就是预测与算卦的最本质区别。科学的预测结果是建立在充分信息的基础上并依据科学的推算方法得出的。企业管理者为了做出科学的预测，就需要不断历练自己，从各方面不断提高自己的能力。预测对于一个企业的成长具有非常重要的作用：可以为企业的其他各项工作提供科学依据；作为计划工作的前提条件，预测能使企业的计划得以实现；预测为企业确定科学的营销策略提供保证；在充分预测的基础上提高企业对新事物的应变能力和企业的竞争力；在变化的外部条件下可以使企业保持足够的创新能力；预测可以使企业防患于未然，及时把握企业的经营方向并及时处理企业在经营过程中出现的诸多问题。科学的预测可以给企业减少诸多不必要的成本。

二、预测方法与应该注意的问题

按照不同的依据可以将预测分为不同的类型，比较常见的预测分类是以预测过程中涉及的参数的量化程度为依据进行的，按照这种分类原则，预测方法可以分为定性预测方法和定量预测方法。

（一）定性预测方法

定性预测方法主要是以个人经验和知识为基础对事物发展状况

进行的判断，比较常见的包括群众集思广益法、管理人员判断分析法、销售人员意见综合法等。

群众集思广益法是将要预测的问题通过各种形式直接告知有关人员或部门，让广大的普通员工都参与到讨论中来，这是让企业成员充分参与以达到集思广益目的的一种预测方法。员工参与讨论的问题可以涉及企业内部的方方面面，因为不同岗位的员工的思维方式有很大的不同，可以将管理人员不能预料到的很多事情考虑其中，并且放到预测所要考虑的影响要素之内。员工的信息来源越广泛，预测的科学性就会越强。普通员工能够参加这样的活动，会感觉到自己受到了尊重和重视。由于企业的发展与员工个人的利益息息相关，所以，群众集思广益法更能激发广大员工的劳动积极性的发挥。在广大员工的积极讨论中，管理者往往能够发现真知灼见，这对于企业的发展是不可多得的精神财富。管理者在不动用社会力量的前提下就可以在企业的发展问题上征求到很多宝贵意见，这是企业弥足珍贵的资源。

销售人员意见综合法适合预测企业销售部门的事项，在了解市场的情况下销售人员是最具有发言权的。销售人员是接触市场最前沿的员工，他们连接着企业和消费者，对产品的市场前景、目前状况、产品本身存在的问题及改进措施等方面最清楚。销售人员数量多且经常接触市场，其提供的信息是最新的，并且是最全面的。销售人员意见综合法简便易行，可以节约时间及管理费用；但缺陷也很明显，就是不同的销售人员对市场的评价有可能是出于个人的好恶，因为不同的销售人员的销售经历和面对的消费者群体不同，销售人员会根据自己的主观判断对市场做出评价,这种评价也许会扭曲真实的市场状况。有时,销售人员为了在主管领导面前表现自己的成绩,会出现隐瞒真实情况的现象。这些都会在一定程度上导致销售人员的意见严重失真。

　　管理人员在预测过程中发挥着不可忽视的作用,所以,在谈及各种预测方法的时候,不能丢掉管理人员的意见这一环。在预测过程中,管理人员的主观判断也是非常重要的。管理人员判断分析法可以分为两种状况:其一是管理人员根据自己已经掌握的信息和经验进行判断,其二是在主管人员的协同下召集下属管理人员召开会议进而综合大家的意见。两种情况包含的主观程度有差别,前一种情况较后一种情况更具主观色彩。管理人员判断分析法由于简便易行,所以,在企业管理中运用非常普遍。这种方法在操作过程中消耗时间较少,并且在一定程度上可以凝聚不同层级的管理人员的智慧,管理过程相对民主化,所以,预测的结果最可能接近真实情况。虽然该种方法的优点很多,但缺陷也很明显,就是过分依赖管理人员自身的主观条件,由于不同管理者的主观判断会有较大的差别,所以,判断结果有时会大相径庭。为了使管理人员的主观判断趋近于客观事实,要求管理人员具备较高的个人素质,否则,会将自己的好恶强加于管理过程,从而酿成巨大失误。

(二)定量预测方法

　　定量预测方法与定性预测方法不同,它是运用数学模型对事物发展趋势进行预测,人们越来越多地将数学工具引入到管理实践中,常见的包括时间序列法(包括简单平均法、移动平均法及指数平滑法等）、回归分析法、计量经济学模型法、投入产出法等。定量预测在预测过程中广泛介入数学公式或者方程式，目标在于通过精确的数据为管理者提供预测参考。在数学工具的支撑下，预测结果可以精确到小数点后第几位，按照人们预期的精确度进行测算。不过，越来越多的企业管理者并不赞成单独或过分依靠定量预测方法，因为定量分析在很多时候并不比定性分析更精确，定量分析所选择的各种基础数据都具有很大的主观随意性，以不客观的数据为基础进行分析做出来的定量结果即使再精确也是不精确的。以不精确的结果进行精确的预测，表面上看非常客观，实际上已经潜伏了不客观的因素，"客观"的方法反而不客观。越来越多的企业管理者认识到一些定量预测方法表面上看似数量化了，但实际上仍然是描述性质的。数量化只是现象，描述才是本质。

（三）选择预测方法应注意的问题

随着社会经济的发展，人们可选择的预测方法越来越多了，但不同的预测方法在使用过程中需要付出的经济成本是不同的。对于同一件事情而言，也并不是所有的预测方法都适合。所以，预测方法多并不一定是好事，选择预测方法的时候一定要注意一些问题。

①以容易获取资料为准绳。不同的预测方法对资料的要求程度不同，能否收集到尽量翔实的资料对预测结果的科学性会产生较大的影响。如果相关的预测方法对获取资料方面要求较严格而这些资料又不容易获得，这时，就应该避免使用这样的预测方法。

②以经济承受能力为前提。预测需要动用人力、物力和财力，没有足够的经济实力做依托是不能展开工作的。不同的预测方法需

要付出的代价不同，在选择具体的预测方法时需要充分考虑企业的经济实力，这是保证预测能够切实展开的前提。

③以方法的有效性为出发点。不同的预测方法各具优缺点，即针对不同的问题，具体的预测方法具有自己的适用范围，在选择预测方法时如果用不恰当的预测方法进行预测，可能会影响预测的准确性。例如，有的方法适合长期预测，有的方法适合短期预测；有的方法适合具体内容，而有的方法则可以适用普遍内容。所以，在预测方法的选择上应该仔细地考虑。

为了使预测结果尽量科学，企业管理者在选择预测方法时还需要在以下几个方面多加考虑：定量预测与定性预测相结合，要清楚定性预测有时产生的结果可能较定量预测产生的结果更可靠；多种预测方法相结合进行预测，尽量避免单一预测方法带来的预测偏差；考虑到预测的时限性，预测需要在规定的时间内完成，并且时间越短越好；在采用预测方法时应该尽量避免主观性对预测结果带来的影响，以保证预测结果公正、客观。

三、预测的作用

预测是企业管理的一项重要职能，建立在客观基础上的预测能够对组织计划的制订、人员配备甚至绩效考核、薪酬设计等诸多方面都产生重要的作用。具体而言，科学的预测的重要作用主要表现在以下几个方面。

①为计划提供依据。前文述及，计划是管理的首要职能，但科学的计划需要依托管理的其他各项职能制订，预测就是其中非常重

要的一个方面。预测具有前瞻性，可以根据企业目前的情况对未来的情况做出科学的判断进而成为制订科学计划的重要依据。

②避免决策失误。科学的预测在为制订计划提供重要依据的同时，还为科学的决策提供重要依据。决策不是空穴来风，而是需要站在充分信息的基础上做出重要抉择。没有合理的预测，就会使决策发生偏误。或者过分强调现在而忽视未来，或者过分强调某一方面而忽视另外一些方面。

③增强企业发展的预见性。预测并非着眼于现在，而是站在当前放眼未来。所以，预测是在综合企业内外各方面信息的基础上做出的综合判断，这就能使企业做到"防患于未然"。在做各种事情的时候尽量考虑周全，将能够避免出现的各种问题在没有出现之前尽量避免。

④提高企业的应变能力。企业生存的内外部环境不断在发生变化。提高预测的准确性需要建立在丰富经验的基础上。在积累了丰富经验后，决策者就可以在类似的问题刚刚出现征兆的时候就采取相应的对策，从而使企业的应变能力得到增强；决策者就可以相对主动地处理一些问题，从而可以很好地降低由于被动处理问题而给企业带来不必要的损失的可能性。

⑤促进改革创新并强化企业竞争力。科学的预测能够将未来的事情尽早地呈现在管理者面前。在企业不具备抗御这种可能出现的问题的时候，企业就可以提前做准备，全方位提高企业的整体竞争力。因为预测到的问题还没有真正出现，这就可以给企业预留一个较长的缓冲时间。

第三节　裴行俭的识人术

　　唐朝的裴行俭看人很准，能够根据某个人现在的品性预测其未来的发展轨迹。

　　裴行俭是唐高宗时的名臣，官至吏部尚书。在王遂和苏味道这两个人还没有出名的时候，裴行俭就准确地判断出这两个人将来会成为掌管选拔官员的高官。王遂有个弟弟叫王勃，与杨炯、卢照邻、骆宾王等并称为"初唐四杰"，他们都因为在文学方面的成就而远近闻名。当时，李敬玄非常看重"初唐四杰"，认为他们将来一定能够成为显贵的人士。但是，裴行俭并不认同李敬玄的看法，他认为读书人并不一定能够担当重任，能够担当重任的人首先需要有气量和胆识，而后才是才气。这几个人虽然才华横溢，但缺少了气量和胆识，并不是能够担当重任的人。但是，裴行俭对杨炯还是另眼相看的，认为杨炯将来可以做到县令，而其他的几个人能够得以善终就相当不错了。不久，裴行俭的话就应验了。王勃在渡海的时候落水而死，卢照邻也因为身患绝症不能医治而投河自尽，骆宾王因为参与谋反而被杀，杨炯果然做了县令。后来，王遂和苏味道果然

第十三章 人无远虑，必有近忧——科学预测为组织发展定向

分别成了掌管选拔官员权力的大官。

　　裴行俭不但预料到王遽和苏味道未来官运亨通，而且"初唐四杰"后来的发展状况与裴行俭的预测惊人的一致。人的知识才干能发生变化，但脾气秉性很不容易改变，所以，"三岁看大，七岁看老"这句话是正确的。裴行俭对人的分析入木三分，他能够根据某个人的品性预测其未来的发展状况。裴行俭高超的识人能力是建立在长期观察和科学判断基础上的。人是企业发展中最宝贵的资源，知人善任就应该是管理者必须具备的基本能力之一。管理者知人善任，就能够为企业物色到精兵良将。俗话说："江山易改，本性难移。"一个人的脾气秉性是与生俱来的，虽然随着生活环境的变化会逐渐有所改变，但很难从根本上改变。裴行俭对他人的认识，正是从这个角度出发的。有的人满腹经纶，但只适合做学问而不适合做企业管理者。有些人虽然说话不善于搬弄辞藻，但在管人用人方面能别出心裁，这样的人就比较适合带领一个团队发展。

　　管理者要做到知人善任，就需要与人多接触，从日常生活和工作的微观方面一点一点地对认识对象形成比较完整的印象。只有对人形成了系统、全面的认识，才能够对其未来的发展轨迹预测得准，管理者在用人方面就不会出现失误。管理者是什么样的人，就会在自己的周围聚拢一群什么样的人，这就是上行下效。管理者在"挑兵选将"的时候一般会采用外部引进和内部升任两种办法。对于前者，管理者不能与其朝夕相处，所以，只能通过本人或者他人介绍形成对此人的认识，但通过这种方式得到的信息大多是此人在知识、

业务方面的能力信息，而个人的品格、偏好、性情等不能完全了解，尤其是在对方有意掩饰这些信息的情况下，管理者更是会摸不着头脑。介于这些问题，更多的管理者还是倾向于用内部升任这种方式选拔人才，这种方式是建立在双方长期交往的基础上的，在任管理者与员工相互之间很了解，管理者能从员工目前的情况看到其未来的发展前景，卓越的分析能力和敏锐的观察力自然就应该成为管理者必须具备的基本素质之一了。

第四节　骗子借面子让皇帝穿上"新装"

　　《皇帝的新装》是丹麦童话作家安徒生创作的童话故事。故事中的皇帝非常喜欢穿好看的新衣服，除了好看的衣服外，他好像对其他事情都不太关心，这个皇帝每天都要不断地换新衣服。

　　一天，有两个自称是有绝妙技术的织工——其实是骗子找到皇帝，声称他们能够织出世界上最美丽的布并做成神奇的衣服，这种衣服不但色彩鲜艳、图案好看，而且还有一种奇妙的功效：凡是不称职和愚蠢的人都看不见这种衣服。皇帝自然非常喜欢，能够用这件衣服分辨出自己身边的人哪些是聪明人、哪些是蠢人再好不过了。于是，皇帝迫不及待地让这两个骗子开始为自己工作。

　　两个骗子装出忙碌的样子开始织布，为了赶进度，两个骗子不时地向皇帝索要更多的钱财。两架空空的织布机不停地忙碌着，人们看不见织布机上有任何布织出来。但是，任何人都不愿意让其他人知道自己"蠢笨"，对他人都说织出的布匹很漂亮。皇帝派自己的心腹官员查看骗子们的工作进展。心腹官员为了不让皇帝认为自己"不称职"，只好违心地向皇帝描述布匹非常漂亮的样子。皇帝又派去了其他官员再次视察,得到的结果一样。听到心腹大臣们都对两个骗子及织就的布匹赞不绝口,皇帝打算亲眼看一看。当然,皇帝什么也没有看见,只见两架空空的织布机不停地忙碌着,皇帝害怕极了:难道是自己不称职吗?为什么别人都能够看得见漂亮的布匹,自己却看不见?皇帝非常害怕别人知道自己"不称职",于是对不存在的布匹赞不绝口,并且表示非常满意。听到皇帝的赞赏,两个骗子连夜赶制衣服,还假模假样地给皇帝量尺寸。

衣服做好后,皇帝穿着它在街上赤身裸体地炫耀着。所有人都害怕别人说自己是"笨蛋",所以,大家都争先恐后地说皇帝的这件衣服是多么漂亮。这个弥天大谎最后被一个小孩戳穿了,继而所有的老百姓都认识到自己确实什么也没有看见。故事中的皇帝好像已经意识到了什么,但还是要穿着这件新装将游行继续下去。

"皇帝的新装"实际上根本就不存在,两个骗子巧妙地利用了人们的弱点编织了一个弥天大谎。应该说,两个骗子比较高明,为了让他们的骗术得逞,在织布之前首先放出这样一句话:任何不称职和愚蠢的人都看不见布和衣服。两个骗子对人们的行为进行了"科学预测":在这样的前提下,人们都会说"自己看见了布和衣服"。当皇帝派其心腹官员视察两个骗子的工作时,他们实际上成了骗子的帮凶。他们之所以这样做,是因为非常害怕皇帝知道自己"不称职"。为了维护自己的利益,他们在皇帝面前说了谎。皇帝也非常害怕,因为身边的官员都看到了美丽的布匹,唯独自己看不见,这实在是很可怕的事情,所以,他也违心地说布匹非常美丽,而且表现出迫不及待想穿衣服的样子。两个骗子虽然没有织出布来，但"织"出了一个弥天大谎。两个骗子之所以得逞是建立在对人性的充分分析和预判基础上的。因为骗子知道，越是位高权重的人，越是看重面子，所以，《皇帝的新装》中这些人假话连篇。但是，"丢面子"只是位高权重的人或者成年人的想法，小孩子是天真无邪的，也就没有任何顾忌。小孩子会让问题穿帮，这是骗子没有预料到的事情。

预测并不是未卜先知，而是建立在科学判断基础上的，预测的结果可以被正确地利用，也可以被错误地利用。上述故事中的骗子就是通过准确预测并将预测结果进行了反向利用，从而达到了预期结果，从皇帝那里得到了很多金银财宝，皇帝却在人们面前出了丑。骗子不仅骗过了皇帝、大臣，而且骗过了所有的成年人。故事的末尾是非常搞笑的，即使皇帝意识到已经上当受骗了，还是要坚决地将游行仪式进行到底，皇帝为了一个面子而丢掉了更多的面子。这样的故事也许在现实生活中并不会真正发生，但很多时候是在近似地发生着。例如，员工不会当众指出企业管理者的错误，即使看到了企业管理者正在犯错也不会指出。当企业管理者意识到已经犯错了且出了丑的时候，实际上很早以前就已经穿上了"新装"。有些企业管理者确实不知道自己已经或者正在犯错，但有一些企业管理者也许就是有意在犯错了。因为没有下属当众指出自己的错误，企业管理者就会肆无忌惮地不断犯错。如果企业管理者形成了这样的惯性思维，在做决策的时候就不会过多地顾忌下属的反应，不会理会下属心里是怎样想的，只认下属嘴里怎样说。就像上述故事中的大多数人一样，大家虽然都看到了皇帝没穿衣服，并且心中也是这样想的，但只要嘴上没有这样说，皇帝就可以继续装聋作哑了。当然，这样的管理者并不是企业所需要的。

第五节　公冶长与鹞鹰

公冶长是一个山村的居民,他能够听懂百禽的语言。不仅如此,公冶长还能与各种禽类对话。

一天,一只鹞鹰急急忙忙飞来对公冶长说:"公冶长,公冶长,南山死了一只獐,你吃肉,我吃肠!"公冶长听了非常高兴,于是,他按照鹞鹰指示的方向果然找到了一只死亡的獐子。公冶长将这只獐子弄回家中精心处理后,将其皮、骨、肉和内脏等分开放置。这时,他突然想起了鹞鹰的话,但公冶长非常舍不得将肠子分给鹞鹰。最后,他索性将猎物全部据为己有。

公冶长的行为让鹞鹰非常失望,鹞鹰的心中已经埋下了一颗仇恨的种子,它决定寻找机会报复公冶长。

这天,鹞鹰又对公冶长说:又有一只獐子死在山谷中,希望这次公冶长能够将内脏分给自己吃。公冶长丝毫没有怀疑鹞鹰,按照它指示的地址去找獐子。等到公冶长奔跑到鹞鹰指示的地点后,远远望见前面有一群人围在一起喧哗,公冶长以为人们正在争抢死獐子,非常担心鹞鹰告诉自己的猎物被别人抢走,所以,在距离人群很远的地方就高声喊叫:"是我打死的!"公冶长跑到人群的前面,扒开里三层、外三层的人向里面挤去。人们见到公冶长的架势都迅速地给他让开了一条通道。等到了人群的中央之后,公冶长才发现大家围着的并不是獐子而是死人。在场的人于是扭送公冶长去见官,当县官审问公冶长的时候,公冶长百般辩解。县官说:"是你自己承认人是你打死的,你现在为什么还不承认呢?"公冶长无话可说了……

科学的预测需要建立在占有充分信息的基础上,上述故事中的公冶长第二次没有怀疑鹞鹰送来的信息,他这样判断是建立在第一次的经历的基础上的。但是,公冶长忘记了自己与鹞鹰之间应是合作关系,而这种合作是建立在充分信任的基础上的。只有建立在诚信的基础上,公冶长才能够从鹞鹰那里得到准确的信息。

公冶长自讨苦吃是因为没有诚信。这样的事情在企业管理中也会发生,管理者与被管理者之间是一种合作关系,这种关系是需要建立在诚信的基础上,任何一方失去了诚信就失去了合作的前提。被欺骗了的一方就会持不合作的态度与另外一方假合作,就像鹞鹰与公冶长之间的第二次"合作"一样。管理者需要以下属的工作为基础,但管理者相对于下属而言具有更多的优势。当管理者对某个下属失去诚信的时候,其他下属就会受到"教育",从而对管理者倍加提防。他们不但会提防着自己被置于陷阱中,而且当管理者"遇难"的时候会袖手旁观。在团队合作中,管理者一定要做诚信的领头羊。管理者不仅要用制度约束被管理者,而且要用情感感化被管

第十三章 人无远虑，必有近忧——科学预测为组织发展定向

理者。在诚信的基础上建立的合作关系，管理者以下属提供的信息为基础进行的预测就不会产生偏差。

第六节 牛厂长匠心独运"占卜"企业未来

一、案例简介

N厂的很多领导都上了年纪，但在接受新鲜事物方面还是很积极的。牛厂长为了使厂领导层的思维不固化，从10年前就补充年轻后备力量进入领导层，让这些年轻人的新思想融合到领导层的决策当中来。N厂生产的产品虽然质量不算上乘，但消费者还是比较认可的。

后来，牛厂长开始有意识地引入预测手段对市场进行分析，不但成立了市场部，还从高校引入了几个统计学专业的高才生，专门做统计分析工作，掌握市场风向。

N厂要上一个新的保健品项目，但牛厂长对市场上的情况估计不透，于是委托市场部做调查，并让他们对市场前景进行了预测。忙活了几个月之后，市场部的小王用SPSS统计软件做出了许多统计图表。在进行统计分析的时候，小王认为有些统计图不美观，为了能够得到牛厂长的赏识，就改动了一些数据。经过"涂脂抹粉"

第十三章　人无远虑，必有近忧——科学预测为组织发展定向

的统计图表非常美观，数据显得也更加有规律可循。牛厂长拿到了这些图表并听取了市场部的分析，对市场部员工的辛苦工作表示感谢。随后，牛厂长就将分析结果提交厂办公会进行讨论。在办公会上，几个领导对市场部提交上来的图表进行了再次分析。分管市场工作的杨副厂长对统计数据提出了质疑，觉得自己此前在市场上了解到的情况与统计图表呈现的情况并不完全吻合，可能信息存在失真问题。在场的其他领导也补充说，也许是软件本身的问题，完全轻信软件分析的结果可能会造成失误。在场的很多领导赞同杨副厂长的看法。不过，也有一些领导认为，现在都讲究定量预测，定量分析会较定性分析更加准确。牛厂长看到大家争论得很激烈，也没有说定性和定量哪个方法更好，而是告诉大家，两种方法都要用，一种方法可以为另外一种方法提供补充，定量分析都是建立在调查基础上的，而调查过程带有一定的主观性，不一定能够全部反映客观实际情况，定量分析的结果只能作为参考，并不能作为决策的唯一依据。会后，牛厂长将会上大家讨论的情况传达给市场部的员工，告诉市场部的员工要再接再厉，要在调查结果的基础上进行再分析，而且要在分析报告中提出自己的见解。小王听了后着实吓了一跳，以为自己做的事情穿帮了。这件事情让小王长了记性，做实际工作与在学校里完成作业是不一样的。为了完成作业，可以对某些数据修修改改。但是，市场调查不是作业题，自己的分析结果就是企业管理者的决策依据，一定要尊重客观事实，不能为了图表的美观就随意改动数据。小王的"恶作剧"差点坏了牛厂长的大事。

　　用软件进行预测对于牛厂长而言是新事物，但牛厂长并没有将

全部筹码放在其上。牛厂长知道，预测并不是未卜先知，预测需要成本，同时也要承担风险。科学的预测虽然需要数据，但关键还是在于分析，因为同样一组数据在不同人的眼中具有不同的用途，从而得出的分析结论也会存在较大差别。

二、案例分析

（一）主动运用预测工具

上述案例中的牛厂长的思想相对还是很前卫的，他不但组织成立了市场部，而且招来了一批懂统计学的人才，这说明牛厂长非常懂得用科学的方法促进企业的发展。在管理学上，用来做预测的方法非常多，包括定性预测方法、定量预测方法、确定型预测方法、不确定型预测方法等，专门学统计的人对这些都是了如指掌的。牛厂长主动将这些东西融合到自己的管理工作当中来就表示他的思路正在转变，思路的转变就意味着管理意识的转变。

（二）人为编造客观数据

正像案例中谈及的，做预测工作需要尊重事实，这与在学校中完成老师留的作业有着非常大的区别。小王抱着完成一项作业的心态去完成牛厂长布置的任务，并对调查数据中不太理想的成分进行了"修补"，这样就使分析结果与客观情况有了较大的差距。难怪几个有经验的领导会对该图表的数据质疑。小王所做的工作虽然是在办公室内完成的，但小王没有意识到，办公室内的工作不仅是在舞文弄墨，其分析结果就是N厂在市场上"拼杀"的依据。小王做出的分析结果失真了，N厂在市场上"拼杀"的时候就成了盲人骑瞎马，基本上就没有了胜算的把握。预测的确需要借助软件辅助工作，但预测需要占有的信息要真实，图表美观与否都是不重要的。小王做事过于注重形式而忽视了内容，经常这样做会给N厂酿成重大损失。市场调查的数据本来就具有一定的人为成分，再加上人为地"涂脂抹粉"就更让数据失真了。就像案例中的领导们在定性分析与定量分析问题的争论中所谈及的，定性分析不一定不科学，定量分析不一定科学，尤其是建立在不客观的调查数据基础上的定量分析更加让人难以置信。这样做出的定量分析，即使精确到小数点后四位，也不能说是精确的。这样看来，定性分析反倒相对准确些。

（三）不能全部依赖软件

软件比较方便，但不能解决任何问题，因为软件是人设计出来的，设计软件的人考虑到了哪些因素，软件就可以做哪些工作。设计软件的人没有想到的因素，软件自然也是不能做出分析的。软件不断升级换代，就已经充分说明了先前版本的软件具有一定程度局限性，为了尽量改善这种局限性，就要对软件不断进行完善。通过软件得出的结论只能为企业管理者提供决策参考，不能作为最终决策的依据。借助软件做出的图表有助于人们进行分析，但对软件过于情有独钟，就会让人变得不会思考问题。上述案例中厂务会上的领导们在讨论问题的时候，对事情做出了准确判断，就是没有完全依据软件的结果。这些领导在认识问题的时候，一只眼睛盯着软件得出的结论，另外一只眼睛盯着市场。管理者是在用对市场的感觉评价软件得出的结论，而不是在用软件得出的结论琢磨市场。哪个是主，哪个是次，这在管理者的脑海中应该非常清楚。通过软件得出的分析结论，只能算是观念上的东西，这些观念只有放在市场上验证并与市场实际情况吻合才能算是正确的预测。

（四）扭曲定性定量关系

在预测管理中，定性与定量方法都很重要，不能单独轻信某一方面而偏废另一方面。定量方法是用翔实的数据来做预测的，在人们的印象中用数据表示出来的东西就是非常精确的，这实际上是一个误区。定量预测需要建立在严格调查的基础上，缺失了严格的调查，即使数据再精确也是徒然，建立在不准确的数据基础上的预测就是不科学的预测。所以，相比定量调查，定性方法反而会让人们做出准确的预测。定性与定量两种方法只有紧密结合在一起，才能让企业管理者做出准确和科学的预测。如果过于轻信图表，就会导致决策失误。正如前文谈及的，软件的准确程度主要在于开发软件的人，如果在开发软件的过程中没有全面考虑可能涉及的诸多要素，精确的数据就成了表面文章。统计分析软件能够将图表做得非常漂亮，但这些都是统计数据的表现形式而已，只是让人们看上去更加一目了然。从这些图表中能否得出正确结论，还需要科学分析。同一组数据，不同的分析者的关注点是有差别的。如果企业管理者戴上有色眼镜对数据进行分析，分析结论就会带有浓重的个人色彩。不处理好定性与定量之间的关系，就很难做出科学预测。

（五）预测不能断章取义

只有全视角认识统计数据，才能够得出正确结论。在预测过程中不能够断章取义，否则，得出的结论就会失真。如图13-1所示，图中的M线起伏多变，如果这是用100年的数据画出的一条统计图，

第十三章 人无远虑，必有近忧——科学预测为组织发展定向

则按照其长期发展趋势进行预测，趋势线应该是 L 线，L 线中的每一个起伏都都会经历大概 10 年左右的时间。整条线在图中被划分为 A、B、C、D、E、F 等几段，如果在调查过程中得到的数据不是很翔实，没有得到更长时间内的数据，而是得到了某一段时间内的数据，凭借这些不完全的数据得出结论，失真程度就会很高。从上面几段曲线得出的趋势线分别是 L_1、L_2、L_3、L_4、L_5、L_6，L_1、L_3、L_6 呈上升趋势，每段时间的上升趋势均有不同，并且与 L 线的上升趋势也是存在很大的差异的。L_2、L_4 呈下降趋势且斜度也有差异，而 L_5 则呈水平变化。

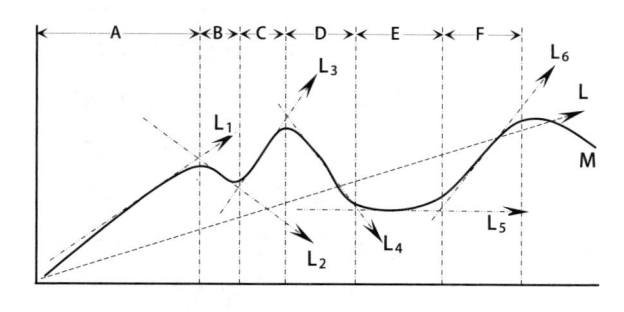

图 13-1 断章取义的预测

在统计分析中，占有的数据越翔实，即占有的样本足够大，就会使结论越发趋近真实情况。不切实际的预测结论会导致有误差的决策，对企业的未来发展会形成严重的负面影响。正如前文所述，预测工作首先要求的是责任心，没有了责任心，预测就失去了意义。找到系统而连续的数据是非常辛苦的，有时候还需要付出较多的经济成本。但是，只要员工具有强烈的责任心，就不会像上述案例中

的小王一样给预测结果"涂脂抹粉",而是会抱着非常负责任的态度为牛厂长提供决策依据。

三、案例启示
(一)恰当使用工具

随着管理学的不断发展,用于预测的方法越来越丰富,但每种方法都不是尽善尽美的。人们在选择预测方法的时候,一定要选择与自己预测的事物相匹配的方法,如此,才能够得出相对合理的预测结论。只有量体裁衣、对症下药才能够取得事半功倍的效果。在占有翔实数据比较困难的情况下,要尽量采取定性分析方法,否则,就会发生图13-1中发生的问题。如果能够占有翔实数据,则可以采用定量分析方法,但也不能将全部赌注押在定量分析方法上面。如果预测的事情是确定型的,则用确定型预测方法较好。如果预测的事情存在一定的概率,则用决策树方法(需要知道各种状态下的概率)、匈牙利方法(需要知道转移矩阵)等较为合适。如果预测的事情存在一定的可能性,但概率又不能确定,则可以用冒险法、保守法、乐观系数法及后悔值法等进行预测。各种方法都有其适应的环境,某种预测方法在一种情形下具有优势,而这种优势在另外一种情形下则有可能表现出劣势。只有预测方法相得益彰,才能够彰显出预测方法的威力。这要求进行预测的企业管理者必须是内行,否则就会发生"上错花轿嫁错郎"的事情,这对企业的发展会形成较大的负面影响。在进行预测的时候,不能被表面现象迷惑,很多时候,表面上看定量分析是建立在数据基础上的,但实际上还是停留在简单描述上。虽然形式是为内容服务的，但在预测问题上并不需要过多地追求形式，内涵才是企业制胜的基础。

（二）剔除人为因素

预测以调查分析为基础，但调查是主观见之于客观的过程，即调查得出的数据结果虽然是客观的，但选择样本的时候具有主观色彩。选择不同的样本时，得出的调查结论也许会存在一定的差别。人为因素在预测中的成分越多，预测的科学性就越低。所以，尽量剔除调查过程中的主观因素，从而强化客观因素的分量，就能使预测结论更加真实。为了做到这一点，需要从以下几个方面着手：分多个小组对同一事项进行调查，然后对统计结果进行分析，对不同小组调查的结论进行比较，如果调查的结论具有很强的一致性，则调查的结论就是可以接受的；选择不同地点对相同事项进行调查，如果不同区域的调查结果是一致的，这说明调查样本的选取是不存在地域影响的，企业管理者在这样的结论基础上进行决策，就不需要过多地顾及地域因素；在调查时间上也需要周密考虑，不同时间段人们的关注点可能会不一样，调查的侧重点也会有差别，每个人都会从自己的视角考察问题，所以，经过一定时期后对同一问题进行重复调查，就会使调查结果接近现实；在对信息进行分析之前，调查小组就应对信息进行充分的"咀嚼"，这样就能够为决策者在决策的时候省去很多麻烦。

（三）多种方法并用

既然不同的调查方法都有其优缺点，在预测过程中除了要选用较为合适的方法外，还要结合尽量多的方法进行预测，这样就可以在最大程度上避免出现挂一漏万的问题。根据前文所述，定性与定量预测方法要综合运用在预测过程中，这样做预测既不缺乏数据支撑，也不缺乏理性思考。多种方法巧妙地结合在一起对某件事物进行预测，就能在很大程度上达到"两利相权取其重，两弊相权取其轻"的效果，企业管理者在此过程中虽然会付出较多的精力和时间，但相对于将决策建立在不准确的预测基础上并给企业发展造成较大的损失的情况，成本还是小了很多。在预测中，采用多种方法对同一事物进行预测，很多人会将其定性为重复劳动，实际上并非如此简单。在用乙方法对同一事物进行预测的时候，实际上就是对甲方法的预测结果进行检验的过程，也是选择最适合企业的预测方法的过程。每种方法都是在实践中发展起来的，都有其具体的适用环境。所以，当多种方法都不适合企业的时候，企业也可以根据自身的情况开发适合自己的方法，将其他方法的优点尽量融合进来。由于企业本身的独特性，开发出来的方法是专门针对企业自身的，这样的方法也许并不适合其他企业，但对于提升企业的形象是很有帮助的。好的预测方法能够提升企业的实力，同时也能够彰显企业的形象。

（四）强化责任意识

预测虽然在表面上看表现为运用方法、分析数据、得出结论、导引发展等一系列行为，但实际上是责任心的问题。只有有责任心的管理者运营的企业才是有责任的企业，同样，只有有责任心的管理者才能够在有责任的预测基础上做出负责任的决策。责任心在预测中扮演着重要的角色，预测的成败实际上就是责任心的较量。有有责任的管理者就有有责任的下属，下属就能够为管理者提供确凿的分析结论,管理者从而就可以在这样的结论的基础上做出有价值的决策。让员工有责任心,需要员工内省,但更需要制度建设。管理者对产品、企业和员工负责,能奖罚分明,重用具有真才实学的员工,员工就认为管理者是对自己负责的,员工就会将工作与责任融合在一起,员工在做事的过程中就会始终绷紧"责任"这根弦。

(五)全视角看问题

视角不同,观点就会有差异,就像管理学中经常提及的"荒岛卖鞋"的案例一样。同样是面对荒岛上赤脚的岛民,不同的营销人员的看法是不一样的:甲认为这里没有市场,乙认为这里市场无限。得出的结论不一样,关键就在于人们的视角不一样,甲认为在荒岛发展是对企业不利的,在这样的预测基础上做出了不向这里卖鞋的判断;乙认为在荒岛发展是对企业有利的,在这样的预测基础上做出了应大力开拓荒岛的市场的判断。"兼听则明,偏信则暗。"只有全视角看问题,才能够得出相对科学的结论。管理者掌握着企业发展的令旗令剑,应该将尽量多的人纳入自己的视野中,这样就会听到更多人的声音,管理者做出的决策就会更加科学和合理。管理者听到的声音越多,观察问题的视角就越广。

第七节　胡安判断失误的代价

一、案例简介

泛美航空公司经过半个多世纪的发展，到1980年已经发展成了全美第三大航空公司，其航线遍及全球50多个国家的100多个城市。但令人没有预料到的是，这样一个航运巨星于1991年12月14日宣告破产了。

早在1927年的时候，美国航空业还处在初创阶段。当时，人们并没有将航空与日常生活联系在一起，而是将航空作为一种探险旅行来看待。但是，胡安并不这么认为，胡安认为航空业将来会走入人们的日常生活。人们对胡安的话并不太在意。随后，胡安创办了泛美航空公司，在20世纪30年代的时候开发了穿越太平洋的航线，这使泛美航空公司的名气大增。这条航线开通后，泛美航空公司又开通了大西洋航线及拉美的航线，泛美航空公司实际上已经具备了全球航空的能力。

泛美航空公司的发展势头非常迅猛，在20世纪80年代的时候，

第十三章 人无远虑，必有近忧——科学预测为组织发展定向

泛美航空公司准备淘汰掉既有的B707客机，并且开始运营L1101-500客机。在泛美航空公司准备做出这个决策的同时，比L1101-500客机运营成本低且在性能上与B707客机更加相似的MD80客机、B757客机、B767客机开始投入市场，但泛美航空公司已经花了血本订购了L1101-500客机。L1101-500客机在飞行成本、油耗等各个方面都远远逊色于波音的新型客机，虽然泛美航空公司想尽办法想将L1101-500客机出售，但收获甚微。由此，泛美航空公司背上了巨大的债务包袱。为了降低运营成本，泛美航空公司开始采购空中客车A300机型。泛美航空公司频繁更换飞机品种，使得航空人员的培训、飞机故障排除、日常管理等各方面的费用剧增。随后，泛美航空公司并购国家航空公司的行为并没有强化其在航空市场上的竞争力。这次并购并没有让其达到"1+1>2"的效果，高成本的包袱反而让泛美航空公司进一步滑向"谷底"。

为了摆脱不利的经营局面，泛美航空公司开始走"轻装上阵"的路子，即开始售卖贵重的非空运资产，这包括摩天大楼、洲际旅馆、候机大楼等，这些都是泛美航空公司的看家财产。这些财产的出售确实让泛美航空公司获得了不菲的流动资金，但局外人都能够清楚地看懂泛美航空公司了：在激烈的竞争中，泛美航空公司只有招架之功，没有还手之力了。泛美航空公司最后终于败走麦城，成为美国继东方航空公司、中途航空公司倒闭之后又倒闭的第三大航空公司。泛美航空公司从一个叱咤风云的"领跑者"淡出了航空领域。

二、案例分析

（一）抓住时机发展

胡安以敏锐的目光捕捉到了航空业的未来。在20世纪20年代人们还将坐飞机作为探险经历，还没有人认为航空能够在未来某个时间走入人们的日常生活的时候，胡安却较早地看到了航空业的发展趋势，并且能够尽早出招，抓住这样有利的时机，先人一步，成立了泛美航空公司。在那个时候，将一个与人们的日常生活风马牛不相及的新事物与人们的未来生活联系在一起，并且认为这个行业中蕴藏着巨大的商机，这种前瞻性的思考问题的方式并不是人人都具有的。能够从无中看到有、从当前捕捉未来、从少中想到多，并且将自己的思考建立在科学分析和合理的推理逻辑基础上，这就是管理者应具备的能力，这也是优秀企业家精神的体现。胡安抓住时机使自己拥有了泛美航空公司，并且逐渐开通了通向世界各地的航线，人们从一个地方到达另外一个地方有了更多的选择。胡安准确把握住了航空业的未来发展趋势，也为自己把握住了财富，让自己的企业在航空业中成了响当当的领跑者。

（二）市场风云变化

上述案例中提及，胡安为了扩大自己的航运业务，准备淘汰掉老客机，并且用容量较大的新客机取而代之，这样不但能够满足更多旅客的需求，而且能够让自己把握住更多的商机。扩大业务量，降低成本，让更多的普通人成为自己的消费者，这应该是胡安的思路。但是，L1101-500客机具有B707客机不具备的优势，也有高油耗的弱点。让胡安没有预料到的是，世界变化得太快了。在已订购的 L1101-500 客机还没有全部到位的时候，较该种客机更为先进的 MD80、B757、B767 等型号的客机开始投入市场。胡安淘汰其旧客机的时候，市场并没有发生如此大的变化，胡安是按照自己对客机市场的估计布局泛美航空公司的换机决策的。客机市场飞快的变化让胡安措手不及，胡安接下来的几步棋都让泛美航空公司处于更加不利的局面。这就是一步走错，步步走错。

（三）并购决策失误

胡安为了弥补预测失误造成的损失，期间也做了很多补救的工作，将国家航空公司并购过来就是胡安的大手笔。通过这种方式，泛美航空公司期望能够走出谷底。但是，胡安的这次预测又是一次失误。因为国家航空公司并不是一家具有较强竞争优势的公司，胡安将其并购过来之后，与泛美航空公司不但没有达到"强强联手"的目标，反而使泛美航空公司向谷底滑得更深了一些。并购不仅要使企业的规模增大，而且要让企业的实力增强，所以，只有当目标公司对主并公司具有很强的提升作用的时候，公司购并才是最有意义的。胡安的这次并购不但没有让泛美航空公司更加强大，反而令企业的负债包袱更大。本来，泛美航空公司就是带病运转，屋漏偏逢连夜雨，新病、旧病叠加在一起，终于让泛美航空公司回天无力了。

（四）资金周转受阻

胡安接下来的很多问题实际上都是源于最初的换机预测失误，资金周转受阻是一个次生问题。L1101-500 客机不但价格高，而且运营成本高，这让泛美航空公司大伤元气。企业危机来临，重要的事情是要找到流动资金，只有这样，才能够将休眠的资产逐渐盘活。

无奈之余，泛美航空公司只能变卖家当了，当然，卖一些不值钱之物并不能达到盘活资产的目的，卖就要卖值钱的，摩天大楼、洲际旅馆、候机大楼等这些泛美航空公司赖以发家的压箱底的家当只能忍痛出售。胡安在卖掉这些家当的时候，虽然得到了不少的资金，但同时也无形中助长了竞争对手的实力，这是没有办法的办法。这种"拆东墙补西墙"的做法只能应一时之急，不能解决根本问题，毕竟很多资产已经沉淀在那里。胡安这种"抱薪救火"的应急之策并没有让企业恢复元气，高负债、高成本的运行状态很快就将好不容易才周转过来的资金"吃"了进去。泛美航空公司资金运转已经进入了一个"高成本—低盈利"的怪圈，胡安使尽浑身解数最终还是没有能够从这个怪圈中挣脱出来。

（五）连带成本提升

泛美航空公司在遭遇市场围追堵截的情况下，也想通过"孙悟空的七十二变之术"躲过劫难，除了变卖 L1101-500 客机外，还订购空中客车的 A300 机型，以期让企业回到既有的低成本运营的轨道上来。但是，泛美航空公司考虑不周的地方在于：从 B707 客机到 L1101-500 客机再到 A300 客机，客机的型号不同，需要对员工进行不同的培训，这让乘务人员也很难在短时间内适应过来。就像案例中谈及的，除了高昂的培训费用外，还有维修费、管理费等也都同步跟了上来。本来资金窘迫的泛美航空公司这时候几乎是"高血压""高血脂""冠心病"等各种病一起来了，连带费用的增加让泛美航空公司病得连咳带喘，人们实际上已经能够隐隐感觉到"山雨欲来风满楼"的大厦将倾之势了。泛美航空公司在频繁更换机型的过程中，也许并没有料想到会有如此高昂的连带费用。

三、案例启示

（一）考虑偶发因素

为了确保预测的准确性，尽量将各种偶发因素考虑在内是非常有必要的。就像上文案例中的泛美航空公司，如果在用新机型置换老机型之前，多一些市场风险方面的考虑，也许就不会导致其最终的覆灭。泛美航空公司经营的是航空服务，但飞机的制造商也并非一个，各个飞机制造商之间的竞争也是非常激烈的。L1101-500客机相比原先的B707客机，缺陷是显而易见的，泛美航空公司却犯了一叶障目的错误。从经济学角度考虑，企业只有将产品的价格维持在AV（平均成本）以上的时候才有利可图。如图13-2所示，AC、MC、AVC分别表示平均成本、边际成本和平均可变成本，

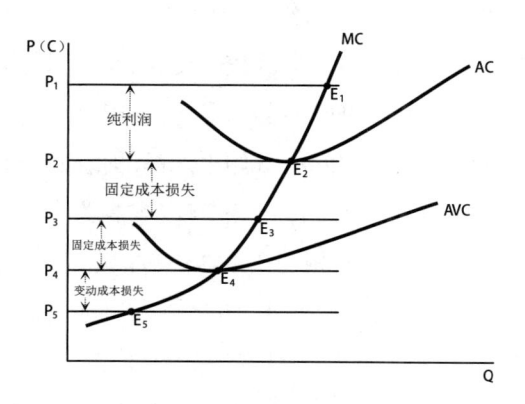

图13-2 不同价格水平下的企业盈利状况

E_1 表示产品的价格位于平均成本之上，这时企业能够获得较多的纯利润。E_2 表示产品的价格与生产产品的平均成本相当，这时企业没有利润可得，所以，该点也叫作收支相抵点，即产品的价格如果低于 P_2 的水平，就要亏本了。E_3 表示了这样一种情况，该点的价格水平低于产品的平均成本，但高于产品的平均可变成本，这就意味着产品的固定成本虽然不能够收回，但还能够支付工人的工资，所以，在这样的价格水平上，企业还是可以继续惨淡经营的。E_3 和 E_2 之间的垂直距离代表了固定成本损失。当产品的价格继续向下降，降到 P_4 的时候，不但全部的固定成本不能收回，而且连可变成本也是刚刚能够收回，产品的价格如果再低，企业就不能支撑下去了，所以，E_4 叫作停止营业点，意思是说产品的价格如果比这个水平更低的时候，企业就只能停止运营了，因为连工人的工资都无法发放了。P_5 是较 P_4 更低的一种水平，E_5 与 E_4 之间的垂直距离表示了企业的可变成本亏损。产品的价格沿着 $P_1 \rightarrow P_2 \rightarrow P_3 \rightarrow P_4 \rightarrow P_5$ 的方向逐渐下降，企业的利润就会从较高变化为零，最后出现亏损。

如图 13-3 所示，假设起初产品的价格水平在 P_{11}，成本在 AC_{10}，这时企业是有一定的利润空间的。如果产品的价格没有变化，成本却提高到了 AC_{11}，这时候产品的价格与成本相当（$P_{11}=AC_{11}$），企业就没有利润了，这种情形相当于图 13-2 中的点 E_2。如果在既定价格下产品的成本继续提升到 AC_{12} 的时候，企业就产生了亏损。所以，从图 13-3 中可以看出，在既定价格下产品的生产成本沿着 $AC_{10} \rightarrow AC_{11} \rightarrow AC_{12}$ 的方向逐渐提升，企业也由盈利逐渐走向了亏损。泛美航空公司的第一步棋走错了，再加上偶发因素及连带成本的增加，压得企业喘不过气来。所以，充分考虑到各种偶发因素，就能够让产品（企业）保持竞争力。

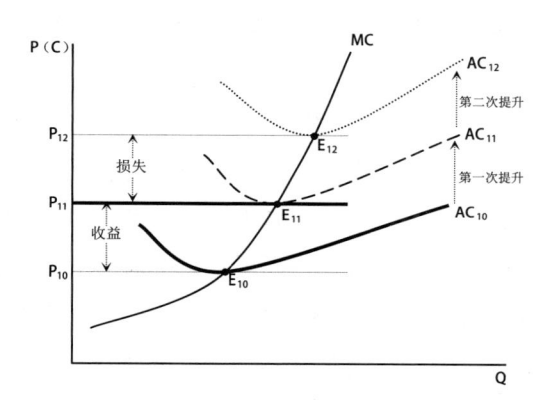

图 13-3　成本提升后产品的利润水平变化

（二）预测消费方向

企业需要准确判断消费者的行为方向，能够把握住消费者脉搏的管理者就是能够赚钱的管理者。企业为消费者提供的产品或者服务，一定要让消费者感觉到更加安全、舒适、便捷，并且价格可以承受。胡安在泛美航空公司成立之初做到了这一点，这是其企业发展神速的关键。

（三）抓住机会

泛美航空公司经营航空运输业之初，这样的业务还很少见。上述案例中提及，泛美航空公司在特定的时期内把握住了机会，这自然为其发展奠定了雄厚的财富基础。企业在发展过程中，机会都是偶然的，很多机会都是稍纵即逝，并且是不可再来的。

(四)做事循序渐进

泛美航空公司对老机型进行整体置换,这自然是一项非常庞大的开支。也正是这样的庞大开支,让泛美航空公司跌入了经营的谷底,这就是典型的"出师未捷身先死"。实际上,泛美航空公司在置换旧机型的时候,不一定要整体置换。采取循序渐进的方式对旧机型进行逐步置换,也不失为一种稳妥的办法。泛美航空公司的案例给企业管理者的启示就在于"做事要循序渐进",企业是一点一点成长起来的,改变经营方式也无须一夜之间完成。企业管理者做事要遵循"从量变到质变"的规律。泛美航空公司如果制订一个三五年或者更长时间的"淘汰计划",也许就不会遇到这样的生死劫。预测就是要将各种不确定的因素尽量考虑进来,将偶然因素作为必然因素考虑,并且模拟出可能出现的结果,从中选择出最有把握或者对企业发展最有利的情况。在条件充分且环境确定的情况下可以采取一步到位方式,否则,就要循序渐进。因为前方的路是未知的,只有走得比较近的时候才能够看清前面不远处的路况,所以,很多时候是"摸着石头过河"的。

(五)规避麻烦怪圈

泛美航空公司由于最先的预测不准,才导致陷入了一连串的麻烦怪圈:首先是较 L1101-500 客机更加先进的新机型问世,然后是收购国家航空公司不力,继而是变卖家当,在各个环节中还夹带着运营成本的提升,泛美航空公司随后采取的诸多措施都是对"第一步失利"的弥补,但这些弥补措施让其债台高筑。泛美航空公司像是走进了一个到处是麻烦的迷宫,使尽浑身解数也不能从其中挣脱

第十三章 人无远虑，必有近忧——科学预测为组织发展定向

出来。企业在经营过程中，由于市场风云变化，很可能会遇到麻烦，企业凭借自己的再生能力能够从某些麻烦中挣脱出来；但当麻烦足够大的时候，企业就没有从中挣脱出来的能力了。从某种程度上讲，泛美航空公司就是掉进了"泥沼"中。为了摆脱困境，泛美航空公司就要拼命地挣扎，但挣扎得越是厉害，陷入得就会越深。泛美航空公司没有预料到在一马平川的道路上会遇到这样的麻烦，也没有预料到这样的麻烦会有吞并万物的贪婪。所以，企业在经营中要尽量规避这样的麻烦，远离"泥沼"，才不至于在"泥沼"中越陷越深。

第十四章
无限风光在险峰——用创新思维拓宽组织发展道路

导读

第一节　创新是企业的生命
第二节　理论领悟
第三节　掘井取水是突破常规的战略设计
第四节　扔掉石头捡起棍子是乞丐的新选择
第五节　通过制度创新让粥分得公平
第六节　"终生交往"计划让 X 公司人走茶不凉

第一节　创新是企业的生命

创新是企业的生命，企业就是通过不断创新突破既有发展瓶颈而谋求发展的。自从熊彼特提出创新的概念以来，企业管理界的人士都开始在创新方面进行深入思考，认识到创新是企业的生命。任何一个企业从初创到发展壮大都是通过创新得以立足和谋求发展的。创新包含的内容是多方面的，制度创新、技术创新、管理创新等都是创新包括的内容。在激烈的竞争中，创新是企业管理者必备的一项基本能力。只有企业管理者有创新的眼光和思维方式，企业才有创新的可能，因此，制度是创新管理的根本。由此可以看出，创新管理职能不能孤立存在，需要与其他管理职能相辅相成。创新也需要依托既有发展基础，通过创新强化企业的凝聚力、辐射力、影响力，从而增强企业的竞争力，这样的创新对企业发展才具有实际意义。创新能够使企业在同行业中保持竞争力。例如，当诸葛亮扇着羽毛扇就感到很惬意的时候，从来没有想到将来会有空调，从羽毛扇到空调是巨大创新，但如果仅此而已，空调产业就不会有发展。谁能够引领空调产业率先发展，谁就能够抢占先机。还是以空调为例，针对空调噪声大的问题，厂商研发了超静音空调；针对空调耗电量大的问题，厂商研发了变频空调。空调在创新中让消费者享受到了便利。冲在行业前面的企业不但能够领跑该行业，也能够成为该行业的标杆。

　　管理创新首先是思维方式的创新，创新产品是建立在创新思维基础上的。企业的核心管理者的创新思维能力有多强，企业就能够走多远。创新思维能够让企业规避风险，并且会让企业"柳暗花明又一村"。创新可以分为毁灭性创新和建设性创新两种，前者是摧毁既有棋局而后构建新棋局的过程，例如张瑞敏砸烂76台冰箱时，很多人不理解，但当人们意识到"有缺陷的产品就是废品"的道理时，海尔终于以崭新的生产理念和优秀的企业文化成了民族品牌的骄傲；马云的产品是建设性创新的典型，其目标就是为中小企业服务，为这些企业构建平台，尽量降低这些企业的交易费用，这种创新的管理思维成就了新的商业巨头。

第二节　理论领悟

一、什么是创新

创新概念是熊彼特于 1912 年在《经济发展理论》一书中最先提出的。按照熊彼特的观点，创新就是将新的生产要素与既有的生产条件进行重新组合而创造出新的生产力的过程。熊彼特认为，新质量、新方法、新来源、新市场、新组织等都属于创新。

新质量就是产品在生产过程中通过提高产品质量，从而让消费者在消费该种产品的过程中满意度更高，让消费者感觉到产品的含金量更高。新方法就是在产品的生产过程中通过采用一种先前没有出现过的全新的工艺流程生产产品，以便能够在更大程度上提高劳动生产率。新来源即通过不同的更加高效的材质提高产品的性能，更好地满足消费者的需求。新市场即通过在更大范围内、更深层次上打开市场局面，使产品的销路更加广阔。新组织即通过更加高效的管理过程实现对人力资源及生产资料等的高效配置。

创新的目的在于更好地推动社会经济的发展，人类社会就是在不断创新的过程中发展的。在创新的过程中，不但可以为企业带来更多的收益，而且也能给消费者带来更大的便利。创新最终会带动整个社会的进步。创新首先能够给个别企业带来收益的提高，当这种创新逐渐被推广开来以后，整个社会的劳动生产率都会得到提高。在社会经济发展中，所有行业及某个行业中的个体的创新程度总是不一样的，这种有先有后的创新就会使站在风口浪尖上的企业在获取超额利润方面独领风骚。

二、3种类型的创新

创新是强国的基础，也是做强一个企业的基础，《国家中长期科学和技术发展规划纲要（2006-2020年）》中认为自主创新就是从增强国家创新能力出发，加强原始创新、集成创新和引进消化吸收再创新。

原始创新是指历史上未曾出现过的重大科学发现、科技发明及主导技术等。原始创新是一种根本意义上的创新，是所有创新中的"航空母舰"。这种原始创新是与衍生创新相对应的，衍生创新是在原始创新的基础上的二次创新。

集成创新是利用各种信息技术、管理技术与工具等，对各个创新要素和创新内容进行选择、集成和优化，形成优势互补的有机整体的动态创新过程。集成创新强调灵活性，重视质量和产品多样化。企业是集成创新的主要载体，通过集成各种要素，实现优化配置的目的。集成创新中的集成不是各种现存要素的简单堆砌或者捆绑，而是需要在要素整合过程中产生更高的效率。集成创新虽然不是原

第十四章　无限风光在险峰——用创新思维拓宽组织发展道路

始意义上的创新，但也需要创新者付出更多的劳动。需要创新者对预期能够产生集成创新的诸多要素有非常细致周到的了解，洞悉各种预组合要素的优势和劣势，在系统集成的过程中发挥每个要素的优势并尽量避免其劣势。在集成创新过程中，需要的不仅是技术，管理也在其中发挥着越来越重要的作用。将各种不同的要素组织在一起的时候需要有一个适当的搭配，很多时候并不是强强联合才是"绝配"。只有将不同要素按照效率原则进行结合才能够发挥出最大的优势。

引进消化吸收再创新是指首先引进先进技术，然后进行学习、消化、借鉴，与实际情况相结合，最终变成自己的东西，在此基础上进行发展和创造，形成具有自主知识产权的东西。引进先进技术的目的就在于缩短该项技术的研发进程和缩短其应用历程，尽量节省时间和劳动。引进的目的不是为了永远引进，而是为了超越。值得一提的是，引进的技术要适合企业的实际情况，盲目引进就会造成资金浪费。在引进技术的过程中要充分考虑与企业对接能力和消化能力等，在学习过程中将引进的东西变成能够促进企业经济增长的营养。在引进过程中要不断发现既有成果的缺陷，通过研究开发弥补这些缺陷，使其成为具有自主知识产权的东西。

第三节　掘井取水是突破常规的战略设计

和尚甲与和尚乙隔山而居，他们每天都会在同一个时间到两山之间的同一条小溪中挑水。每当那个时候，两个人都会坐下来聊很长时间，二人逐渐成了好朋友。

转眼几年过去了，突然有一天和尚甲没有到小溪中挑水，和尚乙便以为和尚甲睡觉过头了没太在意。哪知道，和尚甲一连许多天一直没有到小溪中挑水。作为和尚甲的老朋友，和尚乙有些着急了，心想老朋友肯定是生病了。于是，和尚乙决定到和尚甲的庙中探望他。翻山越岭后，和尚乙到了和尚甲的庙中。看到老朋友和尚甲非常健康，和尚乙很吃惊，问和尚甲这么长时间一直没有下山挑水是如何解决喝水问题的。和尚甲的回答让和尚乙非常感慨："多年来，我在做完必要的功课之后都在抽时间挖井。如今，终于挖成这口井了，我再也不用辛苦地到山下挑水了。"

思维方式的不同就意味着人们面对同一事物做出的选择不会相同。在上面的故事中，和尚甲能够站在自己年轻且具有体力的优势

第十四章　无限风光在险峰——用创新思维拓宽组织发展道路

的角度看到自己年迈时体力不支的情况，这种居安思危和放眼未来的意识并不是任何人都会有的。故事虽然是虚构的，但类似的事情可能就发生在我们身边。在企业的发展中，管理者也需要有这种居安思危的意识，在企业仍然处于鼎盛时期就要看到竞争者的潜在威胁，从而有意地找到新的经济增长点，以便在自己企业所在的行业处于相对成熟而没有多大的发展空间的时候已经将资金等资源转移到另外一个更具竞争力的行业中。这种经营方式可以持续进行，与日常开玩笑所说的"打一枪换一个地方"有很大的差别。就好像是战场上势均力敌的双方，如果一方是在井然有序的状况下做战略转移，就叫作后退，但一方如果被打得失去战斗力以至于落荒而逃就只能叫作逃跑，而不能叫作后退。其实，两者都是想避开对方的锋芒，只是撤退是有秩序进行或者有部署地进行的，而逃跑则是在事先没有部署的情况下的杂乱无章的群体行为。当然，后者也会损失更大。企业的"无序撤退"也会经受到很多意想不到的损失。在产品的成熟阶段就需要事先考虑到其未来"可能处于不利"的发展状况，以期在产品进入"衰老"之前做出有准备的战略转移。有准备的撤退和有准备的进入才是企业管理者应该具备的能力。

任何一个投资者都希望将产业做大，这就需要较好的战略思想。上面故事中的和尚甲挖井就是在为自己的人生做战略设计。

有人说挑水喝的和尚乙就相当于靠拿薪水而谋生的员工，而打井喝水的和尚甲则代表了创业者。靠拿薪水的员工在年老时总会失去与年轻员工竞争的优势，所以，不如在自己还比较年轻的时候独立创业，即使自己年老时也会有自己的一片天空。这样的理解与前面谈及的战略管理的理解并不冲突。挖井的和尚甲通过自己具有变通的思想保证了自己在年老时不再受"挑水之苦",早做准备和精于改变既有思维方式(挑水)是其具备的优秀品质。一个企业为了保持持久的竞争力,也需要适时地变革,使企业高效发展。

企业变革是对企业的权力结构、组织规模、沟通渠道、角色设定、成员观念和态度、成员间的关系等进行的系统调整和革新,变革的目的在于使企业适应所处的内外部环境,继而提高企业的效能。由于企业所处的环境时刻在发生变化,企业管理者的管理思路需要不断适应已经变化了的企业的内外部环境,所以,企业变革就非常有必要。企业内外部环境的变化和企业自身的成长需求等多方面的原因都可以导致企业的变革。企业在进行变革前会有很多征兆,包括企业的经营绩效较以前显著下降;企业长期以来延续旧有的管理方法并导致生产经营缺乏创新;企业在日常运行中出现信息不畅、指挥不灵及机构重叠等现象,企业成员之间会出现相互扯皮的现象并导致决策迟缓;员工的士气低落及优秀员工的离职率增加。所有这些问题如果不能得到及时解决都会影响到企业的持续发展。企业进行变革时,方式可以多种多样,一般可以分为爆破式变革和渐进式变革。爆破式变革即在短时间内产生革命性的变化,这种方式一般不容易为员工所接受,很可能引起企业内部大部分员工的抵触情绪。渐进式变革即在原有的组织结构基础上修修补补,经过较长时间的逐步调整后对企业内部的各个方面进行全面调整。

第四节　扔掉石头捡起棍子是乞丐的新选择

古时候有个乞丐经常遭到狗的攻击，这个乞丐觉得自己太不幸了。为了改变这种局面，乞丐身上要经常背着一块石头，以防有狗对其攻击时反击。不幸的是，乞丐某天受到了两只狗的攻击，乞丐刚用准备好的一块石头打走了一只狗，另外一只狗追上来咬了乞丐一口。乞丐身上的伤养了好多天才好。乞丐伤好之后多长了个心眼，身上多背了一块石头。

乞丐某天在路上遇上了3只狗，这些狗都恶狠狠地向乞丐扑来。由于乞丐身上只有两块石头，只打走了两只狗，最后还是被另一只狗咬了一口……

乞丐身上的石头越来越多了，走起路来非常疲惫。

一天，乞丐遇上了一群狗。身上的石头又不够用了，情急之下，乞丐扔掉了手中的石头，弯腰去捡地上的一根棍子准备挥舞。乞丐弯腰捡拾棍子的过程中奇迹出现了，还没等到乞丐拾起地上的棍子，狗已经被吓跑了。这根棍子拿在手中较先前的石头不仅轻了许多，

495

而且可以时刻带在身上拄着行走，走路时也能够避免磕磕绊绊。自从有了这根棍子，乞丐就有了主心骨，走路的时候就踏实多了。遇见狗围追堵截的时候，乞丐远远地晃一晃手中的棍子，狗就逃之夭夭了。打狗棍从此成了乞丐手中的法宝。

乞丐不经意间捡起一根棍子是急中生智，但从此让乞丐有了创新性的保护措施。乞丐原先以为随身准备着石头就可以抵御狗的袭击了，但狗是不期而遇的，每次遇到的狗的数量也很难预料，每每让乞丐觉得事先准备的石头不够用。但是，发现了棍子这个"法宝"后，乞丐觉得问题好解决多了。乞丐的急中生智实际上就是一次创新，这是最朴素意义上的创新——御敌工具得到了改进。创新是伴随解决问题而产生的。在思考问题的时候，始终按照原先的思路一直进行下去，道路就会越走越窄。就像故事中谈及的，按照原来的思路，乞丐随身携带的石头就会越来越多，本来营养就不是很好，饥一顿饱一顿地四处乞讨，身上还要背着很多石头，这显然就成了乞丐的大问题、大包袱。如果一个企业在发展的过程中也是带着沉重的包袱，并且不懂得改弦更张，长期下来，企业就会失去竞争力。懂得创新和善于创新就应成为企业管理者的基本能力之一。

企业创新说到底就是企业管理者的创新，企业创新包括产品创新、制度创新、文化创新、营销创新等。在产品创新方面，产品的功能要不断改进，让消费者用着更方便、更安全，并且产品的价格让消费者能够承受，产品的外观也应该更加新颖别致。通过产品创新，企业让产品达到"桃李不言，下自成蹊"的效果。在制度创新

第十四章　无限风光在险峰——用创新思维拓宽组织发展道路

方面，企业要不断完善企业的各项制度，包括薪酬制度、用人制度、考核制度、监管制度、财务制度等，要创新运用人性化的管理方式。文化创新就是企业文化方面的创新，在企业中一定要形成健康向上的文化氛围，让所有的企业成员融入这种氛围中，大家相互约束、相互感染，让企业保持旺盛的生命力。在营销创新方面，企业要从传统的营销窠臼中走出来，要用较为新颖的方式让消费者感知产品信息，在消费者心中形成挥之不去的印象。

　　创新是企业得以发展的根本。面对不断变化的环境，企业一定要进行不断的创新。海尔当时砸烂76台冰箱的时候，很多人不以为然，冰箱虽然有些小毛病，但并不妨碍使用。但是在张瑞敏眼中，有缺陷的产品就是废品，这样的产品会毁掉海尔的形象，会影响海尔的未来发展。在张瑞敏亲手举起榔头砸向冰箱的时候，在场员工的心都碎了。张瑞敏虽然砸的是冰箱，但实际上砸的不只是冰箱，砸的是生产冰箱的旧观念和旧的企业文化，不砸烂这些有缺陷的冰箱就不足以让员工警醒。经历这次事件之后，海尔与先前不一样了，海尔要给消费者奉献上完美无瑕的产品，通过消费者的好评树立口碑。海尔砸烂了问题冰箱，为建立全新的企业文化腾出了空间，海尔的产品质量提高了，市场占有率扩大了。海尔在消费者心中的形象更好了。企业为了获得成功就要不断出新招提升产品形象，要让消费者觉得企业的产品无可替代——"你就是我的唯一"。

第五节 通过制度创新让粥分得公平

从前，有7个人在一起生活，共同创造和享受劳动成果。

由于大家共同劳动，所以，都有公平地享受劳动成果的愿望，大家想用一种公平的方法来解决每天的吃饭问题：在没有称量器具和刻度容器的情况下分食一锅粥。于是，每个人都在冥思苦想，力求找到一种最完善的制度。大家想出的方法千差万别，最后只能逐一验证这些方法是否可行。第一种办法，选出一个负责人分粥。但是，大家很快发现这个人总是给自己分的粥最多，于是又换了一个人。不久，同样的事情又发生了，这种办法行不通。第二种办法，大家轮流分粥，这种情况下每周每个人都有一次主持分粥的权力，但每个人都感觉到一周中只有一次多吃些粥的机会，这种办法也行不通。第三种办法，大家选出一个耿直且有威信的人分粥。不久，有人发现有些人会为在分粥时多分得一些而谄媚这个分粥人，这个人也抵挡不住贿赂的诱惑，这种办法也行不通。第四种办法，他们成立分粥委员会分粥。这样虽然可以达到一定程度上的监督和制约，但每次分粥之前长时间的议案讨论使大家不能吃到热粥，这种办法还是行不通。最后，他们决定改良一下第二种办法，大家轮流分粥，但每次让分粥者最后领粥。这样一来，大家发现7个碗里的粥每次都一样多，粥终于分得公平又有效率了。

　　上面这个简单的故事实际上阐述了一个非常深刻的道理：公平的分配依托于合理的制度，合理的制度在选择中成长。如果没有公平的分配制度，最终会导致企业的无效率：在不公平分配制度下，分配大家共同创造的劳动成果时会将效率高的劳动者的部分劳动成果无偿地转移给效率低的劳动者，效率高的劳动者会因为没有得到自己应得的全部报酬而缺乏工作兴趣，效率低的劳动者也会因为无成本地得到了额外的"报酬"而"坐享其成"，企业中的所有成员都想多索取而少付出。上面的故事中，7个人在找到第五种分粥方法之前，一定会将注意力主要集中在分粥制度的设计上，在如何创造更多粥的问题上谁也不会多考虑，人们不会花心思考虑这样一个问题：如果粥多了，即使分得不平均，每个人也有可能比绝对平均分配时分得的粥要多。这时大家关注的不是粥有多少，而是自己能得到多少，企业的成长因而被忘却，企业的未来当然就没有希望。这时，公平比效率更重要，公平与否决定了效率能否存在。如何实现企业内部成员分配的公平是企业成长中制度建设的共同追求，但在制度建设中经常会有阻碍：其一是制度的选择不合理，大家不知道选择什么制度才能实现公平分配；其二是既得利益者对既定制度的抱残守缺，从成规制度中已经得到好处的成员不情愿放弃旧制度。上面故事中的7个人形成了一个组织，大家在一起不免要面临分配问题，在共同创造劳动成果的前提下有共同享受劳动成果的愿望，于是探索如何分粥才能让大家都较公平地分享劳动成果就成为大家十分关心的问题。他们想出了 5 种分粥机制，只有第五种取得了比较好的效果，其他几种机制都没有取得预期效果的原因就在于制度设计得不合理。前 4 种机制设计都是想尽量用外力来约束分粥者，分粥者本人却没有抵制自己多分粥的愿望。最后一种分粥机制的好处就在于不是用外力来约束分粥者，而是分粥者自己约束自己。上面故事里的 7 个人在探索中逐渐寻找到了用分粥者的经济心理来自发约束自身行为的巧妙方法。在这个组织中，粥的多少关切自身利益。根据传统思维，无其他约束下，在既定数量的粥面前每个拥有分粥权力的人都会想尽一切办法让自己分得的粥多一点。所以，无论设计什么样的分粥制度，只要自己掌握了分粥的权力就会首先满足自己的贪欲。在这一点上，即使道德非常高尚的人也无法避免。由此可以想到，他们在选择分粥方法时，其实有过这样的假设：分粥者能够用道德的力量来约束自己。但是，故事中更换分粥者的结果表明，无论谁作为分粥者都会为自己谋取更多的利益。所以，每次淘汰以前的分粥方法而选择一种新方法时都是对效率更高的分粥机制的一种靠近，直到寻找到效果较好的第五种方式为止。这表明，他们这个组织在每次寻找更好的分配机制的时候都逐渐放松了先前道德约束行为的假设，而是寻找一种用经济的方法制约经济人行为的"药方"。因此，很多时候制约人的行为从而使组织高效率成长的多种制约方法中，道德的方法并不能产生预期效果，而充分利用经济心理制约经济行为人本身反而更有效。

第十四章　无限风光在险峰——用创新思维拓宽组织发展道路

上面的故事中,最后的分粥规则达到了这样一种效果——使分粥人为了不让自己比别人少得而必须将粥尽量地分均,以便自己最后领粥时不至于拿最少的一碗。故事是通过经济人本身对经济利益追逐的规律来巧妙地支配了分粥者的分粥行为。分粥完成后,分粥者的目的——与其他人喝一样多的粥达到了,组织的目的——公平地分粥也达到了。由此可以说明,企业在成长中一定要尽快设计合理的分配制度,不然大家都会成为制度的受害者。设想第二种分粥制度,由于每个人都有分粥的权力,所以,都盼望着轮到自己分粥时会更多地分给自己一些,这种分粥制度会促成利己的组织文化,从而严重破坏了团队精神,人们的精力就会聚焦在治人上而不是组织的进步上。一旦形成了合理的制度,就必须保障其连续性。当然,上面故事中的第五种分粥方法也不尽完美,这种分粥方法实际上是平均主义的做法,因为所有成员虽然共同创造财富,但付出的不一定一样多,所以,分配也不应该是平均主义的,故事中将公平等价为平均的做法有一定局限性。至于怎样完善还需进一步探索。

企业管理实践中,5种"分粥制度"随处可见,优秀的企业至少要达到第五种分粥制度的水平。即使是在第五种分粥制度上,一些企业管理者也并没有很好地体会并实践这一点,更多的是单单注重制度建设,不注重制度的完善,制度建设中大多注重的是外在强制,而在制度建设过程中有没有违背经济规律在多数情况下很少顾及,把制度当成了一个产品。应该说,制度像生物一样是有生命的,有生命的东西就需要呵护。如果制度建设与人的行为规律相吻合,像故事中分粥人越为自己着想就越对他人有好处,从而潜在地用经济规律约束其行为，制度的作用就能发挥得更好；反之，效果就很差。企业成长需要制度维系，而合理的制度选择并能真正地付诸实施则很难，好的制度的目标在于："公平分粥"和"分更多粥"。

第六节 "终生交往"计划让 X 公司人走茶不凉

一、案例简介

小张是 X 公司的优秀员工，但他已向公司提出了离职的申请。在为小张举办的送行会上，王总经理对小张在公司中近些年的表现表示非常满意，并且希望小张能够重新考虑自己的决定并继续留在 X 公司工作。小张听到王总经理的动情语言潸然泪下。小张非常感谢王总经理对自己一直的关爱、照顾，并且说明了自己离开公司的诸多无奈。自己离开公司的原因不在于公司的工作环境存在问题，而在于自己的个人原因，自己离开公司后到其他公司实际上根本谈不上有什么新发展，只是改变一下工作环境而已。酒席宴间，王总经理将公司所有中层管理者及公司领导签名的通讯录交到了小张手上，并且送上了一个 1 万元的红包，告诉小张：公司的大门将永远向他敞开，如果有一天想重新回到公司来工作，你现在所担任的这个中层领导的位置将首先考虑为你安排。听了这话后小张更是感动，表示自己虽然离开了公司，但只要有业务上的事情会尽量与公司沟通的。实际上，小张的新工作单位 Y 公司在距离 X 公司不远的一个大城市，X 公司先前与该公司有过不少业务上的往来，这些业务大多数都是通过小张办理的。在 Y 公司，小张在新的工作岗位上分管与 X 公司往来的业务，小张非常高兴能够亲自处理与 X 公司相关的业务，使得 X 公司与 Y 公司很多业务层面的合作进展非常顺利。王总经理也因此对小张更加留恋和感激，每次到 Y 公司所在的城市出差的时候都要将小张约出来聊聊天，并且对其家庭生活表示关心。王总经理在一次会议上，面对所有的中高层管理者，说了这样一番话："咱们公司对待人才的措施是'放水养鱼'，对待优秀人才坚持的原则是'人走茶不凉'，一定要让离开了 X 公司的员工的心留在 X 公司，让其惦记 X 公司的发展，咱们公司一定要建立起与员工的'终生交往'关系。我们不要认为员工离开 X 公司是 X 公司的人才流失，而要看作是 X 公司对外宣传的窗口，让离开公司的员工将咱们公司的口碑传扬出去。为了做到这一点，我们中层干部就需要善待在任的每一位员工，只有'春天播种，才能够在秋天收获'。作为管理者，需要在员工中间'种植'感情。否则，管理者在从管理岗位上走下去的时候就会感觉到自己原来只是个'孤家寡人'而已。"在场的中高层管理者对于王总经理的一番话非常赞同，并且开始认真琢磨先前的工作方法是否有不符合王总经理要求的地方。

二、案例分析

（一）"终生交往"

"终生交往"是 X 公司的王总经理提出的用人策略，这是公司的用人新理念。王总经理的这种对待流失员工的做法对于公司内部的在职人员无形中是一种激励。王总经理对于离开 X 公司的员工都这样好，对于在职的员工自然会更好。正像案例中的王总经理谈及的一样，这实际上是在"种植"感情。王总经理的这种用人策略实际上是将管理学的团队概念扩大了，将团队的外延扩大到组织之外，由原来的封闭性的传统团队理念发展为开放性的团队理念。通过"终生交往"消灭"人走茶凉"，不仅体现了王总经理对优秀人才的渴望，而且体现了 X 公司的企业文化：X 公司对于优秀的人才始终是敞开大门的。只要是在公司供职且走出去一段时间后愿意回来的员工，公司将以非常诚恳的态度接纳，并且为其安排不低于原先工作岗位的职务。这样的承诺会使离开 X 公司的员工没有后顾之忧，使其在其他公司供职的过程中会挺起腰板做人，让其他公司的管理者认识到：不是因为自己不优秀而离开上一家公司的，而是因为自己要尝试新的工作环境而变换工作岗位的，如果你们不重用人才的话，自己仍然可以回到 X 公司的"怀抱"当中去。X 公司对离开公司的员工的这种做法实际上是扬了公司的威风：所有从 X 公司出来的员工都没有孬种，X 公司是人才济济的地方。王总经理不但以事业留人，而且以感情留人，虽然小张走了，但小张离开的原因并非是在 X 公司的发展问题。"终生交往"会使 X 公司始终保持旺盛的生命力。

（二）开放式管理

很多公司为了留住优秀人才，特别制定了诸多套牢人才的制度，这些制度更多的是通过经济约束进行的，即如果想离开公司则需要缴纳数额不菲的"人才流失费"，以便能够补偿公司在补缺人才空职或空岗的过程中可能受到的损失。由于需要缴纳的补偿费用较多，致使一些员工在岗位上继续"忍辱负重"，但已经"身在曹营心在汉"了。这些被强留在公司中的员工已经不能全身心地投入到工作中去了，一旦凑足公司规定的离职条件后就会刻不容缓地选择离开，并且离开公司之后会有如释重负的感觉，立志将永远不会再踏进公司一步。这样的公司与 X 公司在用人策略上大相径庭，于是在公司的发展方向上也会存在很大的差异。其结果是：优秀的员工不敢轻易踏进公司的门槛，比较差劲的员工又不能被公司赶走。公司的长期发展局面将是：不但公司在外部会四面树敌，而且公司会违心地在一些岗位上安排并非理想的管理者，公司将陷于萎靡不振的状况。离开公司的员工肯定会伺机对公司报复，员工离开公司之后就真正走向公司的对立面了。从公司离职的人越多，则公司树的敌就会越多，公司未来的道路就会越窄。X 公司在这方面想的非常周全，虽然知道这些员工走出 X 公司后再回来的可能性不大，但一定要善待这些离开的员工，这些员工实际上就是 X 公司的广告宣传员。善待这些员工就会使公司未来的道路越走越宽广。不要让从公司中走出去的员工充满怨恨而是充满感激，这不但会让所有离职的员工对 X 公司抱有感恩的心情，而且让在职的员工也会心存温暖。

三、案例启示

（一）开门纳才

案例中的王总经理对小张说：如果有一天想回到 X 公司来，公司非常欢迎。为此，专门给小张举办了非常体面的欢送会。"让离职的员工非常体面地离开"是 X 公司坚持的思想。小张并没有告诉总经理离开公司的真正原因，但非常明确地告诉了总经理离开公司的原因肯定不是由于工作环境。这实际上是委婉地告诉了总经理，公司在管理上是不存在问题的。在小张打算离开 X 公司的时候，王总经理并没有加以阻拦，而是通过各种方式表示出对小张的留恋。王总经理的这种开门纳才的思想使小张可以安心地离开公司，并且能够没有任何包袱地在新的公司新的工作岗位上开展新的工作。如果说小张有一些思想包袱，那么这些思想包袱就是对王总经理的感激。公司的这种开门纳才的用人理念就会使更多的打算进入公司的年轻有为的员工不会担心自己进入公司后将来有一天离开公司的时候会受到公司的百般阻挠。公司不但开门迎接优秀的员工进入，而且员工有更好的施展其才华的场所的时候允许其离开，让员工对自己的未来不会有任何担心。开门办企业、开门纳人才就会使公司有更多的机会认识足够多的优秀人才，让这些人才在公司这个舞台上展示其才华。只要公司能够为其提供足够多的机会和足够好的平台，能人贤士就会为公司的发展做出贡献。公司与员工个人的发展是双赢的。员工会在这样的管理文化中不自私，心里面想的都是如何展现自己的才能，而不会更多地想着如何处理人际关系。公司的工作氛围是健康向上的,所有的管理制度对于员工而言就是个"透明的金鱼缸"。员工虽然"流出",但并没有"失去",因为这些离开的员工的心仍然与公司的成长联系在一起。

(二)制度持续

X公司通过"终生交往"从而让"人走茶不凉",以便达到人才"流而不失"的目的,这在X公司实际上已经形成了一种用人制度。虽然在公司的章程中还未以纸质文件的方式将其固定下来,但在事实上已经形成了这样的制度。实际上,也许小王并非是公司中第一个受到这样的待遇的人,这是公司管理层对员工的认可,实际上也是公司所有员工对该员工的认可。公司对将要离开的小张并没有加以阻挠,小张的心中对公司充满的只是感激和不舍,离开后自然会通过各种方式来体现对公司的"报答",而这正是X公司管理者想要达到的效果,后来小张的表现已经证明了这一点。X公司将这种让人才"流而不失"的用人哲学作为公司的用人文化传承下去,实际上比客观上对员工的行为进行约束的制度所达到的效果还要好。公司中所有的成员都愿意执行这样的"制度",因为在执行这样的"制度"的过程中,不但会建立与公司的长期情感,而且会为自己将来的创业搭桥铺路。

第十五章
人往高处走,水往低处流——
管理理念与管理实践新发展

导读

第一节　企业管理新理论
第二节　理论领悟
第三节　眼睛所见并非就是事实
第四节　蒙牛倾情以"绿"文化张扬企业形象

第一节　企业管理新理论

企业管理旨在合理设计企业的发展轨迹，根据企业发展的内外部环境对企业的发展前景进行科学规划。随着社会的发展，企业管理也不断在发生变化，新兴的管理学理论对管理实践正在发挥着重要影响，企业战略理论、企业文化理论、企业流程再造理论、学习型组织理论、虚拟企业理论等都会对管理实践产生深远影响。社会环境的变化要求企业管理者必须具备学习的能力，通过在企业内营造浓厚的学习氛围打造学习型组织。企业管理者要通过凝心聚力激发员工士气，让员工由"要我做"变为"我要做"，在企业内部形成自我教育、自我规范、自我提升、自我管理的氛围。

企业需要在管理理论的指导下谋求发展，管理实践也在不断丰富着管理理论，管理理论的发展与管理实践的发展相辅相成。随着时代发展，知识管理、文化管理、敏捷性管理、满意管理、人本管理等都将成为管理的新发展趋势。知识管理非常看重知识资本，是增加企业竞争力的重要因素。文化管理重视企业的文化资源，价值观、信念、态度是将不同企业区别开来的根本依据，当企业的发展越出国界时，跨文化管理就显得尤为重要，文化管理成为管理理论发展的一个重要增长点。敏捷性管理强调的是效率，反应能力和适应能力是企业谋求生存、发展的基本能力。面对发展机会，企业管理者需要迅速做出反应，这就需要企业不断变革工作流程，在组织结构和集权、分权等方面创造新型管理机制，以超前意识进行果敢决策。满意管理更加强调消费者的利益，这是对传统管理理念下"让投资者满意"的观念的巨大颠覆。在这一点上，德鲁克早就提出"企业唯一有效的目标是创造顾客"的观点，"顾客至上、用户第一"的管理理念是满意管理的核心内容。人本管理不再坚持泰勒的"将员工作为生产线上的零部件进行管理"的理念，而是要坚持"培育人、关心人、激励人、依靠人"，要尊重人格、顺应人格，将员工的价值观与企业的价值观融为一体，充分调动员工的主创精神。

第二节　理论领悟

管理学理论在漫长的发展过程中形成了系统的理论体系，并且由于关注的侧重点不同而形成了不同的流派。但是，管理学理论并没有就此停下脚步，随着社会经济不断发展，管理学理论也在不断发展，面对管理实践中出现的诸多新情况、新问题，客观上要求更多、更新的管理学理论出现。20 世纪六七十年代，随着科学技术的迅猛发展，西方管理学界开始出现了许多新的管理理论，所有这些新理论代表了管理理论发展的新趋势，并进一步指导着管理实践的发展，主要包括虚拟企业理论、企业战略管理理论、企业流程重组理论、学习型组织理论、企业文化理论等。

一、虚拟企业理论

虚拟企业是借助现代发达的信息网络建立起来的多个企业基于共同利益或者功能互补等诸方面考虑的企业联合体。随着信息经济的日益发展，空间距离较远的企业之间的联系凭借现代通信手段管理起来越来越方便。依托计算机衍生出来一种新的管理理念，即虚拟管理，虚拟管理实际上就是借用外部力量或者通过有用资源的优势互补，使企业内部的有限资源能够取得竞争中的最大优势的管理方法。说到底，虚拟企业进而虚拟一体化经营就是以信息技术为基础，由多个具有独立利益的企业通过非资本纽带为媒介形成的相对稳定的产品生产、营销及其他多种服务的分工和协作关系，是一种抽象的一体化结构。虚拟企业的思想使企业之间的合作又多了一种渠道，使企业之间联系的通道更加宽广了。不具有资产控制权的企业之间可以相互渗透管理理念，不同的企业之间可以借助管理得以串联在一起。当前，虚拟企业的主要形式有合同制造网络和策略联盟两种方式。合同制造网络通常是那些具有商标、品牌优势的企业，只专注于业务环节中最具有附加值的部分，而次要环节交付给外部的专业化生产单位完成。在这个协作网络中处于核心地位的是核心企业，这些企业具有技术优势和信息优势。核心企业与外围企业的区分，使企业之间的主次关系非常明确。策略联盟是为抵御共同的市场风险或者为达到协同互利的目的，由核心企业与其他数家具有相同市场关系的企业在多个层面结成的合作伙伴关系。所以，虚拟企业在经营过程中仅仅保留某些关键功能而舍弃掉传统的企业概念下的研究、设计、生产、营销、人事、财务等功能，通过借用外部力量在企业间进行整合。虚拟企业大多数都是以技术联盟为核心，具有组织结构的松散性、经营上的灵活性、经营风险的共担性和收益共享性的基本特征。虚拟企业通过多种方式进行，所借用的外部力量，有的是生产商、供应商，有的是营销商或用户，有的还可能是自己的竞争对手。虚拟企业看上去像是个企业，它实质上是由几个独立的企业组成并分担不同的生产经营管理功能。虚拟企业思想使得企业发展的空间更加广阔了。

二、企业战略管理理论

传统的管理学理论主要从企业的微观层面考虑问题，考虑的是员工的一个动作或者是一个细小的制度设计。但是，管理者不但要从微观层面考虑问题，还要从宏观层面对企业的未来进行长远设计。企业战略管理理论就是着眼于从企业发展的长远过程考虑问题的新型管理理论。企业战略管理是 20 世纪 60 年代末至 70 年代初出现的一种新的管理思潮，该理论一直处于管理理论的前沿位置，高校管理专业目前普遍开设企业战略管理课程。企业战略管理理论大致经历了 3 个阶段。

①确定战略管理基本概念和理论框架。该阶段主要是建立了针对企业内部条件和外部环境进行系统分析的较完整的理论体系。代表性的理论就是 SWOT（4 个字母分别代表强处、弱处、机会、威胁）分析模型，从 4 个方面对企业的运转状况进行综合分析，从而得出对企业的客观评价，以便能够准确地把握企业的发展战略。在坐标平面内的 4 个象限中形成 4 种不同的组合状态，企业管理者需要按照不同的状态施以差别化的管理措施。专家学者或生产一线的营销人员普遍使用 SWOT 分析模型。

②产业结构分析阶段。该阶段的代表理论是迈克尔·波特创立的竞争分析模型，该模型对于现代管理理论产生了重要的影响。其主要思想包括 3 部分：提出了构成行业结构的几种作用力，即潜在

竞争对手的入侵、替代品的威胁、行业内现有竞争对手之间的竞争、客户和供应商的讨价还价能力（这个理论被称为钻石模型）；提出了企业发展的3种基本战略，即成本领先战略、差异化战略和集中战略；提出了价值链分析方法。

③企业核心竞争力理论阶段。企业核心竞争力是企业发展中最重要的因素，没有竞争力的企业在发展中是不会有长足成长力的。一般认为企业的核心竞争力是构成企业竞争能力和竞争优势基础的多方面技能、互补性资源和运行机制的有机融合。普拉哈拉德和哈默尔于1990年在《哈佛管理评论》发表了著名的论文《企业核心竞争力》中首次提出核心竞争力的概念。这个概念目前不仅为管理学所应用，而且其他很多相关学科也普遍采用。

经过以上3个阶段的发展，理论界形成了比较系统的战略管理理论。就战略管理的概念来看，一般而言，战略管理是在对企业经营条件和外部环境的分析的基础上确定企业的经营宗旨和发展目标，并据以确定一种或者几种有效的战略，是企业在达到经营目标的过程中所采取的一系列的方法和行动的总和，所以，战略管理应该侧重动态管理。战略管理的核心是立足现在、着眼于未来。只有站在更高的位置上着眼于未来，企业才能有发展前途，也才能达到可持续发展的状态。

三、企业流程重组理论

企业流程重组也称为企业流程再造，即 Business Process Reengineering，缩写为 BPR。该理论强调以业务流程改造为核心，着眼于客户的需求满意度，从业务流程上进行改造和再设计，优化组织结构，从而使企业的运营成本、运作效率及运转速度等方面在很大程度上得到改善。BPR 理论是在 20 世纪六七十年代以来世界政治、经济发展环境出现了较大变化的情况下产生的。面对激烈的挑战，专家们以及企业管理的实践者们开始用全新的思路考虑问题。1993 年，哈默与钱皮出版了《再造企业：管理革命的宣言》一书，该书中系统阐述了 BPR 的思想；除此之外，托马斯·达文波特也对 BPR 的思想进行了完善，3 位学者并称为 BPR 的奠基人。BPR 的目的在于提高企业的竞争力。该理论注重从顾客、竞争、变化等 3 个方面考虑问题，使企业的日常管理更加贴近企业的发展实际，并且能够伴随企业的发展变化做出适时调整，从而在更大程度上增强企业的竞争力。BPR 必须以先进的信息系统和信息技术为手段，以服务顾客为目标。通过建立科学的组织结构和业务流程使产品的质量和规模发生质的变化。BPR 强调打破旧有的管理规范，建立新的管理规范，以回归原点的思维方式实现企业的管理创新，使企业的管理方式实现突破性的变化。BPR 通过如下途径实现：首先以企业生产作业或服务作业的流程为审视对象，然后以效率和效益为中心，对作业流程和服务流程进行重新构造；在此基础上对企业旧有的整个流程进行全新的思考，实现革命性的变革。

四、构建学习型组织

构建学习型组织可以使企业保持强劲的成长力，学习型组织的建设说到底是企业文化的范畴。以企业管理者为核心，协同所有的企业成员构建学习型组织，就成为企业保持强劲成长势头的重要举措之一。彼得·圣吉在其著作的《第五项修炼——学习型组织的艺术与实践》一书中非常系统地首次阐述了学习型组织的内容。彼得·圣吉从以下5个层面对学习型组织的内涵进行了阐释。

①系统思考。系统思考的目的是为看见事物的整体。不从企业的整体角度考虑问题就会使解决问题的结论有失偏颇。思考问题需要有系统的观点和动态的观点，以便从事情的局部审视事物的整体。

②超越自我。企业成员的最大敌人不是别人而是自己，能否超越自己就在很大程度上决定了个人的成长轨迹和企业的发展轨迹。所以，超越自我包括了超越企业的自我和个人的自我两个方面。无论是个人还是企业，要超越自我都需要有创新，为此，需要首先树立远大目标，要从长期利益和全局的整体利益出发考虑问题并将短期目标与长期目标进行有效的结合。只有具有不断超越自我的劲头，企业才能在激烈的市场竞争中保持很强的战斗力。

③改变心智模式。不同的人由于成长背景及思维问题的角度不同导致对事物的看法有差异，这完全是由于人的心智模式不同所致。心智模式能够对个人的发展产生重要影响。用正确的心智模式思考，就不会对事物形成错误的认识。人们分析事物需要以其在以往长期实践中形成的心智模式为基础，人们思考问题时是建立在既有的思维方式基础上的。如果用已有的心智模式考虑问题而既有的心智模式又不能很好地或完全不能反映现实事物时，在企业管理工作中就很有可能酿成大错。为了避免这样的事情发生，彼得·圣吉认为需要做到两点：反思自己的心智模式；探寻他人的心智模式。

④建立共同愿景。愿景就是对未来的愿望、景象和意象，就是事物发展的目标。企业管理者的责任在于将企业内所有个体组织为一个有机的整体，并建立企业发展的共同愿景，所有成员应该围绕着这个共同的愿景努力工作，即建立全体员工共同认可的目标，在此共同愿景的指引下就能充分发挥每个人的力量，为企业的发展做出最大的贡献。

⑤团队成员相互学习。团队成员之间有竞争，也有合作，合作的愿望要大于竞争。企业中所有个体围绕一定的目标有机地组织在一起就形成一个团队，为了达成员工之间的友好合作关系，团队学习就非常有必要，通过团队学习使每个人的力量能通过集体这个平台得以实现。团队学习的目的在于：避免无效的矛盾及由此产生的不必要的冲突；让个别人的智慧成为集体的智慧，从而促进集体高效发展。团队学习越来越成为企业发展中的热点话题，不仅普通员工之间需要建立团队，更重要的是在企业核心领导的管理下建设高效的团队。

五、营造企业文化氛围

企业文化是企业的灵魂，在激烈的市场竞争中，有实力的企业都在强化企业文化的建设。从不同的层面可以对企业文化做出不同的解释，一般而言，企业文化有广义和狭义之分。广义的企业文化是指企业所创造的物质文化和精神文化的总和。狭义的企业文化是指企业形成的具有自身特色的思想、意识、观念和心理状态，以及与之相适应的制度、组织和行为模式。就一般意义而言，企业文化是企业在长期发展中在生产经营和管理过程中形成的独具企业特色的企业精神内涵和物质文化的表现，是企业思想价值观念、行为、制度的总称。企业文化可以在不同的程度上对企业的发展产生影响，对员工的士气、组织的氛围、成员之间的关系等方面都会有重要影响。从这个意义上讲，企业文化包含了3个层次，如下所述。

①精神层。从企业表面是无法看到精神层的，这是企业文化的核心层，包括企业的价值观、理想、信仰等。

②制度层。制度层是企业文化的中间层，将企业文化的核心层和外围层连接起来，通过一系列的规章制度得以体现。制度文化也是一种内在文化，需要通过物质的东西及企业的员工行为等再现出来。

③外围层。企业文化的外围层可以通过产品设计、产品质量及工厂外貌、员工服饰等表现出来。

3个层次中，精神层是核心层，这是企业文化的内核，该层决定着企业文化的制度层和外围层。

企业文化对企业的发展具有非常重要的作用，主要表现在导向作用、凝聚作用、约束作用、促进作用、激励作用、辐射作用等方面。企业文化不是短时间内形成的，需要在漫长的时间内一点一点积累，通过企业中的人、物、事、制度等要素体现出来。但是，企业文化对于企业的发展并不总是起到促进作用，企业文化一旦形成，既有利于沟通，又会排斥创新和新文化。

第三节　眼睛所见并非就是事实

很早的时候，北欧流传着这样一个神话故事。有两个天使专门为人们做好事，扶危济困，除暴安良。两个天使某天来到了一户非常富有的家庭借宿，这家人虽然很富有，但并不是很友好。主人给两个天使安排的住宿地方并不是很好，冰冷的地下室连一床像样的被褥都没有。睡觉之前，天使哥哥看见墙上有一个窟窿，就随手将其修补好了。天使弟弟说："你真是好心，主人对我们这样差劲，你还要为其修补房子。"

晚上很快就过去了，转眼到了第二天，两个天使又来到了一户比较贫穷的家庭。虽然很穷，但这家的主人对两个天使非常热情，将家中仅有的一点好食物拿出来款待他们，将家中最好的一间房子腾出来给他们休息。天亮的时候，两个天使发现主人在院子中哭泣，原来这家人唯一的赖以维持生计的奶牛死掉了。天使弟弟看到了这种情况后非常气愤，冲着天使哥哥嚷嚷："就是我的能力不如你，要是我有你那点能力的话，我肯定不会让奶牛死掉的。上一个家庭很富有但待我们并不热情，你还要为人家免费修补房屋；这家人这么热情,你看着人家赖以为生的奶牛死掉而不想办法进行阻拦,你还算是一个扶危济困的天使吗?"天使哥哥连忙向天使弟弟解释:"其实很多事情并不像你看到的那样。我之所以将富人家的墙洞修好,是因为墙洞中藏了很多金子,那家人很吝啬,我不愿意与他们分享财富,所以,就帮着他们将墙洞堵上了。再说这家人,实际上头天晚上就有死亡之神来召唤主人的妻子,由于这家人非常厚道,我不愿意看见他们家中出现这样的事情,所以,就与死亡之神商量好,用奶牛代替了主人的妻子。我实际上已经做了好事,很多事情并不能光看表面现象的。"天使弟弟听了哥哥的解释后非常羞愧。看来任何时候都不能单凭表面现象看问题,只有深入现象背后探寻究竟,才能更加清楚地看清是与非,也只有这样才不至于冤枉好人。

人们常说:"眼见为实,耳听为虚。"从上面故事中的情况看,亲眼所见也并不一定是事实。人们只有通过认真分析,洞悉问题的实质,才能够把握问题的真相。如果天使哥哥不对事情进行解释,天使弟弟就一直会对哥哥埋怨下去。在天使弟弟的眼中,天使哥哥并没有很好地履行天使的职责,实际上天使哥哥一直在履行着天使的职责,不敢有丝毫马虎。故事的教育意义在于:最牢靠的分析并不是靠眼睛而是靠头脑,眼睛只能看到表面现象,而头脑才能"看"到问题的实质。在企业的发展过程中,管理者与被管理者需要不停地打交道,由于信息不对称等方面的原因,二者之间可能会产生误会。在管理者眼中,被管理者一定要服从自己的指挥,但管理者本身有时可能是错的,由于管理者与被管理者之间的权力不对称,下属不便指出上司工作中存在的失误，下属只能等待，等待上司自己意识到存在的错误，但这个过程有时是非常漫长的。下属与上司之间隔着的这层薄纱，需要有故事中那种"天使哥哥向天使弟弟解释"的机会。管理者与被管理者之间一定要建立起学习型组织，二者之间一定要建立起无障碍交流的通道。双方中的任何一方都要给对方解释的机会，让误会尽早化解。管理者就是企业发展的"天使"，应该让企业得到蓬勃发展，保护企业中任何一个成员的利益。管理者与被管理者消除了彼此之间的误会，就会更加理解对方，双方的合作就会更加默契。

第四节　蒙牛倾情以"绿"文化张扬企业形象

一、案例简介

蒙牛在奶制品行业中率先打出了开拓绿色产业链的旗帜。为了将这一点做好，蒙牛开始着手建设大型生态牧场，依托生态牧场饲养奶牛，为产出优质奶打造平台。除此之外，蒙牛还利用牛粪发电、建立了污水处理厂。在产品运输方面实行就近配送，从各个方面减少碳排放，节省能源。蒙牛就是要通过努力，建设起一条绿色产业链。蒙牛从全方位树立产品形象，在各个环节上严格把关，从生产、流通、销售、废物处置等各个环节着手，在消费者心中树立其绿色形象。在生产过程中，蒙牛的每一包奶都要经过几十道工序、几十个监控点及百余项指标检测，这样严格的生产线是禁得住消费者拷问的。蒙牛为了将绿色生态理念让每一位消费者知晓，先后在多个城市举办"生态行动、助力中国"的活动，蒙牛在这样的活动中让产品与消费者实现了心连心。蒙牛通过媒体向消费者发出了"绿色产业链倡议"。生态、绿色也是蒙牛选择合作伙伴的准则。在宣传企业理念的过程中，蒙牛还设置了环保时装秀、画报知识大赛等活动，让环保知识、环保意识深入到消费者的内心。

除此之外，蒙牛还在"源于自然、分享自然和回馈自然"理念的基础上发起了拯救地球的100个行动。蒙牛提倡从日常生活的小细节出发，减少对生态环境的破坏，消费者在感受蒙牛的生态环保理念的同时也就接受了蒙牛的产品。蒙牛热爱环境就是热爱生活，从而也就是热爱消费者。

为了贯彻绿色理念，蒙牛在包装方面率先做起，重视包装减量化，改原来的小包装为大包装，尽量减少包装的材料。在包装的材料方面，大量选用再生材料或者可以降解的材料。蒙牛的包装图案也是非常清新的，给消费者的感觉是：新鲜、环保、健康、安全。蒙牛为了生产出健康奶，员工们像对待自己的"亲人"一样对待每一头奶牛：定时喂食、定时挤奶、定时听音乐、机械手挠痒痒。奶牛在这样的待遇下产出的奶的质量肯定是超高的。有了这样的优质奶源，蒙牛的产品才会畅销不衰。

二、案例分析

（一）绿色行动

蒙牛不但自己倡导绿色主旋律，而且通过各种大型活动向社会展示其绿色理念。蒙牛举办的"生态行动，助力中国"是非常有影响力的活动。蒙牛希望通过这样的活动，让更多的人加入到绿色行动的阵营当中来。这个阵容越庞大，绿色理念的影响力就越强。除此之外，蒙牛还在"源于自然、分享自然和回馈自然"的理念的基础上开展了一系列活动。蒙牛用行动彰显了企业的"绿"文化。

（二）绿色生产

如同上文案例中提及的，蒙牛正在打造一条绿色产业链，包括生态牧场建设、污水处理设施建设等。蒙牛在绿色产业链构建过程中不但体现了环保、低碳、节能、减排的思想，而且能够体现出在降低产品生产成本的同时让消费者以更加优惠的价格购买产品的思想。绿色生产是保证产品绿色品质的最重要部分。在人们生活水平逐渐提高的过程中，消费者更加崇尚自然的生活方式。尤其是生活在城市中的居民，没有更多的条件亲近自然。这时候，蒙牛为消费者送来绿色产品，就在很大程度上满足了消费者亲近自然的需求。人们喝着蒙牛的奶制品，就会想象牛奶生产的环境。这种来自原生态环境下的牛奶是处于喧嚣的现代工业社会中的每个消费者都非常向往的，蒙牛为人们提供了梦寐以求的消费品。

（三）绿色包装

蒙牛产品的外包装不仅在颜色上采用绿色主旋律，而且在产品的包装材质上也是煞费苦心。不仅尽量减少不必要的包装，而且采用可以降解的包装，这样的包装不至于造成环境污染。蒙牛在绿色包装的理念下，尽量给包装"瘦身"，这不但能够减少企业的生产成本，而且能够减少消费者的购买成本。所以，绿色包装实际上就是为社会减负，这自然符合低碳经济的思想。蒙牛在包装问题上不断开发出可以循环利用资源的技术，减弱包装物为社会造成的危害。从一般意义上讲，绿色包装理念一定要在减量化、重复利用、易降解、无毒副作用等方面体现出，不但包装品的处置不会对社会形成负面影响，而且包装物的生产也尽量避免对社会造成负面影响。

（四）循环经济

蒙牛有自己的生态牧场，饲养着成千上万头的优质奶牛。如果不妥善处理牛粪，就会成为一个非常巨大的环境问题。蒙牛在绿色产业链建设的过程中做出了建设以牛粪为主要原料的沼气发电厂的选择。牛粪这个昔日里被视为废品的东西，在发电厂建设之后成了宝贝，沼气发电也成了蒙牛的一个新的经济增长点。循环经济在蒙牛这里表现出强劲的魅力。除了沼气发电的电力已经并入国家电网之外，蒙牛还生产了有机肥，并以此种植植物，为奶牛提供了大量的饲草。污水处理过程中产生的中水全部用于绿化供水和灌溉牧草。这样的循环经济在蒙牛这里给人们描绘出了一幅壮丽的图画。蒙牛将循环经济演绎到了极致。循环经济不仅是一种思路，更是一种道德，是一种社会道德。从小的方面看是为企业节省了成本，从大的方面看是为社会节省了资源和创造了财富。在可持续发展理念和和谐社会的思路下，循环经济就是在为子孙后代造福。蒙牛的循环经济理念就是可持续利用草原的理念，这就是蒙牛所言的打造百年老店的一个重要战略步骤。

（五）绿色战略

绿是生命的象征，在纷杂的社会中，人们对绿充满了向往，"绿"也成了蒙牛持续发展的基因。蒙牛以绿色为主题，向广大消费者宣传了自己的绿色战略。倡导生态环保、绿色行动不仅有利于社会的发展，也利于蒙牛自身的发展。绿色理念给消费者带去的是健康、安全的食品，同时也为社会节约了资源。蒙牛通过各种方式将自己的低能耗、低污染的绿色发展道路全方位地展示在消费者面前。蒙牛以建设绿色品牌为己任，这不仅是对自己的约束，也是对同行的号召。蒙牛的绿色战略就是要从产品的各个环节做起，为企业的长远发展铺路搭桥。

三、案例启示

（一）追求正外部性

外部性是一个经济学概念，指在做一件事情的时候对相关其他事情产生的影响，这种影响包括正面影响——正外部性和负面影响——负外部性两个方面。正面影响即做某件事情的时候对相关其他事情产生益处，负面影响即做某件事情的时候对相关其他事情产生害处。蒙牛在打造绿色产业链的过程中，就是要极力创造出正外部性。在这种理念下，蒙牛做出了更多对社会发展有益的事情，蒙牛在此间也获得了发展。消费者是构成社会的主要元素，厂商在极力打造正外部性的过程中也创造了双赢的效果。消费者在消费产品的过程中不仅感受到了产品给自己带来的享受，而且能够感受到消费该产品所带来的荣耀，这种附加利益是消费者非常看重的。尤其是消费某种产品的时候不会给其他的人造成损害，这更是越来越多的消费者非常看重的。厂商在追求正外部性的过程中，在消费者中间树立了很好的社会形象。消费者通过消费该厂商的产品，进而也会对其他人形成较好的正面影响。从这个角度看，厂商的好行为就会通过一个链条传递给消费者，消费者之间又会以类似的链条传递。

这种正外部性效应就会在这样的传递过程中不断放大。与其说这是厂商与消费者之间的关系，倒不如说这是人与人之间的关系。正外部性使人们之间交往的成本降低了。

（二）践行社会责任

蒙牛的绿色理念实际上代表了厂商的社会责任。在绿色行动发起及绿色产业链建设的过程中，蒙牛全身心地投入进去，通过身体力行影响其他的企业。在举办大型公益活动过程中需要承担巨大的成本，但蒙牛觉得这些都是非常值得的。这样的活动不但可以宣扬蒙牛的理念，让更多的人接受蒙牛的"绿"文化，还可以带动其他企业一起营造绿色发展环境。假设蒙牛没有建设沼气发电站，没有对堆积如山的牛粪进行处置，相信那么多的牛粪会对环境产生非常恶劣的影响。在炎炎烈日之下，发出难闻的气味，那种苍蝇满天飞的局面绝对是让人难以忍受的。蒙牛完全可以不对消费者进行"喝完压扁，支持回收"的宣传，但这种宣传可以体现出一个企业的社会责任。

（三）进行战略设计

蒙牛的绿色理念就是蒙牛的战略设计。生态产业链的建设实际上就是为蒙牛百年发展设想进行的通盘考虑。企业要想做百年老店，就需要从更加长远的角度进行考虑。有了这样的绿色产业链，蒙牛在发展中不但可以充分利用资源，还可以没有包袱地轻装上阵。短期来看，投资需要巨大成本，但从长期看可以形成规模经济效应。

（四）引领时代潮流

在其他的企业还没有将绿色作为自己的企业文化的时候，蒙牛走在了前面,蒙牛的绿色理念引领了时代潮流。蒙牛在消费者心中树立了"生态产品""绿色产品"的形象,蒙牛就是消费者心中的"第一"。在激烈的市场竞争中,人们在心理因素的影响下,非常钟情于第一,有时候虽然第二与第一只有1‰的差距,但就是这样一点差距就让第二黯然失色。蒙牛在各种大型宣传活动中,让自己的"绿"文化形象更加深入人心。在绿色产业链基础上,蒙牛为消费者提供安全奶、放心奶、生态奶,这是消费者在消费奶产品过程中梦寐以求的。蒙牛引领了时代潮流,也就把握住了自己的财富命运。

(五)打造"联合舰队"

蒙牛在倡导绿色理念的过程中采用的是组合拳,从产品的生产到运输再到销售等诸环节都在倾力宣传其绿色理念。蒙牛的目标就是不能对社会形成负面影响,在循环经济发展中彰显蒙牛的"绿"文化本色。产品有竞争实力不是单纯表现在某一方面的,所以,厂商在向消费者展示自身形象的过程中,必须用"联合舰队"的手法才能达到较好的效果。蒙牛就是一个这样的"联合舰队"。"联合舰队"在构建过程中需要用组合拳出击,蒙牛全力在消费者心中形成绿色产品的形象。

后记

　　我在长期的教学实践及与企业合作进行课题攻关的过程中，发现企业管理工作中有很多需要切实解决的实际问题，单纯停留在理论层面并不能解决这些问题。这些问题，有些是实践者自己不能解决的，有些是实践者遇到了但不愿意解决的。为了解决这些问题，我编写了本书，供广大企业管理者参考使用。本书的案例都是从管理实践中抽取出来的，为了行文方便，案例原型的企业名称及管理者的真实姓名大多隐去，以便能够达到畅所欲言、提出的妙招能够根除企业病症之目的。本书中的观点仅代表我的一家之言，也希望读者能够在阅读之余与本人探讨。

　　管理是一门复杂的学问，正像著名管理学家西蒙所说，决策贯穿管理过程的始终。可以说，企业管理者每天应对的问题就是决策，无论是大决策还是小决策。企业管理者才是研究管理学的实践家，我主要的工作是理论教育，实践经历无论如何也不如企业管理者。所以，本书在表述一些看法时或许会有不当之处，希望企业管理者们多多指正。

夫人曹建华女士是我所有作品的第一个读者。每当我的一部新作品问世时，她总是高兴地拿给我看，因为她知道看到自己的作品变成铅字时是我最大的快乐。平时，我只知道坐在电脑前写作，而她默默地承担起了全部家务及赡养老人和抚养儿子的重担。如果没有夫人曹建华女士作为坚强的后盾，我的作品是很难顺利完成的。应该说，本书是我的作品，更是夫人曹建华女士的作品，本书也凝结了她的辛勤汗水。

我很感谢我的学生们，是他们在课堂上与我针锋相对地交流管理思想并不加保留地将自己的思想奉献给我，使我在本书的写作中有了更多的灵感，从而使本书的内容更加丰富。学生是我一生中最宝贵的财富，有了他们，我才快乐，这也是我不知疲倦地写作的动力。希望我的学生们读完本书后多多指正，以便我能提升自己的写作能力。

由于写作时间紧迫及本人的能力有限，本书中错误和疏漏之处在所难免，敬请各位读者能够海涵和谅解，也希望读者能够提出宝贵意见或建议，以便我在以后的写作中提高写作质量。

孟祥林

2018 年 12 月于华北电力大学